近代人文社会科学译著 4

熊月之 主编

上海科学技术文献出版社
Shanghai Scientific and Technological Literature Press

图书在版编目（CIP）数据

近代人文社会科学译著.4 / 熊月之主编. —上海：上海科学技术文献出版社，2021

ISBN 978-7-5439-8266-6

Ⅰ.①近… Ⅱ.①熊… Ⅲ.①社会科学—西方国家—近代—文集 Ⅳ.①C53

中国版本图书馆 CIP 数据核字（2021）第 016820 号

策划编辑：张　树
责任编辑：王　珺
封面设计：留白文化

近代人文社会科学译著.4
JINDAI RENWEN SHEHUI KEXUE YIZHU. 4
熊月之　主编
出版发行：上海科学技术文献出版社
地　　址：上海市长乐路 746 号
邮政编码：200040
经　　销：全国新华书店
印　　刷：常熟市人民印刷有限公司
开　　本：889mm×1194mm　1/32
印　　张：17.5
版　　次：2021 年 3 月第 1 版　2021 年 3 月第 1 次印刷
书　　号：ISBN 978-7-5439-8266-6
定　　价：168.00 元
http://www.sstlp.com

近代人文社會科學譯著選輯（1807—1919）序言

熊月之

一

人文社會科學，包含人文學科與社會科學兩類。〔一〕

〔一〕人文學科之所以稱『學科』而不稱『科學』，因爲通常所説的科學（science），主要指以物爲研究對象、可以通過實驗進行驗证的自然科學，而人文學科則以人爲研究對象，具有個別、私人、主觀性質，無法驗证。自然科學與人文學科處於比較的兩端，差异較大，而社會科學與自然科學之間，差异較小，且在取向、知識生產模式、研究方法等方面，較爲接近。人文學科與自然科學的區別，也表現在分析和解釋方向：自然科學從多樣性、特殊性、復雜性、偶然性走向統一性、一致性、簡單性和必然性；相反，人文學科則突出獨特性、意外性、復雜性和創造性。它們屬於不同的思維能力，使用不同的概念、不同的語言形式進行表達。自然科學是理性的產物，使用事實、規律、原因等概念，並通過客觀語言溝通信息；人文學科是想象的產物，使用現象與實在、命運與自由意志等概念。所以稱『學科』而不稱『科學』，更爲突出人文學科的特質。參見《簡明不列顛百科全書》（第6卷），北京：中國大百科全書出版社，1986年，第761頁；李醒民《知識的三大部類：自然科學、社會科學和人文學科》，《學術界》2012年第8期。

學科分類在不同歷史時期、不同語境下並不相同，標準、方法也見仁見智。近代以來，學術界逐漸傾向於將人類知識分爲三大部類，即自然科學、社會科學與人文學科。自然科學以自然即客觀的物質世界作爲研究對象，包括數學、物理學、化學、天文學、地學（地理學、地質學、氣象學）與生物學等；社會科學以人類社會作爲研究對象，涵蓋經濟學、政治學、法學、社會學、行政學、教育學、倫理學等；人文學科以人爲研究對象，探尋人的生存及其意義、人的價值及其實現，涉及語言學、文學、歷史學、哲學、藝術等。

本書選輯起止時間爲1807—1919年。

衆所周知，中國近代史的起止時間，亦即中國近代史的研究對象，是從1840—1949年，因爲這百餘年的中國，是相對完整的近代形態，是一個完整的歷史時期。但是，近代西方人文社會科學在中國翻譯、傳播的歷史，與中國近代歷史的進程並不完全同步。

首先，起步更早。1807年，基督教新教傳教士、英國人馬禮遜來到澳門，然後進入廣州，拉開新一輪西學傳播序幕。稍後英國傳教士米憐、德國傳教士郭實臘等，絡繹東來。他們在馬六甲、新加坡、巴達維亞等地，開學校，辦印刷所，在當地華僑中傳播西學。他們所出版的涉及人文社會科學知識的書籍雖然不很多，但這些西學知識，與鴉片戰爭以後傳入中國的西學知識屬於統一整體，也是後者之先聲。

其次，心態轉變也早。近代中國讀書人、思想界對於以歐美爲中心的西方人文社會科學，有個從仰視到平視的轉變過程，其轉折點便是第一次世界大戰。1914—1918年，發生在帝國主義國家之間的世界大戰，有三十多個國家、15億人口卷入，傷亡人員三千萬，經濟損失難計其數。這一殘酷現實，讓中國讀書人、思想界明白，西方科學並不萬能，人類社會的演變，並不總是沿着進步的方向直綫上昇。巴黎和會上西方列强對於中國主權的無視與陵鑠，更讓中國人明白，世界上並不存在什麼平等對待弱者的『公理』。這種世界性的倒退與不公，促使東西方有識之士更加深刻地思考人類的未來，更加理性地思考東西方文化的價值。此後，西方人文社會科學在中國讀書人、思想界那裏，盡管仍然是最爲重要的文化資源之一，但已從至高無上的峰頂跌落下來，成爲與東方文化等量齊觀的一端。

這是本書將下限斷爲1919年的主要原因。

二

在介紹近代西方人文社會科學在中國傳播之前，有必要先回溯一下明末清初那段時間這方面的情况。

明末清初，利瑪竇、艾儒略、南懷仁等耶穌會傳教士編寫，或與徐光啓、李之藻、楊廷筠等人合譯的一批西學書籍，其中有十多部較多涉及人文社會科學内容，如《西國記法》(1595)、《職方外紀》(1623)、《西學凡》(1623)、《靈言蠡勺》(1624)、《西儒耳目資》(1625)、《治平西學》(約1629)、《修身西學》(1630)、《名理探》(1631)、《童幼教育》(1632)、《西方問答》(1637)、《齊家西學》(崇禎年間)、《坤輿全圖》與《坤輿圖説》(1674)、《窮理學》(1683)等，這些書對歐洲的哲學、政治學、經濟學、教育學、文學、歷史學、地理學等方面的知識有所介紹。

比如，傅汎際和李之藻合譯《名理探》，介紹了『愛知學』即哲學的含義。南懷仁編《窮理學》，介紹邏輯學的功用，稱窮理學『爲百學之宗』，爲『訂非之磨勘，試真之礪石，萬藝之司衡，靈界之日光，明悟之眼目，義理之啓鑰，爲諸學之首需者也。』[一]高一志著《治平西學》，爲最早漢譯西方政治學著作，分别從王公、群臣、兆民的行爲準則，説明何者爲宜、何者應戒，還介紹了世界上的三種政體形式：『一曰一人且王之政；二曰數人且賢之政；三曰衆人且民之政是也。』[二]艾儒略譯《職方外紀》，對歐洲教育制度包括學制、課程設置、考試方式均有所介紹。高一志著《修身西學》，述及西方倫理學知識，包括修身目的、修身憑藉與修身方法，主旨在於指明人類通過修德以確保自身行動的善，從而獲得美好，達到幸福境界。天啓年間出版的《況義》，是《伊索寓言》在中國傳播的第一個譯本。

明末清初西方人文社會科學在中國的傳播，傳播主體是利瑪竇等傳教士，中國學者徐光啓等參與譯述潤色，所傳内容從總體上説，比較零碎，不成系統，所譯編成書籍印數較少，傳播範圍較小，很多内容只是在少量學者中流傳。但是，他們所傳許多知識，開啓了近代西學東漸的先河，如地圓説、五大洲説、腦主記憶説；所創譯的諸多名詞，也被近代沿用，如亞細亞、歐羅巴、大西洋、地中海、自鳴鐘、天主等。他們以『理學』翻譯哲學，一度被近代學者沿用。

〔一〕 南懷仁：《進呈窮理學書奏》，徐宗澤：《明清間耶穌會士譯著提要》第192頁，中華書局，1989年。

〔二〕 高一志：《治平西學》，載黄興濤、王國榮編《明清之際西學文本》第2册，中華書局，2013年，第614頁。

三

近代西方人文社會科學在中國翻譯、傳播的歷史，可以分爲五個階段，即 1807—1842 年、1843—1860 年、1861—1900 年、1901—1911 年、1912—1919 年。

第一階段，從 1807 年至 1842 年。

17 世紀末 18 世紀初，因宗教禮儀問題，在清朝政府與羅馬教廷之間、中國耶穌會與羅馬教廷之間、耶穌會與其他天主教會之間，出現嚴重分歧。羅馬教廷要求在華天主教徒不得祭祖、不得拜孔。康熙皇帝表示，中國祭祖敬孔，不過是一種崇敬的禮節，並無宗教性質，如果來華西人，不能像利瑪竇那樣對祭祖敬孔持尊重態度，斷不準在中國居留、傳教。雙方交涉多次，不得要領。1717 年（康熙五十六年），康熙皇帝下令禁止天主教在華活動。此後，天主教在華再次步入低谷。雍正、干隆等朝，又相繼頒佈禁止天主教的命令。1773 年（干隆三十八年），因宗教内部紛争，羅馬教廷下令解散耶穌會，兩年後命令傳到中國，耶穌會正式解散。至此，自晚明開始在中國活動二百年的耶穌會，終於告一段落。西學傳播的細流亦因此截斷。

1807 年，英國基督新教傳教士馬禮遜，受倫敦會委派，從英國經美國輾轉來到澳門，進入廣州，以後在廣州、澳門及南洋各地，進行傳教與西學傳播活動。稍後，英國傳教士米憐、楊威廉，美國傳教士裨爲仁、雅裨理、裨治文，德國傳教士郭實臘等，絡繹東來。他們在馬六甲、新加坡、巴達維亞等地，開學校，辦印刷所，出版《聖經》等宗教讀物，也在當地華僑中傳播西學。所出版的涉及人文社會科學方面的書籍有十來種，包括《生意公平聚益法》(1818)、《西游地球聞見略傳》(1819)、《地理便童略傳》(1819)、《東西史記和合》(1829)、《大英國統志》(1834)、《美理哥合省國志略》(1838)、《古今萬國綱鑒》(1838)、《萬國地理全集》(1838)、《制國之用大略》(1839)、《貿易通誌》(1840)，所出版刊物《察世俗每月統記傳(1815—1821)》《特選撮要每月紀傳(1823—1826)》《東西洋考每月統記傳(1833—1838)》，都含有豐富的西方經濟學、歷史學、地理學知識。

比如，《生意公平聚益法》，介紹人們相互之間進行貿易應該遵循的基本法則，《地理便童略傳》對世界主要地區與國家均有介紹，對英國、美國政治制度、司法制度介紹較爲具體。《古今萬國綱鑒》，凡244頁，分20册，是鴉片戰争以前介紹世界歷史知識最爲詳盡的一部書。《貿易通誌》較爲翔實地介紹了西方的商業制度，魏源在《海國圖志》中，對許多國家的貿易、商業的介紹資料採自此書。《大英國統志》《美理哥合省國志略》分别翔實地介紹了英國、美國的國情。

再如，《察世俗每月統記傳》所載《論有羅巴列國》《論亞西亞列國》《論亞非利加列國》《論亞默利加列國》《法蘭西國作變復平略傳》等文，介紹歐洲、亞洲、美洲等地地理、歷史知識，介紹了法國的歷史。還在1821年，便介紹了剛剛立國45年的美國，稱其面積寬大，盛産各物，港口衆多，人口增加很快，且有智有力，預料其日後必爲美洲最大國家。[一]《東西洋考每月統記傳》所載《通商》《貿易》《公班衙》等文，

[一]《論亞默利加列國》，《察世俗每月統記傳》卷七，道光元年。

介紹西方通商理論，認爲通商貿易對商人、人民、國家都有好處，强調通商貿易要篤實誠信，不可食言行騙。

鴉片戰争以前，中國還没有被英國打敗過，中西關係還比較平等，傳教士在介紹西方情况時，心態還不是那麽傲慢，所以，行文常用對話體，以中國人習慣的説書形式出現。爲了迎合中文讀者心理，作者論述問題，每每先引一段中國古代聖賢的語録或故事，然後進行中西比較，説明東方西方，心同理同。這種表達方式，類似於明末清初耶穌會士，而不同於鴉片戰争以後傳教士那種居高臨下姿態。

第二階段，從 1843 年至 1860 年，即五口通商時期。

在 1840 年至 1842 年的中英鴉片戰争中，清朝政府戰敗，被迫與英、美、法等國簽訂不平等的《南京條約》、《望厦條約》和《黄埔條約》，被迫割讓香港給英國，開放廣州、福州、厦門、寧波、上海作爲通商口岸，允許外國人在這些口岸傳播宗教、開設學堂、開辦醫院。於是，傳教士便將活動基地從南洋遷到中國東南沿海，開始了晚清西學傳播史上的新階段。這一階段，通商口岸成爲傳播基地。此前，傳教士的活動局限於南洋一帶，西學書刊雖亦能傳至中國大陸，其所辦學校中也有華人，但畢竟水路迢迢，對中國内地影響有限。五口通商後，麥都思、雅裨理、慕維廉、艾約瑟等傳教士以這些地方爲基地，辦學校，出書刊，進行各種西學傳播活動，東南沿海遂成中國率先接受西學影響的地區。傳教士所出版《聯邦志略》(1846)、《格物窮理問答》(1851)、《地理全志》(1853)、《大英國志》(1856)、《地球説略》(1856)、《地理略論》(1859)等書籍，《中西通書》(1853—1860，年鑒)、《遐邇貫珍》(1853—1855)、《六合叢談》(1857—

1858）等雜誌，包括豐富的歷史學、地理學、經濟學知識，也有一些哲學、文學知識。

比如，《遐邇貫珍》所載《花旗國政治制度》一文，不但介紹了美國的總統選舉制、立法、司法、行政、聯邦及各州之組織，還將英、美政治制度作了比較，認爲各有利弊。再如，慕維廉譯編的《大英國志》與《地理全志》，都是超過三百多頁的大書，前者翔實地介紹了當時世界上最强大的帝國英國的歷史與現實，後者比較宏觀地介紹了世界地理知識。

這一時段，傳教士忙於在通商五口進行傳教活動，出版宗教讀物繁多，所出人文社會科學書籍較少，十來種而已，但是這些書刊在中國士紳中還是産生了比較廣泛而重要的影響。魏源編《海國圖志》，廣泛徵引了《地球圖説》等西書；徐繼畬撰《瀛寰志略》，直接得益於雅裨理等人的西書資料；王韜、管嗣復參加了一些西書與雜誌的譯編，受到這些知識的深刻影響。王韜日後出版《西學輯存六種》，頗得益於他在墨海書館協助偉烈亞力等人的西學熏陶，管嗣復則將其西學知識轉述給其老師馮桂芬，促成馮桂芬名著《校邠廬抗議》的誕生。《聯邦志略》《地理全志》《地球説略》等書還傳到了日本，並有日譯本行世。

第三階段，1860 年至 1900 年。

1856 年至 1860 年，英國、法國在美國、俄國等支持下，發動了侵略中國的第二次鴉片戰爭。中國再次慘敗。侵略者逼迫清朝政府先後簽訂了《天津條約》（1858）、《北京條約》（1860）等一系列不平等條約。通過這些條約，外國侵略者從中國勒索了大筆戰爭賠款，取得了一系列侵略特權。其中，與西學傳播密切相關的有：一、增開11個通商口岸，即天津、牛莊、登州、臺南、潮州、瓊州、鎮江、南京、九江、漢口、淡水。後來實際開埠時，牛莊改爲營口，登州改爲煙臺，潮州改爲汕頭。條約規定，外國人可以在這些通商口岸居住、賃房、買屋、租地起造禮拜堂、醫院、墳塋等。二、傳教自由。三、外國人可到中國内地各處遊歷、通商，中國政府應提供方便。四、開放長江。這樣，加上先前割讓的香港，開放的五口，中國被迫對外開放的城市達17個。外國人可以在南起廣州、厦門，中經上海、煙臺，北至天津、營口，東起上海、南京，沿江西上，直到中國内地，這樣廣闊的範圍裏自由活動。其結果，加强了西方列强對中國的政治侵略、經濟掠奪，也便利了他們對中國的文化滲透。

在清政府方面，以咸豐皇帝去世、辛酉政變發生、慈禧太后掌權爲轉折點，中國對外對内政策有了重大調整。總理各國事務衙門的設立，京師同文館、上海廣學會的創辦，以學習西方堅船利砲、聲光化電爲重要内容的洋務運動的開展，江南製造局等機構的設立，中國向歐洲、美洲與日本等地駐外使臣的派出，聖約翰大學等衆多教會學校的創辦，都對西學傳播産生了重要影響。1894年發生的中日甲午戰争，中國再次慘敗，激起變法思潮高漲，維新運動發生，更推動了西學傳播的高漲。

這一階段，譯介西學方面，有兩支力量同時發力，即清政府官辦機構與教會機構，前者以京師同文館、江南製造局翻譯館爲其著者，後者以設在上海的以基督新教傳教士爲主的廣學會最爲突出，天主教耶穌會設立的土山灣印書館也貢獻甚多。

這一階段，所出版的人文社會科學譯著，數量較前大爲增多，約130種，超過以往約三百年所出同類書籍總數。内容也更加厚實系統，有適應瞭解國際形勢與外國情況需要的《萬國公法》(1864)、《歐洲史略》(1886)、《希臘志略》(1886)、《羅馬志略》(1886)、《四裔編年表》(1874)、《萬國史記》(1880)、《法國律例》(1880)、《萬國通鑒》(1882)、《八星之一總論》(1892)、《各國交涉公法論》(1898)、《歐羅巴通史》(1900)等；有介紹外交常識的《星軺指掌》(1876)、《公法便覽》(1877)、《公法會通》(1880)；有介紹西方歷史、哲學、經濟學基礎知識的《佐治刍言》(1885)、《西學略述》(1886)、《辨學啓蒙》(1886)、《富國養民策》(1886)、《地球一百名人傳》(1898)；有適應變法需要、介紹外國變法的書籍《自西徂東》(1884)、《列國變通興盛記》(1894)、《泰西新史攬要》(1895)、《文學興國策》(1896)；有爲變法運動提供理論支撑的《天演論》(1898)、《民約通義》(1898)；有爲教育變革提供學術資源的《西國學校》(1873)、《肄業要覽》(1882)、《七國新學備要》(1888)、《教育學綱要》(1899)；有合哲學與心理學爲一體的《心靈學》(1889)、《治心免病法》(1896)。《格致匯編》刊載傅蘭雅所作的《混沌説》(1877)，概略地叙述了當時中國還不大有人瞭解的生物進化論觀點。廣學會出版的李提摩太翻譯的《百年一覺》(1894)，原爲美國空想社會主義小説，影響極廣。同爲廣學會出版的《大同學》(1899)，第一次向中國人介紹了馬克思及其學説。

第四階段，1901年至1911年。

1898年的戊戌政變，1900年的八國聯軍侵略中國之役，使清朝政府的威信跌到最低點，中國國際、國内形勢均發生巨大變化。一方面，愛國人士、知識分子失望到極點，革命風潮因之而生，留日熱潮驟然而起。另一方面，清政府實行新政，鼓勵工商，廢除科舉，改革學制，繼而宣佈預備立憲。這兩方面都亟需西學（新學）資源。在這兩方面因素的共同作用下，西方人文社會科學在中國的傳播，呈井噴之勢，從內容到方式、從數量到質量都有巨大變化。

此前，西學知識主要由翻譯英、法等西書而來。1900年以後，由日本轉口輸入西學數量急劇增長，日本成爲西學輸入主要來源地。從1900年到1911年，中國通過日文、英文、法文共譯各種西書至少有1599種〔一〕，遠遠超過此前90年中國譯書的總數。從1902年至1904年，共譯西書533種，其中日文書籍達321種，占總數的60%。

在繁多的中譯西書中，人文社會科學比重加大。以1902年到1904年爲例，三年共譯文學、歷史、哲學、經濟、法學、政治學等人文社會科學書籍327種，占譯書總數的61%。同期翻譯自然科學書籍112種，應用科學56種，分別只占譯書總量的21%和11%。〔二〕所占比重從多到少的順序爲人文社會科學→自然科學→應用科學，與之前幾十年的情形正好相反。京師大學堂從1898年到1911年翻譯、出版西學教科書有六十餘部一百多册，其中人文社會科學類占62%。〔三〕這表明當時西學輸入的重心，已從器物技藝等物質文化層面轉到思想、學術等精神文化層面。

〔一〕見拙著：《西學東漸與晚清社會》（修訂本），中國人民大學出版社，2011年，第11頁。

〔二〕以上數據均見拙著：《西學東漸與晚清社會》（修訂本），第11頁。

〔三〕範軍：《歲月書痕》，華中師範大學出版社，2017年，第165頁。

就内容而言，這一階段所譯人文社會科學書籍，舉凡哲學、文學、歷史、經濟、法學、政治學等各學科，都有頗成規模的系統譯作。

哲學方面，概論性譯作就有9部，如井上圓了著、羅伯雅譯《哲學要領》(1902)，德國科培爾著、下田次郎述、蔡元培譯《哲學要領》(1903)，井上圓了著、王學來譯《哲學原理》(1903)；邏輯學譯作18部，如楊蔭杭譯《名學》(1902)，清野勉著、林祖同《論理學達恉》(1902)，十時彌著、田吴炤譯《論理學綱要》(1902)、嚴復譯《穆勒名學》(1905)，大西祝著，胡茂如譯《論理學》(1906)，英國耶方斯著、王國維譯《辨學》(1908)，法國孟德福著、李問漁譯《名理學》(1908)。其他哲學著作（含哲學家介紹、各國哲學、哲學史）9部，如蟹江義丸著、範迪吉等譯《西洋哲學史》(1903)、姉崎正治著、範迪吉等譯《宗教哲學》，井上圓了著、蔡元培譯《妖怪學講義録（總論）》(1906)；心理學譯作21部，如元良勇次郎著、王國維譯《心理學》(1902)，長尾槙太郎著、蔣維喬譯《心理學》(1906)等；倫理學譯作10部，如元良勇次郎著、麥鼎華譯《倫理學》(1902)、德國泡爾生著、蔡元培譯《倫理學原理》(1909)；教育學46部，如立花銑三郎述、王國維譯《教育學》(1901)，能勢榮著、葉瀚譯《泰西教育史》(1901)。清末一度流行哲學救國論，一批學者認爲救國應先救其人，救人應先救其心，救心應先救其學，而救學則應從譯介西方哲學始。因此，舉凡古希臘、羅馬哲學，西方近代哲學，以及重要哲學家生平及其學説，幾乎無一不被譯介。

文學作品翻譯更是繁盛一時，内以小説最多。據研究，從1901—1911年，中國共翻譯域外小説547

部，散文集22部，戲劇1種〔一〕。對英、美、法、俄、德、日、荷蘭、奥地利、瑞士、希臘等國文學作品均有翻譯，内以英、法、日三國最多。英國的莎士比亞、笛福、斯威夫特、哈葛德、柯南道爾、司各特、哈代、拜倫、狄更斯、斯蒂文森等，法國的小仲馬、雨果、大仲馬、朱力士、迦爾威尼，美國的斯土活夫人、布萊特夫人等人作品都有翻譯。譯自英國的，僅林紓就與人合譯哈葛德《迦因小傳》和《鬼山狼俠傳》等20種、柯南道爾《歇洛克奇案開場》等7種、司各特《撒克遜劫後英雄略》等3種、斯蒂文森《新天方夜譚》等。同是柯南道爾作品，就有周桂笙、林紓和魏易、陳家麟、包天笑等人投入翻譯。譯自法國的有，林紓與他人合譯的《巴黎茶花女遺事》《賂史》，薛紹徽譯的《八十日環遊記》，包天笑譯的《鐵世界》，朱樹人譯的《穡者傳》和《冶工軼事》，陳春生譯的《獄中花》，梁啓超等譯的《十五小豪杰》，魯迅翻譯的凡爾納小説《月界旅行》。從1899年到1911年，從日本翻譯過來的小説有55種，其中1907年就翻譯了11部，内有《佳人奇遇》《經國美談》《謀色圖財記》《美人島》《世界一周》等。〔二〕

歷史學方面，比較重要的有102部，其中通史14部，如作新社出版的《萬國歷史》(1902)、支那翻譯會社的《萬國史綱》(1903)、杭州史學齋的《萬國史要》(1903)、上海通社的《世界通史》(1903)、山西

〔一〕鄧集田：《中國現代文學的出版平臺——晚清民國時期文學出版情況統計與分析（1902—1949）》，華東師範大學博士論文，2009年，第502—512頁。

〔二〕汪帥東：《晚清日本文學翻譯研究》，《當代外語教育》2018年，第2輯。

大學堂譯書院的《邁爾通史》(1905)、江楚編譯官書局的《萬國史略》(1906)。其中英國李思倫白著、蔡爾康等譯編的《萬國通史》，規模最爲宏大，凡30卷，相繼於1900、1904、1905年由廣學會出版。地區史、國别史52部，如東亞譯書會《歐羅巴通史》(1900)、金粟齋《西洋史要》(1901)、商務印書館《亞美利加洲通史》(1902)、文明書局的《泰西通史》(1903)等，還有英、美、德、法、日等國歷史。變政史、維新史、獨立史17部，如作新社的《英國維新史》(1903)、文明書局的《佛國革命戰史》(1903)、商務印書館的《美國獨立戰史》(1911)，還有關於意大利、菲律賓、希臘、印度等國獨立或變革史。其他專史5部，如開明書店的《近世海戰史》(1903)、文明書局的《世界女權發達史》。人物傳記14部，包括華盛頓、拿破侖、彼得大帝、俾斯麥等個人傳記，還有世界名人、歐洲政治學家、日本維新志士等合傳。

政治學方面，比較重要的譯編有29部，其中政治學概論性的譯作，有高田早苗講述、嵇鏡譯《國家學原理》(1901)，德國伯倫知理原著、梁啓超譯《國家學綱領》(1902)，德國那特硜著、馮自由譯的《政治學》(1902)、戢翼翬等譯《那特硜政治學》(1901)，市島謙吉著、麥曼蓀譯《政治原論》(1902)，美國伯蓋司著、楊廷棟譯《政治學》(1904年以前)；政治學理論譯作有英國斯賓塞著作、楊廷棟譯《原政》(1902)，法國盧梭著、楊廷棟譯《路索民約論》(1902)，浮田龢民著、出洋學生編輯所譯《帝國主義》(1902)，西川光次郎著，周子高譯《社會黨》(1902)，馬君武譯《彌勒約翰自由原理》(1903)，幸德秋水著、中國達識社譯《社會主義神髓》(1903)，村井知至著、侯士綰譯《社會主義》(1903)，加藤弘之著、陳尚素譯《人權新説》(1903)，福井準造著、趙必振譯《近世社會主義》(1903)，英國甄克思著、嚴復譯《社會通詮》(1904)

等。介紹各國政治態勢的有《萬國政治叢考》《最新萬國政鑒》《最新萬國政治制度》《萬國國力比較》《歐美政教紀原》《十九世紀末世界之政治》《美國民政考》等。

經濟學方面，1901年至1911年出版譯作23部。其中，嚴復翻譯的《原富》出版，是西方經濟學經典著作首次完整譯出。1902年，《欽定學堂章程》規定，今後學制三年的高等學堂政科，必須設立『理財學』即經濟學課程，這促進了西方經濟學説引進與傳播。此後，楊廷棟編《理財學教科書》、天野爲之著《理財學綱要》、商務印書館出版的田尻稻次郎著《理財學精義》，均列爲中小學理財學教材。1906年至1908年，政治經濟社等機構出版了《公債論》《租税論》《紙幣論》《貨幣論》《財政學》《計學》《比較財政學》等多種屬於經濟學分支的著作。

法學方面，這一階段譯作特多。從1901年至1911年，共譯法學書籍263種〔一〕，是晚清社會科學中譯書最多的學科。1902年，清廷命沈家本等遴選諳習中西律例司員分任纂輯，延聘東西各國精通法律之博士、律師以備顧問，復調取留學外國卒業生從事翻譯。於是，清政府有計劃地翻譯大量法律書籍。民間譯書機構或出於社會需求，或出於牟利目的，也翻譯了大批法學書籍。從國際公法、國際私法，民法、刑法、民事訴訟法、刑事訴訟法、行政法，應有盡有。不但一般性的介紹法學原理、法學流派、國際法的著作都有介紹，而且各種具體法規法制，如警察學、監獄學，也很豐富。有的同一種著作有多種譯本，

〔一〕田濤、李祝環：《清末翻譯外國法學書籍評述》，《中外法學》，2000年，第3期。

單1903年，《國際私法》就有4種譯本，《國法學》有5種譯本，《法學通論》有6種譯本。1904年至1909年，清政府爲適應法律改革需要，由修定法律館主持審定，翻譯了一大批刑法、民法方面的書籍，包括德國、法國、美國、意大利、日本等國刑法、民法多方面具體法規。1906年以後，中國地方自治聲浪日高，與地方自治相關的自治法規、地方性法規書籍翻譯頗多，諸如《地方自治論》《英國地方政治》《歐洲大陸市政論》《日本府縣制郡制要義》，與地方自治相關的警察書籍翻譯尤多，諸如《最近警察法教科書》《德國警察法》《警察全書》《警察學》《偵探學》。這些書主要自日文譯出，法律也以日本爲多。這一時期引進日本法律最爲全面的一部書籍，即《新譯日本法規大全》，由張元濟、劉崇杰等翻譯，内容相當廣泛，對清末法制改良有着重大影響。

第五階段，1912—1919年。

隨着清廷覆滅，中華民國建立，政治建設、法制建設、公民道德建設等任務提到人們面前，這些方面的譯介著作也隨之增多。與政治建設、法制建設有關的譯作主要有：同是英國莫安仁著、許家惺譯的《英國立憲鑒》(1912)、《英議院權力發達史》(1912)，英國布賴斯著、孟昭常譯《平民政治》(1912)，美國麥萊著、陳其鹿譯的《美國民主政治大綱》(1912)，美國約翰·温澤爾著、楊錦森、張萃農譯的《美法英德四國憲法比較》(1913)，日本田中萃一郎著、畢厚譯《歐美政黨政治》(1913)，美國黎卡克著、梁同譯的《政府論》(1914)、法國路易·普羅爾著、高仲和譯的《政治辨惑論》(1914)，日本齋藤隆夫著、姚大中譯的《比較國會論》(1917)。東方法學會譯編法律要覽叢書多種，由泰東書局出版，包括《民法要覽》《民事訴訟法要覽》《商法要覽》《刑法要覽》等，影響廣泛。

有關公民道德建設的譯作甚多，諸如《國民道德談》（1915）、《道德之研究》（1915）、《品性論》（1916）《泰西改良社會策六章》（1917）、《新道德論》等。其中，英國著名道德學家斯邁爾斯（S. Smiles，1812–1904）多種著作被多次翻譯，包括《勤儉論》（1914）、《克己論》（1915）、《職分論》（1917），葉農生、蔣方震、秦同培等均參與譯事。第一次世界大戰爆發以後，有一批與戰爭有關的譯作問世，如《德意志戰論》《開戰時之德意志》《美國總統威爾遜參戰演説》《革命心理》《國際同盟論》。

這一階段，馬克思主義、無政府主義書籍的譯介也有一些，包括1912年施仁榮翻譯恩格斯的《理想社會主義與實行社會主義》，是馬克思主義經典文本在中國早期傳播較爲完整的譯本，是恩格斯的著作《社會主義從空想到科學的發展》在中國的第一次譯介。1919年凌霜翻譯克羅泡特金的《近世科學與無政府主義》。

這一階段，所譯哲學、史學著作，均遠較清末爲少，但文學翻譯勢頭依然很猛。1912年至1919年，共翻譯域外小説250部，散文集35部，戲劇3部〔一〕，涉及英、法、美、俄、德、日、西班牙、奥地利、瑞士、波蘭、比利時、丹麥等國作家，内以英、法作家所占比例爲高，英、法主要作家被譯作品與清末

〔一〕 鄧集田：《中國現代文學的出版平臺—晚清民國時期文學出版情況統計與分析（1902—1949）》，華東師範大學博士論文，2009年，第512—519頁。

有延續性，如英國哈葛德、柯南道爾、狄更斯，法國大仲馬、雨果等，增加較多的是美國作家華特生等人的作品，俄國托爾斯泰等人作品也陸續翻譯進來。

以上五個階段，就對中國社會影響而言，每一階段都不能忽略，各有各的影響。但綜合而言，以清末這一階段的影響，最爲廣泛而深入。數以百計的出版機構，數以千計的中譯日書，數以萬計的留日人員，難計其數的雜誌、報紙，將形形色色的西方新學轉口輸入中國。範圍之廣，數量之多，來勢之猛，是此前歷史階段也是民國初年所不可比擬的。這一階段，正是中國廢科舉、興學校的教育體制轉型期，難計其數的各門各科的新式教科書，大多是這一階段編寫的，藍本多取自日本，多取自這一階段的譯書。各門各科的辭典大量引進、編寫，無形中起着規範語言的作用。

四

近代中國被動卷入全球化浪潮之中，遭遇千古未有之變局。在此以前，中國雖然早已與外族有了關係，但那些外族都是文化較低的民族，縱使他們入主中原，到頭來也終歸爲以儒學爲核心的中國文化所化。在中國接觸的世界裏，中國以老大自居，他國也以老大尊之。但是，到了近代，情況大不一樣。中國面對的英國、美國、法國等，絶非先前的夷狄可比。這些對手，既陌生又强大，突兀而來，猝不及防。中國生産方式、生活方式、價值觀念、審美情趣、教育體系、學術體系、語言詞彙，乃至風俗習慣，無不發生深刻的變化。人文社會科學譯著，既是這一歷史變局的産物與證物，也是這一變局的助推器。

以語言詞彙而言，中國今天所用各類新詞彙，大多形成於近代。人文社會科學方面的新名詞，諸如社會、政黨、民族、階級、主義、範疇、系統、規範、唯物、唯心、主體、客體、法學、法庭、民法、刑法、金融、銀行、生産力、生産關係，都是近代出現的，而且大多是從日本移植而來。日常生活所用諸多新詞彙，也主要形成於近代。比如，以『化』字結尾的複合詞，特殊化、現代化、民族化、大衆化、自動化；以『式』字結尾的複合詞，速成式、問答式、簡易式、西洋式；以『炎』字結尾的病名，關節炎、氣管炎、腦炎、肺炎、胃炎、腸炎；以『性』字結尾的複合詞，可能性、現實性、必然性、偶然性、必要性、習慣性；以『界』字結尾的複合詞，文學界、思想界、藝術界、新聞界、出版界；以『感』字結尾的複合詞，美感、好感、惡感、情感、敏感；以『點』字結尾的複合詞，觀點、要點、焦點、重點、出發點；以『觀』字結尾的複合詞，悲觀、樂觀、人生觀、科學觀、世界觀、宇宙觀；以『論』字結尾的複合詞，一元論、宿命論、無神論、唯物論、唯心論；以『法』字結尾的複合詞，辯證法、歸納法、演繹法、綜合法、分析法。還有以『作用』『問題』『時代』『社會』『主義』『階級』等詞結尾的複合詞，心理作用、精神作用、土地問題、社會問題、舊石器時代、新石器時代、奴隸社會、封建社會、人文主義、社會主義、地主階級、農民階級。如此等等，不一而足。

新名詞如此，學科分類亦如此。以『學』字結尾的學科名，財政學、經濟學、生物學、物理學、心理學、家政學、社會學、冶金學，也都在清末定型。

近代譯介的人文社會科學，不但影響了當時的中國社會，而且業已廣泛融入中華文化傳統當中，幾乎無處不在、無時不在地體現於我們的物質文化、制度文化與觀念文化之中，體現於我們的日常生活當中。倘若不信，你且撇開此類新思想、新觀念、新學術、新詞語，寫一篇文章或者講幾句話試試！

鑒此，我們選編了這套《近代人文社會科學譯著選輯》，選擇不同歷史階段較有影響的譯著，分爲五輯，分類如下：1、人文社會科學總論與政治學；2、哲學、邏輯學、倫理學、心理學、教育學；3、歷史學、地理學、社會學、禮俗；4、法學、經濟學；5、文學、藝術、人物傳記。

鑒於嚴復所譯學術名著、林紓所譯文學著作已有多種刊本行世，本書不再收録。

《近代人文社會科學譯著選輯》第一輯第四册説明

《佐治刍言》(Political Economy)，爲英國人錢伯斯兄弟(Williamand Robert Chambers)所編教育叢書的一種，1852年在愛丁堡刊。傅蘭雅譯，應祖錫述，3卷，江南製造局1885年刊。全書以自由、平等思想爲出發點，分别從家室、文教、名位、交涉、國政、法律、勞動、通商等方面進行論述，認爲人人有天賦的自主之權，國家應以民爲本，政治應以得民心合民意爲宗旨。關於經濟學，書中述及財用、産業、産業保護、工藝、人工價值、分工與管理、機器、工價、資本、貿易之利、錢法、鈔票、銀行、賒借等。這是戊戌以前介紹西方社會政治思想最爲系統、篇幅最大的一部書，對中國思想界影響很大，康有爲、梁啓超、章太炎都曾認真讀過，對它評價很高。梁啓超稱此書『言立國之理，及人所當爲之事。凡國與國相處、人與人相處之道，悉備焉。皆用幾何公論，探本窮源，論政治最通之書』〔一〕。章太炎初讀此書，大爲折服，自稱『魂精泄横，慹然似非人』〔二〕，日後在著作中多次徵引。蔡元培稱此書『言公理

〔一〕 樑啓超：《讀西學書法》，載《西學書目表》(慎始基齋叢書)，光緒二十三年刻本，第8頁。

〔二〕 章太炎：《變法箴言》，湯志鈞編《章太炎政論選集》(上册)，中華書局，1977年，第17頁。

最平實』[一]。孫寶瑄在《忘山廬日記》中，不下10次引録此書，並針對中國情況，發表讀後感。浙江學者黄慶澄評價此書：『居家宜諳家務，居國宜諳國俗。我輩忝生地球而於人世一切交涉未能了了，愧何如之！此書探本窮源，親切有味，譯筆亦馴雅可喜』[二]。

《佐治刍言》出版以後，有多種重印本，包括格致書室排印本、會稽徐氏重印本、富强齋叢書本、軍政全書本、質學叢書本、西政叢書本、西學自强叢書本等。1901年《蘇州白話報》曾以白話文譯述此書。

《天則百話》，加藤弘之著，吴建常譯，廣智書局1902年出版。

加藤弘之（1836—1916），日本著名政治家、思想家、教育家，出生於但馬國出石藩（兵庫縣）。明治維新後，歷任天皇侍讀、左院議官、元老院議官，東京帝國大學第一任總長（校長）、帝國學士院院長、樞密顧問官。著有《真政大意》（1870）、《國體新論》（1874）、《人權新説》（1882）等。

加藤弘之在明治維新初期，主張民權、平等思想，倡導打破封建的身份制度，提高全體人民擔當國家主體的意識，支持政府的開明政策。1882年（明治十五年）以後，隨着進化論的社會觀和人生觀及相關著作的普及，他逐漸反對自由民權運動，舍棄天賦人權論，轉向以生存競争和優勝劣汰爲基礎的社會

〔一〕中國蔡元培研究會編：《蔡元培全集》第15卷，浙江教育出版社，1998年，第194頁。

〔二〕黄慶澄：《中西學普通書目表》，杭州小學堂，光緒二十七年，卷二，第1頁。

達爾文主義。他在《太陽》雜誌發表隨筆之類的短論，涉及抽象理論的價值、社會調查對於歷史研究的意義、自然灾害與因果報應問題、日本人與歐洲人通婚之利弊、日本中小學修身科問題、動物性與人性之比較、動物與人類害他性問題、古人親族間通婚問題、宗教信仰與思想自由問題、早婚與晚婚之利弊得失等。這些短論共 100 則，冠以《天則百話》之名出版，其核心思想是宣傳社會達爾文主義與國家主義。

所謂『天則』，即規律。加藤弘之的這些短論，影響相當廣泛。梁啓超曾擇譯其中四篇，即《實學空理之辨》《自由研究》《我輩九百九十年前之祖宗》與《利己心之三種》，加上案語，刊於《新民叢報》。梁啓超在案語中稱：『日本文學博士加藤弘之，德國學派之泰鬥也。專主進化論，以愛己心爲道德法律之標準，其言固多偏激有流弊，然持之有故，言之成理。故其影響及於日本學界者甚大焉。餘夙愛讀其書，故不欲介紹其學術於中國，蓋慮所益不足償所損也。雖然，今日學術思想勃興之時代，終非可以人力阻止某種學派，不使輸入我國，苟强阻止之，是又與頑固之甚者也。況能成一家之言者，必自有其根柢條理。苟其能理會其全體，而不藉口其一端，則不論何學派而皆有裨於群治。且天下之方術多矣，擇而從焉，淘而棄焉，豈不在我，故今取其《天則百話》，謹譯以諗同學焉。雖東鱗西爪，而博士學術之大概，亦在是矣』。

吴建常（1876—1950），陝西涇陽人，字仲旗，1897 年在鄉試中考取副貢生，肄業於味經書院，民國初年官至陝甘都督的參謀長、凉州副都統。《天則百話》書前有吴寫於光緒二十八年的序言，載明其時他在上海。他在書中加了一些案語，説明相關内容對於中國的現實意義，並將其中若干則他認爲對於中國没有多少實質性益處的舍去，僅存題目。除了此書，吴建常還譯有《社會學提綱》，美國吉登葛斯原著，日本市川源三譯，吴建常重譯。附帶説明，吴建常嗣子，即清華大學國學院導師、現代著名西洋文學家吴宓。

佐治芻言

英國 傅蘭雅 口譯
永康 應祖錫 筆述

總論

第一節　凡人生地球上、其天賦之形體、天賦之性情、皆與地面上之品物、流形互相配合、蓋造物生人之意、原欲令斯民之在地面者、皆能飽食煖衣、同登康樂、必其自幼至老、一生長無缺憾、而上天之心始安、

第二節　人在世上、無論所遭境遇、或爲安樂、或爲憂患、皆當使一己之身體、與一己之性情、隨所遇而淡然安之、

且必設法於所遇禍福中、求出進益來、方不爲境遇所累、人生日用之需固不可少、即朝夕辛勤之外、亦不可無安樂之事、以陶寫其性情、然此種樂境、斷非驟然可以坐致、必先勞其身體、竭其思慮、方能由勞而逸、由苦而甘、蓋上天待人、原欲使各人勤求事業、不可稍存怠惰之心、亦謂若其人不肯用心、必不能坐享厚福也、即如天地之有寒熱燥溼、初觀之、亦似有害於人心者、伏而思之、無非上天之所以磨厲人身、欲其歷練操守、而不致日即慆淫耳、總之人生多歷一分患難、即多增一分識見、歷其境者、必當出吾身以與患難相爭、爭之既久、自能於此中得絕大進

境

第三節　上古之時草昧初開其人尚未講究格致之學凡人生應做之事亦未能了然於心止能從日用所不可少與夫各人心中所樂爲者設立數種公法以爲彼此往來辦理公事之準其初定之風俗規矩章程律法各大端行之國中已覺上下稱便後復從各國所定法度中擇其尤合公用者得一種格致學問而治民之具始備現在如各國中所行政令雖不能謂已造到極處然其中之推行有年累著成效者亦復不少令人往往喜用新法以爲民間往來並國家交涉之事不出乎此在當時亦或有信之

者究之憑虛臆斷其法既不合於人情其言亦不切於時勢無本之治終覺難行故欲設立一可大可久之新法必先按切時勢斟酌人情方能行之無弊若舍此不問而堅執己見違背輿情恐新法之興不特無補於世而且有害於人矣

第一章論家室之道

第四節　一國之治其原皆始於家蓋天之生人必使男女相配成爲夫婦而立有室家厥後生育兒女爲父母者必能本天性以撫育之教養之必至兒女長大成人方可使稍稍相離自立家室從此繼繼承承相傳勿替家道之

隆眞有不可限量者故一切風俗規矩皆屬後起之事惟此夫倡婦隨實爲王化所自始是以積家可以成族積族可以成國今日之所謂國未始非昔日之所謂家若將各國世系沿流而溯其源則其國之發源於一家者或尚歷歷可考即或年湮代遠不能深究而觀國中人之狀貌性情皆與別國人迥異則其發源於一家可無疑矣

第五節　男女居室原係天地間自然之理順其理則爲萬福之原逆其理則禍端百出即如禽獸之子其初生時斷不能自行飛走自行飲啄必待父母哺養幾時方能漸漸自顧故必先成配耦而後能生子能養子也然禽獸哺

養其子不過暫時之事至於人孩提時尤爲輭弱事事皆賴父母顧復必到二十歲方能自立可見男女不成夫婦則不特不能生養兒女即朝夕撫育亦非一人所能獨任也夫婦之道不綦重哉

第六節　親愛之情根於天性人有兒女其教養保護之意刻不容寬且爲父母者若與外人相處即或胸無畛域究不能無自私自愛之心至於兒女則不但毫無自私自愛之心且必維持保抱爲兒女費無窮心思極之勞頓備嘗身歷者尚不以爲苦往往與人相處則百計設法只顧自己便宜他人之吃虧與否俱不暇問若家庭中自無此

種意見尤能慈祥惻怛厚待兒孫將來世面上各國交涉之事俱能歸到此種地步則昇平之象可拭目而俟矣由此觀之若天地間無男女婚配之事則父母何能如是彼此相愛彼此厚待而有親親仁民之治耶吾故曰夫婦一道實爲萬化所肇端也

第七節　夫婦和睦而成家道似一天然小會一二人此理數十人亦此理推之一族一邦一國尤未嘗不同歸此理即如禽獸之中雖未必俱有配耦然至居遊飲啄之時亦常有成對成羣互相取樂者喜聚而不喜散物類尚有此情人爲萬物之靈其不能睘居孑立絕往來交接之常

左治芻言

屏父子家人之樂也明矣、世有與人相絕、僻處山林、自謂千古高人、究之枯槁終身、悠悠沒世、矯情背理、果何補於已耶、

第八節　凡有衆人相聚成會、無論其會爲大爲小、必有公共之性情、公共之意見、則往來交接、彼此俱覺合宜、若會中別有一種性情意見、止能合一二人或數十人、而不能與大衆相合者、其會必因此漸漸離散、故會中生齒殷繁之後、總不免有不同性情、不同意見之人、堅執私心、以爲己是人非、己直人曲、至彼此不肯相讓、其會必永遠不能和睦、是以會中人凡事皆須各讓幾分、以爲往來準則、

若能彼此交讓則大家俱可相安矣

第二章論人生職分中應得應爲之事

第九節　天旣賦人以生命又必賦人以材力使其能求衣食以自保其生命顧人旣有此材力必當用力操作自盡職分若不能自主作事則材力仍歸無用大負上天篤生之意矣故無論何國何類何色之人各有身體必各能自主而不能稍讓於人苟其無作奸犯科之事則雖朝廷官長亦不能奪其自主之本分即如平等人與他人立一合同議定若干時爲之服役或幫作工藝其所議年限亦不得故違常例且限內雖不得不幫人操作然其身體仍

歸自己作主其所得工資必歸本人享用即其家事亦仍歸本人經理僱工人皆不能與聞是以國家所定律法章程俱準人人得以自主惟不守法者始以刑罰束縛之

第十節　凡國內設立律法欲令衆人皆得益處則必使國內之人上下一體始能無弊故嬰兒丐子之生命必與壯年富貴之人一樣慎重則貧家最少之產業亦當與高爵人之產業同爲國家所保護而不容分輕重於其間也故無論何種人皆應自立主見作何種事業可以度日作何種樂事可以養身而爲之上者亦當聽其自然使人人各得自主之益雖天之生人其才智與遭際不能一概而

論或爲富貴或爲貧賤或有權柄而治人或無權柄而受治於人然其所以治人與受治於人者仍是君民一體之理其於人之生命與夫自主自重及所管產業等事均無妨礙也

第十一節　人生一國內既有分所應得之端即有分所當爲之事其分所當爲之第一事莫如衣食蓋衣食爲人生所不可缺之端必能未雨綢繆庶可免號寒啼飢致累他人賑恤又一國之人既受國家多方保護則國內所有法律章程皆當恪恭謹守無負國家培植至意若一味望國家保護己則游手好閑不能自謀衣食是之謂欺騙國

家及本國之人、國內若有此種欺騙之人、其國必不能久長矣、

第十二節、今有若干人聚成一會、或成一國、欲其興利除弊、諸事完善、則必使人人俱能自主、人人俱能工作、方能十分富庶、然一會一國之中、無論爲大爲小、總不免有一種人、不能自食其力、全賴他人賙恤、乃能度日者、或因身有疾病、不能操作、或因身無本領、不能餬口、不得不仰望於人、故凡身體強壯、手藝精良之人、亦不能不設法相助、其助之之法、或聽各人隨意捐助、以爲會中賙恤貧病之費、而受其賙恤者、亦出於事之無可如何、不必遽以此

爲可恥也、不特此也、會中之人、亦有年力富強、手藝精良、而情願盡力工作者、乃遇偶然變故、以至暫時不能做工、或竟無工可做、此亦無可如何之事、非盡其人之咎、同會者、亦當視爲兄弟、竭吾力以助之、然此特權宜之事、若以立會之常理論之、則必使各人皆能認眞作事、刻苦做工、即度日之資、亦必各靠自己工夫、自己產業、其章程方稱平允、如此則會方能長久、能興旺、不然恐無此好處矣、

第十三節　上節所論、可謂準情酌理矣、蓋人生世上、無人不有身家、即無人可廢養生之道、自懶惰者不事生業、會中人不能不格外辛勤、多操作、以彌其缺、故逐日所得

工資必分出若干為此種人所分潤是懶惰者可以坐享其福而力作者反不能全有其工資也大凡懶惰之人往往言語虛浮到處欺騙對人則以為情願做工而苦於無工可做其實則閑散性成無事肯做故凡有若干人成會其會內若有此種人說此種話者本會人亦不必替他代尋生活止視為兄弟而周恤之蓋必其人自能尋出生業情願做工則其事方與人相合其工作亦可認眞若他人代為尋出生業令其工作其人必不肯認眞其事亦不能合式也故會中有此種人不但不必為之照料即科以典刑使與各種作偽者等亦非刻薄不仁之事也

第十四節　凡有若干人成會或成國則其國內之律法章程人人皆當恪守蓋人幸而生長文教之邦其視生長野人之國者已十分安樂而欲享文教之樂利則必守文教之章程而不爲有害文教之事若居文教之邦受文教之益其行爲仍與野人無異是以野人而僞爲文教仍當置之野人之國矣故懶惰者必治之以罪使國內不敢效尤治之之法有數種其輕者凡遇此種人衆皆鄙夷之厭棄之至不齒於人類其重者竟用官法懲治科以罪名或監禁獄中令作苦工或發往學習工藝之處勒令工作此等律法古時各國中已有行之者凡有民主之國其人民

皆當輔助國家、行此警惰之善政也、

第十五節　一國之中、凡前人所定律法、在當時固皆斟酌至當、意美法良、即數傳而後、人事變更、其法或不能無弊、然國中若未議更張、則人民亦不能不照常遵守、蓋律法者、百姓之身家性命所賴以維持保護者也、若不恪遵遵守、而必與在上爲難、則國政既亂、人民均受其害矣、故國中有不便之法、公議院即當查勘、法中利弊、如果有弊無利、即宜思所更改、或竟廢去、使歸平允、以洽羣情、

第三章　論文教

第十六節　嘗考各國史書、知其先皆爲野人、後由野人、

漸漸振興文教、野人之國、其人類皆性情狠戾、強悍者得操威福之權、而謹愿厚重之人、每以類弱勢孤、無從表見、其俗男女不成婚配、人家婦女皆以奴婢視之、即父之於子、其束縛亦無人理、往往強者淩弱、弱者即巧詐順承、因之彼此猜疑、終不能創一公便章程、爲國中興利除弊、故其國卒至紀綱紊亂、人民凋弊也、至文教之國則不然、其桀驁不馴者、既有法以制之、使不敢逞其性情、溫厚者尤必共相推重、奉爲典型、至男女則夫婦敵體、非如野人之以主僕相稱也、其弱而無能者、必爲有力者所保護、非如野人之彼此相猜也、一國之中、人民和睦、有弊必革、有利必興家富戶饒、可預必耳、查野人能於山林曠野之中、恣意遊覽、不若文教之人、有父兄官長約束其上、是以愚昧之流、每有羨野人之能自主者、殊不知野人之所謂自主、無非不事生業、成爲餓殍而已、否則刼奪人財、殺戮人命、無人問罪而已、豈文教之國所能有此惡俗哉、蓋必振興文教、創立公允律法、使衆人心悅誠服、上下相安無事、方能稱爲實在之自主也、

第十七節　或有謂野人由於天賦、而文教則出於人爲者、余以爲非確論也、凡文教之與野人、其性情皆由於天賦、故其始雖爲野人、一經漸漬薰陶、亦可變爲文教、其有

久經文教涵濡而仍鄙野如故者必其人別有一種性情出於野人之外者使其不能變化亦不必全關天事也欲明此理可即野人之身體與其居處而知之蓋野人往往自處污穢然一經文教變化便知多方修飾不肯以齷齪自居亦以好潔惡穢人之常情也野人即所處不潔然其心並非一無愛潔之意特此念蘊蓄於中不能自發亦如孩提之具有知識未能猝然流露耳

第十八節　野人中亦有一種習尚行之多年遂成爲風俗者即如人家生下嬰兒即用平板一塊縛於頭上壓平其額以爲美觀然此種陋俗在文教之邦亦所不免即如

中國女人纏足西國女人束腰之類俱於文教之中顯出未臻極盛景象蓋文教若臻極盛斷不致有此種矯揉造作之事也

第十九節　文教之處其人皆性情溫厚識見精明自能生聚教訓爲國中開樂利之源若野人之國則不然試以所處土地之面積而論野人之地人數少大畧每一平方英里止能養活野人一名以其地皆曠土出產無多非如文教之處無土不耕無物不植庶草蕃廡六畜孳生又能振興各種工藝使國中無一游惰之民故其地每一平方英里足養二百五十人是爲中數且野人之國其人類皆

辛苦墊隘又無良法保護嬰兒及年老之人故人民類多夭折若能興起文教則人壽之中數自可漸漸增益如英國近年人壽中數較百年前已經增益若干若與二三百年前相較更不知增益幾何矣

第二十節　英國固自稱爲文教之邦者然觀其國中之事每與文教不能相符尙介於半文半野之間蓋其民之不讀書不能文者甚多即其識見聰明亦未必即出野人之上嘗有不事生業冶遊無度以致作奸犯科自投羅網者又有一種人寄迹山谷之中潛身荒僻之地守舊時祖宗成法閒居無事偷惰自安幾爲文教涵濡所不及此種

人各國中所在多有、自其外觀之、亦儼然有文教景象、而其實仍與野人無殊、近年來各國勵精圖治、已於此事認眞查究、務令一國之內、人人讀書、人人考究工藝、從此興利除弊、或文教可臻極盛乎、

第二十一節　各國中有二種弊端、一爲文教內勢所必有之事、一因有此弊端、遂釀成數種不便之處、然只要振興文教、其弊自可漸漸銷除、即或偶然弊生、亦可設法彌縫、使不便者終歸於便、如文教之處、富家大族積產甚多、乃以貝壽不齊、宵小雜處、遂至有偷竊刼掠之事、又或因國內各種工藝、皆創有新式機器、其通商貿易各務、亦時

有改舊章而用新法者故人民每因此輟業閑居無以餬口此誠無可如何之事也若欲革除此種弊端必先使各色人皆能深悉文教根源不致因此作亂又必教以各種便民新法使各色人仍有工藝可做則心思材力皆有所用自不至好閑游手滋生事端矣總之無論文教興起到如何美備各種工藝做到如何精巧凡能精勤作事之人自不患無業可執也新法豈病民乎哉

第四章論名位

第二十二節　前言一國之人無論貴賤皆當視爲平等故各人身命與其自主自重及所管產業國家皆應一體

保護其理然也至其性情才識則又有不能強同者何也一國之人有強者有弱者有精明而靈巧者有樸拙而笨伯者有安分而認眞作事者有不安分而喜偷惰者類別羣分賢愚不等一年內所生之人過十年便已各有分別若過三十年則其間相去不啻霄壤矣故其中或有得位乘時自立功業者亦有自甘暴棄湮沒無聞者不特此也設有二人同日而生其幼時性情智識亦彼此相等而一則教養得法一則教養失宜不數年間已不能同日而語過此以往二人相去豈復能以尺寸計哉

第二十三節　賢愚貴賤自古皆然故由野人以迄文教

覃興、俱有類聚羣分之別、其亦輕淸重濁、天地間自然之理耶、

第二十四節　凡有材識出衆之人、出爲地方興辦善舉、使地方得沾實惠、則國家自應核給官爵、獎其勤勞、旣可鼓勵本人、更能使有志者聞風繼起、現在英國等處、雖尙無此章程、然見他國人有因勳勞而得官爵者、亦未嘗不心爲慕之、可見國家酬庸之典、與斯人貴貴之情、皆天地間自然之理也、

第二十五節　國家厚待勳臣、凡生前給有官爵者、死後仍準其後嗣承襲原職、亦有席祖父之餘蔭、而尸位素餐

聲名狼藉者故論者每謂蔭襲一途不免太濫然各國內亦大半有此特典想亦國家重視勳勞與其薄不如其厚之意乎

第二十六節　凡人生前積有貲財產業沒時絲毫不能帶去故不能不傳之兒孫使之世守餘業弗墜家聲世世相傳自然之理也故祖父官爵傳與子孫承襲於理亦無不合之處

第二十七節　酬庸之典其初必有功勞而後有官爵至承襲之後則可有官爵而無功勞人或謂承襲之職似非理所應得然人之重視官爵者並無本人後代之別且有

歷代愈久、而愈貴重之者、蓋人情往往愛古而薄今、以爲今日承襲之爵、皆由數十代以前相傳而來、國家雖有爵人之權、亦不能以數十代以前之官爵予人、故此等品級、以爲先朝遺典、不能不令人寶貴、即民之於國、其愛戴之情亦然、其立國歷世愈久、則國人之愛戴愈深、即或有宰輔大臣、其才識之恢宏、及待民之慈惠、俱爲當時國王所不及、以之治國、似可措之裕如矣、然若驟膺大寶、則人心之變、必有不能終日者、蓋人主撫有一國、幹濟才猷、固不可少、然必兼有累世相傳之物望、方能使國人心悅誠服、所以凡有文教之國、其國主並各大員、皆係歷代相傳者居多是書固不敢謂繼體承襲皆爲治國不易之法而究其實在此事並非創論實於人情天理事事相符辯論此事者往往不以此說爲然而其不以爲然之故亦因不明自然之根源也

第五章論國人作事宜有爭先之意

第二十八節　一家之人互相親愛遇事則彼此相讓不肯令同愛之人或有吃虧蓋家庭中無所謂爭名奪利也至與外人交涉則不然因人人各有事業即人人各出巳力以望其事之成功是以一會一國之中若無彼此相形之事則用力作事者既無甚益處而衆人所做有益之事

必有許多人不肯做矣

第二十九節　人當用力爭先各求利益以養其身家性命固已然亦不可故意損人專圖益己如以珍寶之物置衆野人之前則野人必突起搶奪互相爭鬭弱者仆於地強者壓於上相持不解勢必兩敗俱傷則寶物亦何益於我哉故文教之國士農工商各居其業必不肯損人益己如野人行爲一人得利遂令衆人受害甚至相率爲盜刼掠人財致累民不能安處蓋名利雖爲人所必爭亦必忠厚待人取之有道若居心奸險刻薄成家雖獲利於目前其能久享乎

第三十節　人之取利有二法一以權勢搶奪他人所有之利以爲己有一則自己用力出生財有道以獲自然之利其賴權勢以取利者必先多備器械使其兵强力足方能令人畏服故文教未興之國一人牟利則人人皆受其累其甚者往往興兵構怨搶奪弱國之財物以爲己有或又侵其土地以益邊陲擄掠人民以爲奴僕若此者皆非自然取利之理也

第三十一節　古時東方之國其人民幾不敢居殷富之名因其時全權之國主並國中大員皆極貪暴若知民間聚有貨財不但立時搶奪且必殺害有財之人以杜其口

如猶太人在甌洲各國內數百年前其國皆有大諸侯管理國中公事百姓既無權柄可以作爲則惟知積蓄錢財自圖安樂而又不敢顯露其財致遭屠戮故有財之人亦裝爲窮苦難堪之狀卒爲諸侯所傾覆免者十不獲一焉蓋其時諸侯殘暴性成以爲修和輯睦之風不足以控制國族所以兇橫刻薄凡民間農工商賈所聚之財皆可隨意侵奪幸近來此風已經變革各國皆已改定章程革去諸侯重權而百姓得以相安矣

第三十二節　若文教之國亦有上節之事彼此紛爭以強淩弱則國中必不能上下相安凡人性情漸漸可以變

化若能禁止不可爲之事以鼓舞不可不爲之機則上節所言貪暴爭奪之風自能漸漸革變且文教既興一人力作而獲利則人人可受其福蓋其人所取之財既非奪他人之利以爲利況興起工藝他人亦能相助工作同獲利益乎

第二十三節　嘗考西國人之以格致工藝專家者皆能享大名獲大利而事之有補於時世者尤爲利益無窮如瓦得之創機器司替分孫之創鐵路與汽車哈格來佛與亞格來得之創紡織機器以及創設各種製造工藝或出其議論撰爲成書以垂後世既能萃名利於一身又能使

天下後世皆受其福間亦有本人不甚出名不甚獲利而國中隱受其福者格致工藝有益於人豈淺鮮哉

第三十四節　文教之國亦不免有一種狙詐之人不肯勤苦做工自食其力而見人積有財物則必多方設法侵奪其財而後已此種人雖有因此致富者終爲文教之人所不齒若爲國家覺察尤必科以重罪即或一時漏網而所行不義覺終身不能自安

第三十五節　從以上各節觀之可見人能用力工作彼此爭先所得名利不但無害於人且大有益於世蓋論家庭之中固以仁讓爲先男女長幼皆應彼此周旋彼此保

護不能有一毫自私自愛之心至論世上求名求利之事則終日營營爭先恐後者又爲天然之理固不能以家庭之事概之也

第三十六節　於此可見國內百姓有踴躍爭先力求名利者不特不可禁止且應從而鼓舞之奬勵之使衆人皆能自主各出才力以求名利惟此事亦有限量其有惟利是圖不顧限量者則不得不爲之禁止耳蓋國中每有一種人孳孳爲利但求於己有益至人之受害與否置之不問或有性情僻傲往往一事方行而弊端已隨其後況損人益己之事縱勉強獲利亦必指摘交加漸成怨府又安

能久享其利耶所以文教之國所行之事必彼此俱能獲利其事方可舉行

第三十七節　凡欲興大工以求大利者既非一人所能成事則不能不集數人以共爲之如合股成公司之類是也但立公司之原意不過各人互相信服同力合作以期彼此獲利而已非如家庭之中能彼此相讓可以舍己從人也此事與國家大有關係故書中畧舉一二論之一爲國政之根源一爲設法保護不使受累若明此二者則國內應行之事皆可以合力公辦之法爲之而利源益廣矣

第六章論駁辨爭先之誤

第三十八節　凡人若能遇事爭先則身體之強壯才識之精明皆能經營謀生自食其力既有爭先之意必能耐苦操作以成上等之人皆天性自然之理也乃各國中嘗有人駁辨此事以爲大不然者其意畧謂上天生人賦畀原分厚薄故人有身體材力俱極孱弱即竭力工作尙不能餬口者安能與人爭先又有一種人本性柔懦事事甘居人後即或暫時用力旋即畏葸不前且凡事止計目前明日之事即不復計又何暇與人爭先其甚者又復作奸犯法至爲衆人所不齒爭先之事更不必言矣所以一國之內有立品清高者有置身富貴者有自處汚下者有備

歷困頓者亦有以身試法怙惡不悛者熙熙攘攘品類不齊安能望其踴躍爭先同歸於善乎總之世上之人其聰明而富貴者專享厚福其迂拙而貧賤者長歷艱辛天道茫茫終令人憤懣不平耳

第三十九節　各國中又有人駁論此事云如能令人不爭先則遇有應行之事可令衆人合力公辦其利既均其益更大此其意欲令國中彼此和睦合力做工所得之利俱歸公欵各人日用所需又從公欵中支用若能如此均平則世人所有困迫奸險嫉妒怨恨之性皆可消滅國內亦可底於昇平矣

第四十節　查爭先之事、開闢以來即有之、凡有新立之國或新成之會、雖未嘗設立律法強人爭先、亦未嘗令衆人商定應用如何爭先之法、而其人之爭先工作者、往往不約而同、蓋亦天性使然也

第四十一節　於此可見作事爭先之理、皆由人之本性而來、凡事之假借而不本自然之理者、止能行於暫時、不能經久、爭先根於人之本性、故歷久暫而不變也

第四十二節　天生斯人、原欲其克勤克儉、求兩間之樂利、以自養其身家、即人性情材力或有不同、亦可就各人性相近者、擇而爲之、既聽其各就所好、以爲本業、則所得

工貲必能愛惜各思保護矣可見人有此種性情並非專顧一已不顧他人誠欲人人皆有此心則人人皆能用力營生盡心愛惜自家所有之財物故有一種度量寬宏人能出己之財物以周恤他人者然何者分與別人何者歸與自家享用亦必分別界限即有貪心極重凡事專顧自己之人於此界限亦能分曉不誤

第四十三節　由此觀之可見各人爭先之性情不但有益於本人且有益於衆人因能令衆人彼此爭先用力工作增益國內錢財又令國中設法保護衆人所有錢財使無攘奪之患則國中皆享其利非僅一人一家之有利也

第四十四節　自古至今嘗有人欲設立一種會將衆人所有貲財並做工所得工貲均歸會中管理而各人本身需用可向會中支領至妻子所需日用會中概不給發不啻視妻子如路人也此種會雖有其名從無實際蓋皆不合於天理人情即暫時設立不久自散且人心不齊其怠惰奸詐之民必借此藏身不肯用力作事而愚拙忠厚之人皆受其累故此會一興國內必有大亂以視近來各能爭先恐後者其利弊顯然相懸矣

第四十五節　從以上之說觀之可見現在各國所有弊端並非因各人爭先之事有錯誤實因國中人有誤用天

生之性情者，將下等性情漸漸滋長，遂使上等性情漸漸澌滅，故國中終不能造到文教極盛地步，然各種弊端亦必有法以治之，其治之之法，必先令衆人能分別善惡二途，又必令見善則生好心，見惡必生惡心，假如做一事而有益於己，有害於人，此便是惡，此事便不可做，若能如是則國人相安，國中自然大治矣，至國中政事又不可設立新法，有不合於人情之處，如欲堅僻自是，好立新法以變更國政，則救正之效，難期，而紛更之禍已烈，迨至變亂已形，始咎新法之誤，追悔何可及乎，

第七章 論人類分國

第四十六節　查英法奧布四國古時非眞文教之邦止於數百年間漸漸振興文教但立國以前已有幾分文教景象非如野人之一味兇暴也若阿非利加亞美利加以及紐胡西倫波羅洲馬達加斯加等處其土人或分小邦或分小族各邦族屢屢用兵交戰兼并土地其源流不甚可考舊學全書言其風俗一家之中有一首領管理家事不異家長其名下所轄或數百人或數千人不等首領管轄其下俱極親睦故無不心悅誠服間有兩家或數家同室而居者又有始同居而繼析爨者如舊學全書所言亞勃拉嚇與其姪樂得兩家原係同居後因人口繁庶所養

六畜既多兩家牧人時有口角是以彼此分居云

第四十七節　英國古時人民亦分家或分族其首領亦如官長所管轄之衆無不心服如蘇格蘭北邊土人亦分許多邦族其族中之同姓者則爲家一家之中必有家長家人敬之如父亦如亞美利加土人之服其首領也至於國王治民之義尚未甚明曉嘗言國王亦不過一大家之父所以住美國之土人稱美國首領爲大父加拿大土人亦稱英國國王爲大父後英國女主御極則最難定其稱呼因土人中從未有女人治國者

第四十八節　以上各處土人無論爲家爲族但能明白

治國之理、則必聯絡聲氣、稱爲一邦、於衆人中舉其才德兼備者、以爲官長、辦理地方公事、如英與美國、其國主並辦理國事之人、俱從民間保舉而起、法至善也、但由邦族而成自主之國、斷非一時所能成功、有不能聯絡自成一國者、往往爲強大之鄰國所并、如古時波斯國王些魯司、希臘國王阿利三大、與他馬蘭等國王、嘗以兵攻并毗連各族、隸入本國版圖、又如古羅馬時、其東西南北所有散處各族、無不歸其吞并、故羅馬最盛之時、凡地球上所已知之土地、無不歸其統轄、此皆迫於羅馬兵勢、並非各族之甘心歸附也、是以羅馬之勢一衰、各族皆漸漸離叛、

第四十九節　甌洲各國其初皆係極小之邦因能發憤自強用兵兼并連界土地遂漸漸成爲大國如法蘭西開國之初所有土地巴黎而外不過阿連斯與哀魯佛蘭西及必加提而三省而已現在所屬各省從前皆係自主之邦次第爲法人所并間有數邦不過於三百年內并入法國而法人自言似其國古時早已有此疆土而考其強盛情形不過在二百餘年內且其間土地時有增減即近年與德國交兵失地已不少矣

第五十節　甌洲各國其強盛之由皆與法國大同小異如西班牙國其初原分六國各有國王各能自主詎西歷

一千四百五十年、始并六國爲兩大國、一名亞拉根、一名加斯德、其後亞拉根國王名佛提南德、與加斯德女主名伊些倍拉者締爲夫婦、遂并二國爲一國、後復添十數省成一大國、即今之西班牙國也、又有初爲大國、其後漸變爲小國者、如西班牙國始撫有奥國荷蘭國比利時國那不勒邦以及亞美利加之大半土地、其後各國自主、西班牙遂變爲小國矣、又如俄羅斯現在所轄土地大半皆從攻戰吞并而來、查開國之初、不過古京城墨斯科周圍一小邦而已、版圖尚不及荷蘭之大、若取俄國現在輿圖觀之、則舊時土地止圖中一小點耳、又考奥國、其國王祖宗所有之地僅在瑞士國內喊布斯勃葛地方一處現在已添入亨軋里國之地不少已有三千餘萬人在甌洲內亦算一大國矣布國從前所轄地方亦屬無幾近則於甌洲諸大國中首屈一指考布國強大最速蓋不事攻取皆由就近諸邦情願歸附故不數年間即成一強盛大國也

第五十一節　西歷畧九百年以前英國土地尚分十二邦或十四邦至九百年始有數邦聯合成爲英國至一千二百年添入愛而蘭邦一千三百年又添入韋拉時土地至一千七百有七年蘇格蘭亦立國自主雖地小民貧而一千二百數十年以後英國究未嘗與之交兵至一千八

百有六年、二國始派通事、商訂辦理二國交涉章程、立一和約、二國用印簽押、如商人之合本貿易、然又亞美利加所住英國屬地之人、亦背離英國、自立一國、分爲數邦、各邦互立合同、議定立國後應以何法辦理國政、現雖添入多邦、終未改變其章程云、

第五十二節　如能聯合衆邦、成爲一國、則其利益甚大、因各邦聯絡一氣、則國內語言文字以及風俗章程律法俱可漸歸一律、又能使各邦之人彼此和睦、合辦國中一切工程、假如分英國爲四五國、而各國自立、即能彼此輯睦、不至用兵交戰、然猜忌之心終所不免、且各國既不相

通則一國內有大能幹之人能爲國中辦理公事亦不過本國中受其利益其餘各國皆不能得其益處若能合成一國則無論何處出有聲名之人通國皆能沾其利益矣況各邦各自爲主則他邦之貨運至此邦此邦必徵其稅雖彼此接壤亦必視爲異邦之人即如意大利國一千八百六十六年以前亦分爲數小國此種弊端極多直至是年合成一國而國中始事事稱便

第五十三節　如合數國爲一國而欲衆人均得益處則必彼此情願如英國與蘇格蘭相合之法方能各受實惠如用兵交戰勉強各小國合爲本國則各國必不信服且

合國後其大國必欺淩小國不肯令其同得利益總之凡用兵攻取將他國併入本國其國王權柄既大必漸漸生驕傲之心不但不能寬待所附之人即待本國之衆亦必格外苛刻故必各國情願聯爲一國而合國後章程律法歸於一律毫無私弊則地球上各國亦有裨益若勉強合國而大權全在國王手中其人民絲毫不能作主此種國雖稱強盛必與地球上各國大有妨礙

第五十四節　凡國之有屬地者其屬地距本國既遠則一切統屬事宜最難辦理然大意似宜仍歸本國管理不得聽其自立公議院自行料理地方公事查各國屬地惟

英國最多而英國所屬者以印度爲最大英之有印度其事亦最奇蓋印度土人不欲自主情願歸附於英英國亦聽其自主究不能自治其國也因印度未屬英國以前其人民向爲別國管理是時各小國皆爲外人所據佔其土地自命爲王而管轄土人又極兇暴故印度人自願爲英人所管以英政寬和馭之又極公允且印度人又知其國不附英人地方內必有土人即刻自稱爲王其管理衆人必極暴虐是以土人亦不肯自舉本地人管事情願受英人節制也

第五十五節　英國他處屬地又與印度情形不同大半

皆由英國遷去因英國土地狹小人烟稠密、其民每以本地餬口維艱、皆遷往新地、開墾田疇、種植五穀或則列肆貿易或則立廠製造各種工藝、多方營謀、以爲度日之計此種人仍賴本國保護、方得安身、蓋各處新地居人寥寥止能以數人合爲一家、或數家合爲一村、而各村又相隔甚遠、斷不能同心合力、聚集一處商辦公事、是以全賴本國爲之管理保護、方不至受鄰國欺侮、其後人數漸漸繁衍地方亦漸富饒、家業殷實之人、亦能爲地方商辦公事可不必專賴本國管理、本國若能明白此中道理、亦當稍讓幾分、令其漸能自主、則彼此可以相安、否則恐屬地人

民不肯心服不數年間即背本國而立爲自主之國亦如美國之於英國矣

第八章論各國交涉事宜

第五十六節　各國所有土地並其屬地俱靠本國力量以爲維持蓋鄰國輯睦時固無蠶食鯨吞之患一旦有事疆埸遂不免割地爭城互相兼并如野人之國政令顚倒雖有律法而控告於官亦不能分其曲直故民間有寃抑之事則糾集同黨私相報復以爲快俗語云有理不如有力又云弱者必讓强者幾分此皆文教未興之故也若文教興旺則各國無事之時公議一平允律法使强弱皆得

其平若不守公法強者欺淩小國則與野人行爲何異然文教之國亦有因文教尚未成功至有用兵交戰之事即如往年美國南北交戰及德國與法國用兵皆近來之明鑒也若文教造到十分地步亦何致有此種殘忍爭鬬之事耶

第五十七節　一國之內文教愈盛則其人愈能守本國律法樂爲良民蓋國家之力量既大凡事皆能保護其民不但不肯作亂且遇作亂之人衆必起而攻之此國基所以能固也此種自立之國其民皆恪守本國章程若有他國來奪其權斷不肯受其管束即或國勢小弱不敢得罪

強鄰。亦止於無關緊要之事。稍讓幾分。若大國竟以權力自恃。虐待小國。則小國雖自知強弱不敵。亦必連結國人。稱戈相向。但近來所有自主各國。一起爭端。便難喻之以理。卒至彼此興兵。其權力大者爲是。權力小者即爲非。此亦文教未盛之證也。

第五十八節　若各國文教愈盛。則辦理交涉之事愈易。因可漸漸議成交涉公法。令各大國無不佩服。雖公法原不能強各國信服。然有一國不服。則不得謂之公法。公法既立。各大國必派欽差往各國辦理交涉之事。如有不合公法之處。欽差必立刻指明。善爲調理。各國又當保護他國欽差不使受害此爲公法中最要之事無論兩國如何挾恨如何大興甲兵預備交戰其駐紮本國之欽差斷不能絲毫加害爭端初起應先將兩國欽差互送歸國令不受驚此爲文教內第一件要事往時歐洲各國多不肯守此公法如從前土耳其國一與鄰國不睦尚未報明打仗之前即將敵國駐紮本國之欽差拿禁獄中視爲有罪之人故失和後便難重修舊好現在土耳其並各西國無不恪守公法久無傷害欽差之事矣

第五十九節　現在歐洲各大國如英法奧德俄意六國已立一平權之法令各國互相和睦其立此法之意因各

國彼此猜忌不能放心又恐或有二國聯絡一氣如英國之與蘇格蘭相合情形則力量既大他國易受其侮其餘四國必出爲阻撓亦如一千七百年間西班牙與法蘭西亦有聯合之意各國竭力阻撓以至用兵交戰其時西班牙亦稱強大之國若與法國聯合其勢愈不可制且各大國互相犄角各小國尚可相安若無他國阻撓遂如奧俄二國將附近小國漸漸吞噬矣凡有大國欲并小國各國必先出爲勸阻勸之不聽乃作危言以恐嚇之若再不聽必至用兵如此平權之法雖大有造於各小國然因文教尚未全盛之故嘗有數國不遵此法如俄奧布三國奪波

蘭國三分其土地各取一股據之此事他國雖亦不服卒未用兵阻撓故波蘭竟爲三國所滅昔年奧國又侵奪意大里國之數小邦久爲所據後意大里漸漸強盛乃稱兵與奧人交戰得復其舊邦

第六十節　從以上各事觀之可見各國交涉之事若有不妥之處必斟酌使歸平允庶幾二邊之人俱可心服至用兵之事雖人人皆知有害於國終無一定之法可以免之儼如文教之邦有二人產業俱極饒富一旦有隙遂照祖宗之法彼此糾集多人互相爭鬭則本國必立刻用兵彈壓將兩邊之人先行問罪而後再定是非故文教之國

既知兵禍之烈、必百計圖維、思所以弭兵之策、然一國之中、每有一種不安分之人、煽惑閭閻、狡焉思逞、若國主素有貪心、遂乘此興兵、不顧修好睦鄰之誼、是以現在甌洲各國、雖自稱爲文教之邦、然每年中必生出大小釁端、易至彼此失和、不得不借兵威以平其事、終非文教全盛之象也、

第六十一節　文教愈盛則用兵之禍亦可漸漸消滅、從前亞美利加土人、俗呼爲紅皮人、與人或有仇隙、必想出一最慘毒之法以殺仇人、其家屬親戚朋友、亦必盡遭屠戮、嘗於夜中糾集數人、潛入仇家、如男人有出外打獵等

事則將女人並小孩用極慘之法殺之若有西人勸止土人非特不聽且言能報仇是一極好機會如不趁此機會往殺則其人必爲騃子矣凡文教之國只能與強壯之男人相鬭若男人不帶兵器不與格鬭亦不能殺害如遭殺害則國內必指出罪名科以重律至殺害女人小孩以及老病之人其罪尚不止此查用兵交戰之意不過要挫敵人之威力非欲傷害其人民也所以與敵國交戰止能攻其兵丁及礮臺等處若能攻克京城拿住國王並各大官而不使百姓受騷擾之苦方合文教之理若徒攻敵國鄉村擄掠鄉人錢財粮食則爲殘暴之師於軍中無甚益處

而敵國百姓早已大受其害矣、
第六十二節　近來數十年內各國國家皆能彼此帮助料理國內應行之事、使各國百姓均受其益、從前甌洲各國則不然、如此國有人犯罪、或因有事違碍國家、逃往各國、各國必多方回護、因各國互相疑忌、故暗用此法、使其國不得安靖、又如本國有人將要作亂、與國家爲難、別國探知此事、往往暗中帮助作亂之人、如英法二國素懷猜忌、至英國廢去斯士亞朝之後、其後裔有投奔法國者、法國極力扶助、令英國時時畏懼、因斯士亞後裔嘗令人潛往英國、勸其百姓背本朝而迎其回國也、近來英法二國、

已經和睦久無此種離間之事

第六十三節　英國曾設章程凡別國有來本國貿易者其事權悉與本國相埒即進口之貨納稅亦彼此一律此事不但有益英國且能有益於各國雖有數國尚不肯遵照此法令別國進口之貨一無阻礙然各國既得英國通商之利便能漸令各國興起和睦之心因英國購運別國貨物甚多別國均能得其厚利若與英國失和則凡與英國通商者皆不能得英國之利可見通商之事愈能興旺各國愈不肯用兵交戰如英國所以饒富者皆由通商之故或又因別國百姓與商船貨物之來英貿易者英國待

之皆與本國人民毫無分别是以各國人皆樂與英國通商英國所以致富也近來又有數國亦開從前例禁與各國彼此通商可見地球上各國文教愈盛則愈能和好從此漸推漸廣天下皆可太平矣

第九章論國政之根源

第六十四節　前數章曾言地球上人有相類處亦有不相類處亦以賦畀有厚薄之分即斯人有難齊之類故一國之人有身體強壯膂力過人者有身體輭弱常有疾病者有認眞作事者有性情懶惰者有立志大而欲管理他人者亦有立志卑而甘受人管理者至於野人品類尤爲

不等、故以強凌弱、其禍更烈、惟文教之國、必使各類之人、皆歸平等、斷不至有強弱相凌之事、

第六十五節　野人之地、強者往往凌弱、使弱者帖耳聽命、不敢不從、如從前土耳其國中、有奴僕得罪主人者、其主人可立將奴僕殺害、亦無官長究治其事、畧二百年前、蘇格蘭北地各族首領、無故打死屬下之人、亦無人審問其事、數百年前、德國有一兇暴諸侯、出外打獵、歸途天寒足冷、遂將一僕人之腹剖開、以兩足納入腹中取煖、亦無人審問其事、近年各西國、皆有律法懲治、久不能如從前可以任意欺凌矣、即如英國之貴爵、若於寒天強奪鄉人

之衣以取煖、其鄉人雖係該爵屬下之人、亦可赴官控告、究治其罪、

第六十六節　凡人身體或有缺陷、以至四肢不備、五官不全、爲父母者、自應格外矜全、思所以彌其缺陷、乃野人不明此理、遇有此種嬰兒、生出時、即拋棄荒僻之處、聽其餓死、或用水淹死、或用別法死之、此誠野人中之惡習也、間有文教之處、如中國等、亦不免有此陋俗、近年文教漸興、凡遇此種嬰兒、不特力加保護、且能想出許多善法、令與常人無異、所以有法令瞽者能讀書、能作工藝、又有法令聾者瘖者能言語、能傳意於人、間有一人兼聾瞽瘖三

疾者亦能教其讀書寫字與人往來、又能知世上各種新聞、現在各西國開設學堂教育此種有疾之人者業已不少、

第六十七節　文教既興、國內之人、強悍者少、循良者多、則必設立章程、釐訂律法、使各人皆能自主各人所有產業、均歸本人享、用無論各人勢力才識、或大或小俱不能越此範圍、即有一種桀驁不馴之徒、或搶奪人物、或詐騙人財、時有作奸犯科事、然此種行險之人、止能僥倖一時、不久亦當自敗、夫欲設立律法、並執掌律法以辦理一國公事、必有若干人出為維持、統衆人所托付之權代衆人

管理一國內外各事、此即國政之根源也、

第六十八節　其有初爲野人、漸漸變爲文教之地者、大概皆先有風俗規矩、而後有律法章程、因律法章程必由風俗規矩中、斟酌而出、近來地球上各國、皆由風俗規矩中、定出各人交涉之事、以爲國政、如南阿非利加有一種野人、名僕斯基們、與新金山土人所居之地、皆係土瘠人稀、居民寥落、西人初至其地、皆以爲並無國政、久之始知二處皆有首領、各能統屬其衆、又如亞美利加土人各族、亦有首領、其權極大、至紐胡西倫、人數雖少、而地面之廣、畧與英國相埒、故其中亦有數國王管轄其地也、

第六十九節　凡文教之地、不能不立國政、若無國政、則紀綱錯亂、亦與野人無殊、即有強悍之人、不服國政、糾集無賴之民、自立黨羽、則一黨中亦必另設章程、方能統屬、否則其黨不久即散、如意大里國、從前盜黨甚夥、黨中首領、亦有出名之人、服飾麗都、尋常所著之衣、俱用金銀鑲邊、所帶首飾、尤極寶貴、其權力儼然一國之王、英國一二百年前、亦有盜黨出、皆騎馬、亦有首領統屬其黨、後因國家律法森嚴、此輩遂漸漸滅迹、亦如流民丐子、皆有首領設立章程、統轄其衆、衆人無不懾服、所以有數人同住一處、便不能不立章程律法、否則必至生亂、可見國政本爲

天然必有之事

第七十節　凡有若干人、聚於一處、稱爲小邦、其律法國政、亦有因天然之法、漸漸變成者、如小邦內有軍事時、膽力過人者、必能出力向先、老成有識之人、從而贊之、其身體柔弱、並年紀幼稺者、則聽命於下、若爲首者、不至以强凌弱、其下自無不心服、即其初或有因貪心而强據其地者、歷年既久、章程既善、其下亦無不誠服、迨既立邦國之後、首領若死、則立其後嗣、或親戚繼之、前蘇格蘭亦有立國王之弟爲王者、因其時國中常有兵事、國王之子年幼、不堪重任、是以有此權宜之舉、大約歐洲各國、其始皆由小族而起、其族漸大、其首領漸漸成爲國王、查英國源流、畧在西歷五百餘年時、有愛而蘭族之首領遷至蘇格蘭南地居住、漸漸向南開闢版宇、至其後裔、遂將各邦糾合、成爲英國矣、

第七十一節　以上所言各國初次設立之國政、至今已閱數百年、其意見章程、俱已漸漸變改、從前每以國王爲天所命、若不遵國法、即爲違天、近來各西國久已無此意義、故有由國內人民公舉一人爲王者、令其統屬一國之權、不得援古時繼體之例、此種國亦有由此強盛者、然終不及歷世相傳之國、裨益尤大、蓋易繼體爲民舉、一切更

張不能無弊且立國之法不同而治國仍歸一理也

第七十二節　所謂國政者固合衆人之意見寄於一人之身假手以行之者也故國家行政除代衆人興利除弊外不得妄作好惡致戾輿情惟事權則不得不歸之一人或二三人方不致政令錯亂若政出多門則意見不齊易致事事掣肘即數人之中亦當推心置腹斷不可各存私見又國政以能愜於民心者爲本國家所行之事必在在有益於民斯民方肯心服出己貲以充國用國家旣能於百姓之身家性命與所自主之事極力保護雖所行事中稍有小弊百姓亦應體諒上情勉遵國家號令若百姓能

助國家辦事自已既能守法又能使他人亦不犯法則不特國家容易治理即百姓亦能自得絕大益處總之若無國政雖有律法亦不能行國中必亂此亂一生非從前之小弊可比矣

第十章論國政分類

第七十三節　地球所有國政約分三種一爲君主國之法一爲賢主禪位之法一爲民主國之法間有於三種中擇一法行之者亦有於三種中參用二法者又有合三法而並用者如今之英吉利是也查君主國亦分數種或有國王之權初無節限所出政令不論可否百姓俱不能不

從其權若有一定節限雖國王不敢或踰然國王權柄即無節限亦不得不少留餘地使民心服蓋國以民爲本民心不服其國必不能久長也昔時國王權重者以俄羅斯爲最國人無不畏服然亦有偏信教門於國政不無齟齬者俄王不敢認眞辦理嘗有數國其國王欲更變風俗百姓不服反受其害如奧國從前權柄極大近來亦漸漸寬弛故亨軋里國不肯傾服奧王後來亦有幾分聽其自主者又從前法蘭西國王權柄亦大然所頒旨意亦必由公議院議準載入國書方能施行如公議院不以爲然則國王亦難相強

第七十四節　民主之國、其原意欲令衆人若干時、公舉若干人、爲衆人代立律法、又爲衆人選擇一才德兼備者、以爲國主、美國行此法已經數代、百姓稱便焉、

第七十五節　國政應用何法、尚難臆斷、故此處不能詳論、第擇其緊要數事、約畧言之、由此數事、究其所以然之故、並何以有利、何以有弊之由、亦能推闡數種公論、

第七十六節　凡一國之政、無論依靠何種、並所設立者爲古爲今、俱以能悦民心、能使民服爲本、即不能使人人悦服、亦必悦服者多、不悦服者少、國政方能平穩、蓋不悦服者少、國家尚可以寬和之道待之、若不悦服者多、則不

能不用威力以懾其衆而國家多事矣昔奧王福蘭西司第二權力極大待民又極寬和故百姓皆受其福又一千八百四十八年法蘭西改爲民主國民間受累無窮因其時百姓持民主之議者極少故更張後國中公事極難辦理百姓因以不安

第七十七節　凡國家未能盡得民心以至國事多有棘手則必疑百姓將要作亂不得不用刑驅勢迫之法使不得顯出作亂之心此雖爲國家所不得已之事然君之於民苟能處以寬和凡百姓欲行之端又爲之極力興辦亦何至彼此猜疑耶如英國國政一切示民以寬因其深信

百姓極有識見斷不至作亂犯上或負國恩故除國政內應行禁止外百姓之事大半聽其自主即國政亦準民間公議登諸新聞紙上以備採擇蓋政事雖經國家極力斟酌究不能無百密一疏之慮故一令之出可任民間議論其中果有不洽輿情之處亦不妨重加損益務歸至當若能如是則百姓向服愈深國家亦無事刑驅勢迫之勞矣

第七十八節　人心中有一中正道理絲毫不能偏倚譬如鐘之有擺左右搖動皆有一定之度若左邊行動過度則行到右邊亦必過度如左國政亦然百姓有受國家虐政之累者在上一邊已經過度一旦有釁可乘民之所以

報復國家者、亦必過度、如一千七百九十二年、法國百姓久苦國家虐政、國內大亂、遂將國朝全行滅去、民情之兇橫、亦爲向來所未見、其後改爲民主之國、人民權柄過大、國中異常騷擾、其兇暴殘刻、較之前朝、猶有甚焉、故平情而論、如有一國久無全權國王、或因國事乖張、百姓不堪其害者、如能得一大經濟之人、出爲管理、則將全權歸之、使國內可以靖亂、百姓亦可安居樂業、即新主初立、未能事事盡洽人情、然一人爲害有限、終不如民亂之騷擾無窮也、嘗有百姓不服國家、急思鼎革、爲之興利除弊、迨至改朝以後、不特無益、且愈滋弊、始知以暴易暴、其禍尤烈、

猶不若前朝尚可勉強相安也悔已晚矣

第七十九節　國家教育人民使其增長識見此爲國政內所不可少之事蓋百姓若無識見必至志趣卑污愈趨愈下如波斯國文教未興其民見識淺狹止能爲全權之國王所管轄即國王百般淩虐百姓亦不敢不服至甌洲各大國則不然百姓識見既高凡是非善惡皆能分別故各國王亦必素有德行之人辨理國政準情酌理方使百姓佩服凡民主之國第一件要事須令國內興起文教百姓皆有見識惟美國深知此事緊要故國中各處設立學塾令民間子弟入塾肄業學塾經費則由地方人民捐派

無論其人有無兒女、皆照產業畝數、一律書捐、現在甌洲之國雖未改爲民主、然各國所立公學堂、亦已不少、近來又有數國設立章程、勸令民間子弟入學讀書、每年內以肄業若干日、爲最少之限、若年終不滿其數、則罰其父兄、

第八十節　凡民主之國、不得不教百姓學習辦理公事之法、如君主之國、百姓素不明地方公事、其地方公事俱由國家派人管理、百姓絲毫不能與聞、若一旦改爲民主之國、不徒無益、而且有害、因辦理公事、既靠其人之學問見識、又必歷練有素、方能胸有成竹、否則易至僨事也、從前甌洲之國、有改君主爲民主者、設立公議院、欲令百姓

幫國家辦理公事而百姓往往貽誤近惟英吉利等國不然各處地方皆有本處紳士爲地方官凡小案件可以就地審問又有巡捕梭巡保護鄉里各大城鎭又有自立公會公舉一人爲首料理本處公事者如料理馬路等會俱由民間自行管理國家並不預聞平日國人既能做慣此種公事將來改爲民主之國百姓自能照常辦事不至貽誤如美國初爲英國屬地其未立國以前雖由英國派員管轄仍準地方公舉一人辦理公事若無甚錯誤則英國所派之官亦不理會故百餘年前背英自立國中諸事俱已井井有條不必再行更改是以立國時百姓相安行所

無事所舉總統名溥來西鈍得者職分亦與前英國所派之官相等至公議院則仍從前之舊此外亦無甚增損也

第八十一節　國家立政若不能洽於人情則百姓怨怒漸深必有猝然變亂廢革國朝之事此亦國家之無可如何者此種改朝之事在甌洲內已有多起其中亦有大益於百姓者如一千六百八十八年英國王雅閣第二自違英律欲將英國改爲天主教之國所派各官俱用天主教中人國中因此大亂國王遂奔法蘭西百姓立其姪爲王國乃平定從前法蘭西國王權柄極大每多虐政民不能堪至一千八百年前國中大亂遂改爲民主之國又美國

人不服英國自立一國一時人心大快此皆有利於國者也然在三國當日原出於事不獲已若另有善法可令國中平安亦必不遽改國政致百姓騷擾不安也查改國政之朝每令百姓更張風俗並國內一切公事且變更之事一起則百姓往往周章觀望不得安身凡商賈貿易以及各種製造工藝事俱不敢多用資本因此漸漸停止而工藝營生之人遂至無以餬口矣可見各國有國政不妥之處即欲更改亦須與國家婉轉商辦萬不可猝然作亂至鼎革後禍亂迭出蓋革除弊政本非易事必須漸漸更張方為妥善

第八十二節　國政非如格致之學、可以澈底推究、是以自古迄今尚無一定之法、能知何種人、應用何種法、並用何法能成何事、蓋格致之學、皆由歷年試驗而成、其何事應用何法、皆有一定之理、至國政尚未全行試驗、故有宜於此不宜於彼、宜於古不宜於今者、故各國之政、終難稱爲盡善、如英國近來上下相安、閭閻殷富、國政似卓然可觀矣、然推求其實、其間前後相反、名實不符者甚多、國王權柄過大、凡百姓所欲設之律法、每不俯準、容易激成事變、其預聞國政者、國王而下、又有上下兩公議院、上公議院、皆國中貴爵居之、下公議院、則由百姓公舉有聲望之人居多故下院議行之事上院亦不能阻國政如此紛繁其國又能相安無事者亦因國王與上下兩公議院尚能彼此推讓凡有利於百姓之事無不商酌行之或因立國已久國政皆由數百年內積漸而來名器既古百姓亦格外誠服若以英國之法用之別國恐未必合宜因其地不同其民不同其國有新舊之異也能將以上之理詳細研究自知地球上各國尚難指定何種國政最善可爲各國公用蓋不特各國之意見不同即一國內各人意見亦有不同之處國政與格致之理其不同有如此者

第八十三節　考各國史書則知各國政事已有蒸蒸日

上之勢、其間或行而輒止、或進而復退、不能直臻上理、然統核前後、總可謂愈進愈上矣、即各國百姓、亦能增長識見分別是非、故國內之事、能稍稍預聞、不肯全授權於國王、任其獨行獨斷也、凡國家行事、萬不可專圖利己、必令衆人皆有益處、方爲上下一體、但爲一國興利除弊、本非倉猝可成之事、亦必由淺而深、由難而易、歷過許多險阻艱難之處、方能一勞永逸、總之百姓公舉一人爲統領替衆人辦理公事、必以有益於衆人爲主、百姓先有此意而後公舉其人、其人亦必先存此心而後辦理公事、又何可留私意於其間耶、

第八十四節　各國百姓須知我於國政內原有分所難辭之事若國中有事相需便應踴躍爭先不遺餘力嘗有無知愚民凡國政內己所當得之利則斤斤焉據爲固有己所當爲之事則又隔膜視之以爲與己無關此固民之大誤也蓋國政本與百姓互相維繫故國政或有弊病則百姓皆當出爲商酌思一和平簡便之法變改舊章即民主之國公舉一人爲首辦事亦當審愼周詳擇一十分合式之人方不致誤如所舉之人稍有私心又當另舉一人如此則百姓出於公心所舉者亦有公心所行國政自必至公無私國家自然興旺矣

第十一章論律法並國內各種章程

第八十五節　凡國家既興文教，則必設立律法章程，能令國王與其官吏必照公平之法治國，不能任意行事。東方各國，有將國人分爲數等者，即如士農工商之事，各色人皆自立規矩，國家不能與聞，亦不能禁止。又有一種人，似亦不能不歸百姓管理者，如購用奴僕之風在近來文教之人，皆以爲可惡，有干律法，然從前有此風俗之時，却於貧苦家非無益處，以其主人能加保護，令不受國家驅迫之累也。

第八十六節　民間購用奴僕，雖爲野人風俗，而文教初興時亦無甚不合宜之處文教既興治國用公平之法又能舉教門慈悲之意感動民心令其愛人如己故從前買賣奴僕之陋俗至是一概革除其間另有別種風俗亦起於文教未興以前者至今猶仍其舊內有數件俱爲現在英國國政內最要之事此種風俗雖起自野人其事皆與人情不遠祇要稍加斟酌便可合文教之用也

第八十七節　各國律法皆從風俗中斟酌而出其初設立時亦不免有未盡妥善之處然有此律法究能保護百姓不受權勢迫脅之苦假如有一貧苦農家得罪於大諸侯或大官府無律法則農人必至被累若本處已經設有

律法、兩造不能私相報復、必另有公正之人、或地方官審問其案、彼此皆可具呈分辨、如農家果有錯處、則科之以律、若訊無罪狀、便當釋放、雖各諸侯聲勢極大、可以挾制審問官、或賄通地方官、顛倒是非、農家易致受屈、然此種弊端、究竟不得常有、即農家稍有屈抑、亦不致如無地方官審問者、其受累更爲無窮、且國中既有一定律法、則審問官亦必照法辦理、方保永無翻覆、是以地方官亦不肯多用心思、於法外別生枝節也、

第八十八節　各國所有律法、大半由歷代積漸而成、其確鑿源流不盡可考聞英國有亞福利得王希臘國之雅

典城有蘇倫王司巴大地方則有擎尅古司王三人者皆生有律才世稱其曾著律法全書若干卷其實亦不過取當時律法擴充釐訂而已嘗考古羅馬史書言羅馬王因國中尚無律法特派欽差赴希臘查考希國律法攜歸本國遂爲羅馬律法又有所謂十二碑律法者其書極古刻於十二塊碑上故有是名說者謂此即由希國取歸者近來已知其謬蓋羅馬律法實由逐漸編輯成書署在西歷五百年時卷帙甚多如欲將全書各種悉攜一部非十二駝不能搬運因其時尚無印書之法所有律書俱用獸皮繕成故其書極大也此書尋常人不能多見國中亦止有

幾部後有羅馬王名這司你替恩者集國中名人將各種律書詳加參訂撮要删繁另輯一簡便之書以垂世用

第八十九節　觀此可知各國律法大半從風俗中生出如英國律法皆本於舊時風俗舊時章程此後另爲詳細言之凡甌洲各國在中古時（即耶穌後五百年至一千餘年間）及各處爲諸侯管理之時所定律法亦皆從風俗中生出其時甌洲北邊諸侯攻敗羅馬取其土地將所屬之地分給屬下之人令其按時貢獻或則納稅若其人已故其子仍歸諸侯管轄諸侯死後亦傳其子管理

第九十節　甌洲各國所有辦理地產律法皆從以上所

言之風俗得來如英國諸侯之法雖早已廢去然亦仍用舊時律法歐洲各國至文教已興之後仍用羅馬舊法或又將羅馬舊法與諸侯之法彼此參用者法蘭西民變之時凡有名位人向來所有利益全行裁汰百姓欲將諸侯律法一概廢革故法王拿破崙另訂律法一部以合當時之用法國能如此猝變律法實爲從來未有之事而改律後能行之安然者亦因所定新法大半本於羅馬舊法數百年前其國已行過此法故改變亦較易也

第九十一節　從以上各案觀之可知一國律法不能不由風俗定出即國家並公議院可以隨時更改亦不能廢

舊法而全行新法、如英國律法令各人皆能自主、國家必力加保護此種律法、已爲多年之舊風俗矣、又如法國常設律法、指明各人俱能自主、上下皆歸一體、不得有以上淩下等弊、然法國雖有此律法、而國內有權柄之人、仍要兇橫殘刻、以強淩弱、不守律法、以至國內大亂、此皆由所立新法不能合百姓風俗、故民不肯遵守也、

第九十二節　查法國所立律法、內言百姓必令自主一條、最爲鄭重、然國內從未設一簡便之法、能令百姓可免無辜久禁獄中者、若英國則早設此律法、其百姓因案被禁、必於若干日內、提至審問堂、訊其有無罪狀、如無罪即

當堂開釋、其有罪者、立即科以刑罰、不使有久禁囹圄之累、從前俄奧等國、常有人被禁多年、遂不知所以被收之故、其初或爲國王並官長拿禁、延閣不問、後國王與官長均已物故、而接辦者無案可查、遂莫知其被禁緣由、此誠國中弊政也、

第九十三節　英國審問命案律法、亦仍古時風俗之舊、如有民人身故、而無醫生診視症據、言明因何而死、或遇屍身顯有傷痕、則本地方臬司、必派人往驗、究其致死之由、如驗明實因受害身死、則必查出兇手、照律治罪、其審問時、必另派本處紳士十二人、與問官會審、其人有罪無

罪必由十二人擬有定斷然後官可照辦但被告者若於十二人內指明何人與有仇隙則問官必另派一人蓋必十二人俱為被告所佩服方能會審此律法已經行之數百餘年故國中從無冤抑不伸之事後法國等處知其立法之善亦欲令國中仿照英律辦理惜各處向無此風俗人皆以為不便其法卒不得行

第九十四節　甌洲各國風俗又有一種公會其會中自立一定章程互相保護不至受國家虐政之累中古時甌洲教門中有此種會其會首即教主教師等為之頗有權力又有數處城鎮亦有此種權柄其風俗始於羅馬有國

之時、後漸傳入甌洲各國、間有數處城鎭相接壤者、設立約章、彼此互相保護、其中貿易工作之人、常在一城內、或城內一處、聚成一會、亦有權力、可以自衛、故各諸侯及國中有權之人、皆不敢少加淩侮、

第九十五節　上節所言能自主各城、既得自衛之益、城中人必愈籌善法、令其漸漸強大、又必築礮臺、辦團練、使城中可以自保、其首領俱爲城中最尊貴人、權柄極大、如威尼斯與熱那亞二城、其權幾與國王相埒、又如昂不而厄城、魯比葛城、以及蒲利們等城、公議立一通商和約、力量之大、不特能保本處商民、可往遠處海洋貿易、且能率

其人民戰勝鄰國舊時德國來納河並通行船隻之各大河俱有諸侯所築礮臺凡河面往來之船納稅極重衆人久受其累後經立有貿易和約之各城用兵攻毀各礮臺解散各諸侯與其屬下之人河內往來乃無阻礙在當時各諸侯實與盜賊無異一旦經各城攻散有裨於衆人不少也

第九十六節　英國各城內所有之會不必有此大權然有數城所定章程甚爲妥善遇國中有亂時亦能保護城內百姓如倫敦城內居中大街設有一門向爲百姓公舉之官所管如國王欲過此門或欲派兵丁過此必先令守

門官開放、方能過去、此事近來尚未盡廢、然已視爲具文矣、英王卡里第一時、公議院曾與國王爭此權柄、後竟準公議院能過此門、國王與其兵丁俱不準過、後卡里第二、與其弟多方設法、思奪此權、不知此種章程實於地方有益、即欲廢去、未必遽能革除也、

第九十七節　甌洲國內有此種城、能立自主之會、於國政大有關係、於地方大有裨益、其辦理各事經費、俱由本城自備、居民彼此輯睦、斷不至猝發禍亂、致與國家爲難、獨法國則不然、無論城鄉內外、管理之權俱由國家所出、故京城國政一壞、則通國頃刻變亂、其禍較烈、是以英國

各城各會、設立章程、辦理公事、平時似與國政無關、一旦國中有事、則各城俱能各自保護、其利益實爲無窮、

第九十八節　各西國古時風俗、至今猶存者、惟公議院之法爲最要、以能權衡於中、使上下兩無偏倚也、公議院之制、由來已久、並非近時創設之政、初立時應有權柄與有益於國之處、國家百姓、尚未盡知、其設立始於何時、不盡可考、或云初係國之耆老、聚於一處、商酌國政、又云國王令各諸侯聚集貢獻、進見國王、此爲公議院之始、然無論設立之始、或爲百姓自主、或由國王所命、而歷代相傳、皆能裨益於國、在近來各國政令內、可稱第一良法、

第九十九節　查英國近來公議院、與初立之時、大不相同、其初不分上下兩院、迨分上下院時、其上院皆係貴爵之人、意氣傲慢、每有輕視下院之意、而下院之人、謙恭自處、不敢與上院人過於辯論、近來則不然、下院雖視上院較遜、然擬議公事、究以下院爲主、從前上下院、皆不敢自定律法、止能奏請國王、興利除弊而已、故英王與其宰輔等、常有凌辱公議院之事、而院中人亦不敢置辯、其有創爲議論、思欲變改律法者、稍不合國王意見、往往遭其譴責、即院中聚議之期、亦必由國王先行諭準、方敢舉行、今則每年必聚若干次、非若從前虛有其名矣、

第一百節　英國公議院其始雖爲國王作主後因漸漸變改遂成爲自主極有權力之會所以自主之故因初時國中財賦均由兩院管理如國有軍興等事須調動經費必由院中給發故院中得以設立新法革除積弊奏請國王頒行如國王不允所請則應發國帑兩院亦不肯遵行是以國王不能不允而國中應增應損之端無不逐漸更改近年來國王欲設立一法必先商之兩院如院中不以爲可國王亦不能行將來國中律法必由兩院設立方能通行若國王一人獨立者恐百姓必視爲具文也

第一百零一節　英國律法雖由公議院逐漸變改然設

立新法亦必入奏國王邀準後方可施行此雖奉行故事亦不忘舊制之意也前公議院欲立新法其立法字樣必由國王派人酌議每與院中所欲立者兩不相符現在院中先將所立新法字樣擬定然後呈送國王請訓遵行所擬新法字樣國王不能改易一字如眞有不能準行之處亦止得將全法停止此事業已著爲成例矣

第一百零二節　近來英國公議兩院其職分稱呼雖仍遵照舊章而辦理國事之權大半在於下院如國中長年招募之兵固歸國王管轄然每年必由公議院議定章程令國王有此一年之權其國王方能有此權柄如公議院

有一年不設此章程、則國內之兵、仍如平常百姓、不必聽武官號令、倘被武官譴責、可赴文官衙門控告、其武官必照法問罪、故國王必每年請院中出爲聚會、設立此一年章程也、

第一百零三節　英國每年水陸兩軍、並國家一切經費、比他國較鉅、其調用公欵之權、全在下公議院、凡國家動用、必由下院詳細查問、所用係歸何項、並何項應用若干、核與例章相符、方準一律給發、後又另設一法、將國家應用正項、定爲若干欵、每欵經費、均有定額、別項不得撥動、故每年預將來年應需之欵、造册查核、如爲數過多、則院

中可以酌裁公議院之權如此故國王與宰相各大員俱不能不請院中節年出爲集議若院中一年不爲辦理即一年之國帑無從籌辦也

第一百零四節　下公議院共有六百餘人俱由各省各府公舉因國中事務殷繁不能事事院中辦理不如寄其權於一人辦理國事較爲便捷故將國政託之國王與宰相人等其辦理公事之速亦與全權君主之國相同各大臣中或有侵蝕公欵欺詐小民之事則院中必加以重罰故國內大臣必爲下公議院所信服方能久於其任至於徵收稅課並審問案件各官若辦事錯誤則下院人皆可

指控其宰相及各大員不能不爲查究如被控之官不能指出無錯誤憑據則必立予褫革以肅官箴

第一百零五節　觀以上各節可知英國政令之善並非猝然而成亦非因國中變亂而致皆由小心謹守率由舊章有利必興有弊必革故能循序漸進以至有利無弊蓋一國政令律法必平心斟酌由舊時風俗規矩中漸漸變改方能合用如英國之政較之三百年前已有霄壤之別究其由來無非從三百年前國政中稍加損益而已各國之政能照此辦理自然漸臻上理若因國政未善便思作亂以革其弊恐變亂後未必能遽臻妥善也且有因此致

傷元氣必過多年方能趕到從前地步者故治國務使君民一體上下相安方能享昇平之福

第十二章論國家職分並所行法度

第一百零六節　國家職分應爲之事大概有三一令國中平安一令國人遵守律法一料理本國與各國交涉之事此三事外另有許多小事應歸國政管理與否尚難遽定或謂各色人應得工資並國中所出貨物價值均應由國家酌定其人民不習工藝與夫窮苦無告者皆應由國家代覓藝業給予養贍此外各事凡與民生相關係者國家皆應出爲管理云

第一百零七節　按百姓分所當得分所當爲之事若俱歸國家管理不特國家有所不逮且必有害於衆人如百姓無生意可做或窮苦無以度日者俱要國家撫養則經費浩繁仍不得不取之於民苛斂重征勢所必至挹彼注茲亦非理所當然者也

第一百零八節　前章曾言衆人聚而成會或成國全賴各人勤苦出力各自營生其會方能持久如謂百姓不能自養日用飲食皆待他人代謀從此弊端百出矣

第一百零九節　如國家當代百姓想法如何能得生業如何能得衣食不但國家有許多難處且令百姓有許多

不便處事事不能自主矣所以國政之善者不過派出數人爲地方辦理公事而已至百姓所做藝業所需衣食數人之耳目何能周知不如聽百姓自謀之便也

第一百十節　凡國內百姓其精力強壯知識明白者不能不出己力以爲衣食居處之資一人之外又有妻孥日用飲食之需不能不爲之計此天性自然之理也亦有與天性相反而游手好閑不肯用力作事自甘餓死者或肯用力作事而所得工資專爲一己享用並不計及妻孥此種人皆有懲治之法於下節論之幸地球上人大半能用力工作養身養家此種背情逆理之事究竟罕見也

第一百十一節　一國文教愈盛則人民日用之需亦必漸推漸廣如房屋必求其美衣服則求其華四季之外別有添置以及家用器具逐日食物亦必愈求精緻愈求豐美需用既多則本人不能不格外認眞出力作事以補其數而製造各種器具物料之人亦必擴充造作方能兩獲利益

第一百十二節　或謂誠如上言文教興旺則民間事事漸臻華美固已有益於人矣然人情每因家室寬閒易生淫慾是文教未始無弊也此言亦甚近理但文教既興究竟益多弊少至若野人之處其土地荒蕪人民墊隘日用

應需之項皆不能有若遊覽各野人地方便知無文教之苦處矣蓋文教既興人民皆能樂業即有因民物康阜漸即惂淫者亦係人情浮薄而文教固不任咎也

第一百十三節　由此觀之可見民間一切工藝事國家固不能興聞即如各種工藝應用何法並各工價之低昂國家亦不能預定因此事應聽僱工主人與各工人彼此酌定非國家所能代謀也

第一百十四節　一千八百四十八年法蘭西國中作亂後國家新政欲將各種工藝之事俱歸國家管理其時國家欲製號衣若干應需成衣匠一千五百人估定衣價先

由一成衣作頭承攬代製所定章程除去購辦衣料銀若干外所餘之貲給與一千五百人均分是以工竣時各匠所得工貲比遲鈍成衣匠以尋常之法工作者更少蓋工貲既歸一千五百人平派則各人皆存私心以爲不必出力且即格外認眞出力自朝至夕不歇息不吸烟不與人接談每日所作之工足值洋一元其洋亦不能爲我獨有所以彼此不肯出力卒至彼此不能獲利此亦國家不能定百姓工價之明證也

第一百十五節　由上節法國案內觀之可見國家欲管理各種工藝之事非特於國中無益且必貽害衆人

第一百十六節　昔英吉利等國亦常設立律法酌定各種工藝每日應給工錢若干自外觀之亦似有利於工人者其實皆爲僱工之主人驅利而已因所定律法往往徇於主人一邊其言似爲保護工人起見究其所定章程半皆出各主人之意也是以各工人窮苦情形竟與僕隸無異

第一百十七節　英國亦常設立律法助各工人能獲利益其後反至病民者如工藝內以羊毛布爲大宗自國中立禁不準別國羊毛布進口則本國之布銷數更夥以爲業此者皆可大獲利益也後此業工價漸漲別業之人皆

棄舊業而習織布、工人既多、工價漸漸便宜、久之、織羊毛布工價極廉、各工人至無以餬口、國中亦因此漸貧、書中論通商章、嘗明晰言之、又如國中刀匠、不許別國之刀進口、則國人不得不購本國之刀、業此者便可任意擡高其價、由此發財、殊不知別國之刀、既不進口、則他貨亦必不準進口、各種貨物價皆騰貴、故做刀之人、仍不能獨占其利也、總之國內工商之事、欲其興旺、必聽買者賣者與做工僱工之人、自行隨時定價、方能有利無弊、故英國往時設有章程、保護民間工藝、及買賣貨物、百姓反受其累、近來於此事全不理會、百姓乃受其福、

第一百十八節　於此可知國內有數事皆非國家所能管理如必欲管理既有害於百姓亦有損於國家因列數事如下一國家既不能徧養衆人即不能管理衆人營生之事一國中工價及每工應做若干點鐘成若干物件國家皆不能預定一民間飲食衣服及日用應需之物每年每月應造出若干並以何法出售何價購買國家皆不能料理蓋民間貿易事皆非國家所宜與聞也

第一百十九節　國內亦有數事爲國家所應料理者如設法安置窮人一事尤爲緊要因特推論及之

第一百二十節　自來一國之中不能無窮苦之人則爲

上者不能不設善法以安頓之惻隱之心人所同具若能扶窮濟困未始非樂善之一端也然苟高推解衣之名而施之不當又非君子愛人以德之心蓋貧苦人非有殘廢疾病皆可隨事工作藉以謀生若概濫爲施予則貧苦者旣可仰給於人必不肯用力作苦而國中窮民不數年間皆變爲游手好閑之無賴人矣無賴之人旣多國中易致擧事故濫施於人不徒無益反有以害之也

第百二十一節　各國內每有若干人或因少時失教或因身有疾病或因猝遇災祲以至流爲窮民者不能不爲之矜恤第尋常之人往往不究其致困之由與夫賑濟之

法、一遇此種人、輒以錢財濫與、此仍無益之事也、所以各國皆應設立律法、從衆人產業中、捐錢若干、以爲養贍窮人之欵、養之之法、必照所設律法辦理、方於國中無害、若不按照律法、遇有年力強壯人、自謂無工可做、遂於公欵中按月給賑、則懶惰人、愈不肯自出己力、專望衆人撫恤矣、不但強壯人、不能任意給賑、即收養孤子、亦不能無弊、因孤子既由國家捐欵收養、爲父母者、皆知身死後所遺兒女自有衆人代爲撫養、生前亦不肯積蓄資財、預爲養育兒女之地矣、

第百二十二節　英國設立章程、遇有壯年人、欲求國家

養贍者、必先問其人肯做工與否、如怠惰不肯做工、則不准給養、其養窮人之經費、皆從各縣各部捐集成欵、每日所給窮人者、亦屬無幾、大不及一人做工之錢、且就養之人、必令住於養窮院中、無事不許出外、其起居飲食並所著衣服等、俱要遵照院中章程、事事皆有拘束、絕無樂趣、故非實在不能工作之窮人、往往不肯入院、情願在外自尋生活、能自作主、又能逍遙自在也、

第百二十三節　如國內設立章程、凡年老有病之人、俱歸國家恤養、其章程亦有大弊、夫人當年力精壯時、必格外用力做工、節省錢財、留爲老年享用、若國家旣有養老

律法、則年輕時、誰肯爲此預防之計、況年老之人、其有兒女者、應由兒女養贍、此爲天然之理、既有國家養老律法、則爲兒女者、亦必不肯自積財物、專委其父母於他人矣、國中詭譎之流、尤必假冒病人、仰食於人、以免自己作苦、又有一種人、住於二三縣連界處、二三縣中、皆有養贍之貧可領、此種狙詐之事、各西國所在多有、

第百二十四節　窮苦之人、或因無工藝可以營生、或因年老有病、既由衆人捐欵養贍、似應令其自住家中、庶可逍遥自在、而英國章程、則不能如此、無論男女老幼、皆須入養老院中棲止、且院中男女老幼、分類居住、雖夫婦父

子亦不能見面。規矩極嚴。在院之人。不準飲酒吸烟。無事故不準出門。如不遵守院規。立即驅逐示罰。所給飲食。亦甚菲薄。此非院中之刻薄。實欲令窮人不肯無故入院耳。各西國窮人中。亦有自住家中。認眞作苦。節省餘錢。以養年老有病之父母者。蓋在家自食其力。事事可以自主。處境雖苦。亦有餘甘也。就英國而論。若將養老院廢去。任各窮人支領所捐賑欵。在家享用。事事聽其自主。則窮人之數。必增數倍。非特經費不敷。各捐戶漸難支應。且各窮人閑居無事。勢必作奸犯科。國中愈難治矣。

第百二十五節　從以上各節觀之。可知恤養窮人之法極難辦理所以國家務須創立善法使國中窮苦人皆得自主自食其力方能免衆人捐錢養贍英國已設有錢號及善堂等數處爲窮人代存銀項其窮人做工所積錢財可交各銀號各善堂代存國家所給利息比別項借欵較厚每銀四百兩每年多出息銀一兩現在各銀號計有存欵合金錢四千萬元之多國家每年應多出利息金錢十萬元亦從公欵中撥出此即厚待窮人令其格外出力工作可以自主之意也

第百二十六節　照以上之法英國工人所存錢財必愈積愈多爲數不可限量若工人不肯認眞做工專靠國家

恤養國家雖重徵稅課、亦不能敷用、蓋各銀號代存之欵、每年多出利息金錢十萬元、則公欵中已不能不加捐數、若各窮人又要國家籌養、則國家每年所捐公欵即加至八倍十倍、或將國中富戶所有財錢、一概充公、亦不足為供給窮人之費也、

第百二十七節　於此可見國家如欲設立律法、辦理賑恤窮人事、宜十分謹慎、務使斟酌盡善、方可施行、若其法尚未妥善、第博一時為善之名、猶不如不行之為愈也、各國中嘗有人為國家策畫辦理賑濟貧窮事、以為應如何為之照料、應如何為之收養、一時國中人皆謂有己飢己

溺之任無不贊美之企慕之殊不知此種人第知此事有益於國人並不計其經費浩繁非國家所能籌辦也竊以爲國家之於窮人有一事卻不能不爲之理會如窮人之認眞作事者必當力爲保護令不受別人欺侮且必特設一律法與審問公堂便各窮人遇事可以控告而以公允之法理之

第百二十八節　國家又應設法令國中窮人皆得文教之益處漸漸變爲衣食充足之人其中若有阻礙之處則當立爲革除凡遇民間產業之案或人命案必令審問堂秉公辦理其堂費亦必格外裁汰務令窮人不致吃虧即

民間買賣貨物、以及招僱人工等項、亦應聽各窮人自行辦理、不可稍有阻礙

第百二十九節　國家既需經費、不能不設法收稅、亦須酌量貨物、從輕定稅、尤不可逐物徵收、如各種煙酒等皆爲富家需用、固可收稅、若饅頭肉料及衣服之類、不能納稅、以此種貨物、皆爲窮人日用所必需、若一概收稅、窮人均受累無窮矣、近來茶糖及咖啡等物、俱爲民間所不可少、以各物有益於人身用之、尤可節省飲酒、故國家雖於各物進口時、一律收稅、人亦情願在各物上納稅、終不肯照人口及產業之數完稅、其實茶糖各物之稅、較按人口

產業所收數尤大也

第百三十節 國家又當設法令百姓讀書此爲第一要義特於下節詳言之既令衆人讀書開其識見尤必設立公用書院及博物院或供養各國動物植物院或公用之園囿任民隨時遊玩因各事與文教大有關係若由國家建立或由大富家捐建聽民遊覽則貧苦小民得此樂境自然忘情花柳既可陶寫性情又可增長見識蓋平日書中所見之事皆可於此中逐物考證尋常工藝人斷不能遊覽別國查驗山海情形故各處地球上所有動植之物並各層土石內所有最古之動植物形迹皆不得目覩如

老紅砂石一層內、所藴奇異動物形迹、或爲極大動物之骨、比近來最大動物之骨更大數倍、觀此各物、可知上古時地面上情形、書中不能詳載、必經目見始能明析無疑、故博物院之設、非特可增長各窮人智識、且使見此珍異貴重之物、向爲富貴家所獨樂者、我輩亦能同樂、便可生知足之心而絕嫉妒之念、

第百三十一節　又國家應於各大城鎮設立衛生章程、使地方可免疾病之險、如人煙密稠處、其房屋內並街道上、若多積穢物穢氣所蒸、居民易染霍亂吐瀉身子虛熱及發出天花等症、國家必代民間設立章程令於房屋內

外逐日清埽凡齷齪之物一概不準堆積如敢故違立拏其人治以應得之罪又於各街道開溝通入清水使污穢得以宣洩地方可免危險之病即有疾病亦稍輕矣至街道熱鬧處應立定章程不許經過馬車馳行過疾至行人不及走避若有違章疾馳者應將駕車人拿任議罰

第百三十二節　自格致之學興凡地方諸事向爲民間自辦者近來必由國家爲之代辦否則亦歸公司辦理而國家定其章程如民間房屋內外所用油燭燈亮向由民間自行料理今則各地方俱設有煤氣電氣成燈之法斷非一家一人所能興辦必歸公司承辦一大公司便能辦

理數千家或數萬家房屋之燈亮用者既稱妥便公司亦可獲利但公司章程若不經國家核定則公司每易擡高價目捐勒居民非富戶每難購用是必先由國家核定公道價錢方可無弊或謂此事不必過慮如公司所定之價太高必有人別立一公司來爭此利其價自可漸漸便宜此言亦似有理殊不知地方上欲設煤電氣燈必先開掘街道埋入通氣管若歸兩家辦理不特有諸多不便之處且經費甚鉅價亦不能便宜終不如歸一公司承辦國家爲之明定章程使彼此稱便之爲愈也

第百三十三節　至於各大城鎮設立自來水尤爲地方

所不可少之事蓋貧苦之家旣要出外工作自不能多取淨水以應家中之用故房屋內及身子衣服等皆不得潔淨以至釀成疾病若設有自來水公司或用鐵管通入人家或於各處設立公用取水龍頭其價旣廉貧戶易於得水民間受益正非淺鮮所以國家亦當設立章程令大城鎭各立公司核定價目俾貧戶亦能購用至用水之數亦宜定有節限使其水不至浪費

第百三十四節　國中用巡捕巡查地方亦爲國家應辦之事雖設立巡捕章程有令人民不能自主之意其實本爲保護人民之身家性命起見即其隨處巡綽亦不過欲

令各守本分而已、法國辦理巡捕之事、其權全出於國家、每有約束過嚴之弊、若英國則各地方所用巡捕、俱由本處公舉之官管理、其法最善、

第百三十五節　酗酒爲各西國最大之弊、俗國家亦宜明定章程、辦理其事、蓋飲酒之人既多、造酒出售者亦必趨之若鶩、若一概禁止、則貪酒者既不能驟然斷飲、造酒者自必多方設法、藉私售以爲壟斷、從此易生事端、不如設立章程、擇一品行端方人、於地方上開一酒館、令嗜酒者至此沽飲、館中每日準定何時開門、何時閉門、童子在若干歲以下者、不準售酒、如此較有節限、至各種戲園以

及各種音樂園、亦必有定章管理、方不至於滋事

第百三十六節　西國租用馬車價目俱有一定章程、似亦有碍各人自主之意、其實毫無阻碍也、蓋駕車之人、早知有此章程、先向辦理馬車之局、購出憑據、載明無論何人僱用其車、行若干路、止能收錢若干、不準多索、僱車人亦不得少給、其法極爲平允、但各國雖有此章程、而車夫常將所行之路、以近報遠、若客人不諳道里、易至受騙、又或明知其詐、而身有急事、無暇與車夫向官理論、故往往有坐客吃虧之處、然既有定章、總不至過於勒索耳

第百三十七節　各城鎮內、亦必立有章程、令街道等公

用之處、一律疏通、不得稍有阻礙、凡新開地方、其民間起造房屋、往往聽其隨便豎造、以至街道屈曲、里巷湫隘、每欲訪一友人住址、或延請醫生、皆十分費力、且此種地方、易爲盜賊匿迹、若能設立定章、令各房屋應如何排列、使街道寬展平直、不至有彎曲橫斜之勢、亦便民之一端也、

第百三十八節　凡各城鎭內、沿街房屋、應各編成號數、民居之屋、應立册簿編記、至客寓戲園之類、亦應稟請地方官、給予憑據、準其開設、以便按時稽査、又本處所有馬車小車、並搬運貨物之車、均應先向官長購領執照、方準駕用、其車必有記號、並號數、其車夫必令身上穿一號衣、

若在外滋事、不必問管車主人、與車夫係何姓名、只要觀其號數、便可扭交官長懲治、又如救火水龍等會、亦必有一定章程、此皆地方應辦之事也、

第百三十九節　以上所列各事、其章程最難酌定、蓋不失之過寬、即必失之過嚴、求一斟酌盡善者、誠不數數覯也、三百年前英之敦倫、特一小城耳、其舊址僅與今之曼支斯德城、及哥拉斯哥城相等、城內街道並不鋪石、亦無清埽街道章程、是以各街道泥淖拉雜、堆積甚多、其居民起造房屋、均聽其隨意排列、故城中止有一二大街、餘皆屈曲狹窄之小巷、所有街道、亦無一定名目、即有街名亦

未設立牌號、民房及各店鋪亦不標立門號、若欲尋一生疏住址、頗不容易、近來各大街交衢之處、均設有木牌標識街名、各房屋亦於門首或牆上大書號數、來往之人一目瞭然、如欲訪人住址、只要知其街名號數則易尋覓、從前各店鋪每用極大招牌、於屋旁伸長懸掛、遇有大風時、易致從上打下、傷斃行人、極爲不便、又各街道不設路燈、夜間有事出外、務須手提燈籠、方可免暗中摸索之苦、今則煤電氣燈、沿街設立、城中照耀、如同白晝、少年人竟不識燈籠爲何物矣、

第百四十節　凡客商來往及裝運貨物等務、亦爲國家

所應料理之事昔時行人所乘車馬其行甚遲罕有碰壞人物事故不必設立定章爲之料理近來馬車改爲汽車馬路改爲鐵路與昔年情形大不相同若不嚴定章程其危險有不可勝言者從前由倫敦至蘇格蘇壹丁不京城最快亦須十四日今用汽車止須七八點鐘便可直抵該處其便捷無有過此者然鐵路雖爲便民之處若國家不定章程則公司必任意擡高其價商人必至受累

第百四十一節　以上所列各事國家若能設立律法明定章程固於人民大有利益若無益於百姓之事仍不如聽民間自行料理較爲妥當蓋國家立法煩苛與簡畧同

病能於煩簡之中斟酌至當國中方受其福近來法制如英國等已庶幾近之矣

第十三章論教民

第百四十二節　人之初生不能自長智識自增學問必賴在上之人教誨而裁成之方能啟牖聰明增益見識故兒女幼時在家由父母隨時開導稍長須送入塾中讀書俾得博覽羣書成爲有用之器是以國家設立學塾培植人材實爲第一要義因百姓不讀書則見識淺陋不能分別善惡必至習成各種敗壞風俗而與國家爲難也

第百四十三節　每見世之爲父母者第知教子弟以文

學而於明理修身之本置之不問故子弟嘗有學問可觀而心術仍不可問者豈文學之誤人哉亦教者之未得其道耳蓋教也者非欲其搜羅經籍開拓心胸已也必借前人得失事爲之啟發以引其向善之機遏其爲惡之念久之其人自有一好善惡惡之心具於方寸不至入於歧途矣各國之人每有自知性情乖僻不合天理人情之正而行事時仍復悍然不顧迨至身羅法網始覺追悔無及此種人明知故犯雖置之典刑亦何足惜但有若干人並未經國家教導性情闇昧不能分別善惡一旦犯罪遂爲國法所不容此所謂不教而誅也不教而誅即爲虐政是以

文教之國、必先設法教導、使其民皆能分別善惡、教導後若犯法紀、然後置之死地、乃爲應得之罪、總之化導之機捷於刑罰、若舍化導而專恃刑罰、吾未見其能治民者

第百四十四節　國家既有律法、則凡犯罪之人、並拏獲盜賊拐騙等犯、固能執法審問、科以應得之罪、斷不輕縱致使貽害地方矣、但國內別有許多桀驁不馴之民、雖不至顯爲盜賊、其意中以爲安分守法、仍無益處、一旦國中少有變故、遂狡焉思逞、相與刼掠良民財產、法國第一次作亂時、此種頑民居然把持政柄、其性情之兇暴行事之背逆、有非言語所能形容者、至一千八百七十一年之亂

亦仍由此種頑民起事也

第百四十五節　各國窮民既不讀書遂無見識其歷年工作所得之資第知爲目前快樂不肯稍留積蓄爲將來不虞之備一旦猝遇荒歉並疾病等事便束手無策坐待國家賑恤故國家每年必多用若干經費爲窮民塡此漏卮也此種窮民其愚昧情形實屬令人可憐平日不知保養身體凡飲食之物何者有益於人何者有害於人亦不知分別至做人之道如何使人欽敬如何爲人侮慢更茫然不知所以終其身於艱苦中而無自拔之時也

第百四十六節　凡人既無識見往往不知認眞作事其

有用力工作者、又因身體蠢鈍、未得工藝靈巧之法、所得工資仍難度日、易至潦倒不堪、又有一種人因本處工少人多、無事可做、如蘇格蘭西山內百姓見識極小、窮苦異常、長有饑餓欲死之狀、而蘇格蘭他處、則做工人極少、工價極貴、此種人若赴該處覓工、則頃刻可得工做、但其人旣無見識、情願在西山中艱難度日、必不肯出門就食也、

第百四十七節　各國內無見識之人、嫉妒之心最重、每見格致家設立新法、創造機器、必多方阻撓、甚有將極靈巧極貴重之機器、肆意拆毀者、不知此等機器、不特無害於人、且大有益於人也、故國內嘗有人設立新法、欲令衆

人獲益反爲衆人所害數年前法國有霍亂吐瀉疫症其時百姓譁傳醫生下毒藥於井內使人發病醫生雖極力爲人救治而衆人竟視醫生爲行兇犯人甚至焚毁房屋將醫生百般毆辱可謂无妄之災矣又如醫生將死人屍首剖開考究人身之形象百體之脈理與夫病症之根源在醫生之意無非欲從死人身上考出善法將來可治活人之病乃自無識之人見之遂以爲大謬不然應問醫生之罪云

第百四十八節　近年各西國製造之事常有改變一新法出即將舊法廢去故各業工人亦不能不棄舊業而習

新業其見識明白人能知機器之綜理與夫數學重學者固易改業而其見識淺陋者每因習慣一種工藝胸中已有成見一時不能更改是以極恨新創行業甘願餓死亦不肯改習新業此種人若先教之讀書令其考究各行業源流則新法一出便不難隨時變改如是則衆人既不困窮國家亦可省賑恤貧人之經費矣

第百四十九節　凡人未經教誨則識見淺陋既不知讀書好處便不肯用力考究學問中事故生下兒女幼時即令學習各種粗工即聰明子弟有志讀書者父母亦不能成全其志嘗有好義之人自出己貲於地方上興建義塾

延師教誨貧人兒女而父母之性情愚昧者猶不肯使其兒女入塾以爲讀書無益不若做工可以餬口也

第百五十節　觀此可知教誨貧民子弟之事必由官長或地方公正紳士出爲辦理方有成效此事雖不易辦實在有益於國有益於民而爲國家最急之務蓋各西國每年所收稅項爲養贍窮民並辦理各種罪犯之用者其欵甚鉅若於此欵中撥出若干以爲教誨百姓之費既可令百姓免於困窮又可令其不犯罪惡國家如能設立律法捐錢教誨百姓兒女所用公欵之數較之養贍窮人並辦理刑罰之費當更節省即或不能節省而此事究係樂善

好施之舉各捐戶亦必踴躍輸將也

第百五十一節　或有謂民間教養兒女事應聽其父母作主與國家無涉者不知興利除弊其權原由國家操之若百姓兒女幼時不加教誨其民不知禮義必至相率爲非易爲地方之害國家安得不問如一家之中兄弟同室操戈自相戕害國家必立即拿問定以罪名雖其父母多方迴護國家亦斷不能輕縱蓋有法在也國家既有法以持其後即不能無教以導其先法與教皆所以化民成俗也而謂可偏廢乎哉

第百五十二節　國家如能設立章程教其百姓使頑梗

化爲循良饑寒皆得溫飽不特身受者沾惠無窮即地方捐欵之人亦受益不淺顧地方既有公塾必有品學兼優之人以爲之師方能收相觀而善之效是以國家必另設立大書院招集國中英俊之士肄業其中凡教習應讀之書並一切教人民法俱令其實心研究以爲他日設教之本院中章程及所用經費均由國家派員經理待學業有成乃於院中試之擇其優者分列一二三等給以執照故各塾中所請教習皆以執照爲憑如無執照則國家不爲照料也英法等國己行之數十年成效大可觀矣

第百五十三節　學問之道本無窮盡少年有志之士自

應專心致志博覽羣書並考究格致精細功夫以成有用之學顧欲講求此種學問必先購求貴重之書並一切格致器具在富家子弟固不難出其己貲隨時購用而寒素之家往往以無力購求輒至半途而止故文教之邦國家必於公款中籌撥經費開設一大書院購儲各國有用之書及各樣奇珍異物各樣格致器具以備學者隨時繙閱逐物試驗俾國中寒士皆得窺羣編之奧旨抉制作之精心從此造就成材國家必能收作人之效也

第十四章論財用

第百五十四節　前十三章皆申論各國民情並指明人

人俱有天生性情與其本領可以自養生命自保身家若能激厲誘掖之使常由正路則作亂犯上之萌絕而國中自享承平之福矣

第百五十五節　以下所論大半爲國家撙節財用之事

夫治民與節用其事相關固不能截然分論惟前各章祇論百姓皆宜守分免至良莠不齊作禍亂以爲國害此下則論各人日用飲食所不可缺之物並如何能爲國內生財使百姓咸登康樂是即前後分論之大旨也著理財之書者始於英人阿蕩司挨其書名曰萬國財用言人家生財之法必於家內隨事撙節免其浪費銖積寸累久之自

能足食足用成爲小康之家一家如是一國如是即極之萬國亦無不如是旨哉其言誠能探源立論也故余所謂財用者並非孳孳爲利欲令國中富強可以誇耀一時也實欲使朝野上下皆知愛惜錢財節省浮費庶幾閭閻有豐亨之象國家無匱乏之虞作書之意如是而已

第百五十六節　此章所用伊哥挪謎字樣係希臘古時人語按是字希人訓爲治家之法近人則以節省之意釋之其見解不無小異然細參希人語意亦以節儉爲治家之本是近人所訓仍本之古義也因特合古今兩義拈此字以爲是書之目亦以別此章與前章有不同之處也

第百五十七節　理財之事似宜於格致學中列為一門不應列入工藝之內英人瑪喇駱嘗釋理財兩字為辨理物料之律學蓋謂凡人日用所需物料何者有益於人何者使人頤養性命及各物何以能生何以能聚能散俱恃有此學問方能明曉云云又有一書謂此種學問無非講求財物之本質與夫成聚之由分散之理按此說視前說較為簡括

第百五十八節　以上諸解尚不能使初學者洞明其義故學者初次入門往往不能驟解其意必幾經考究始知有益於人但習此學者必先深明其中界限否則易將界

限以外之事、攔入界限中、一遇窒礙之處、便思退縮、以爲此種學問不能推行、其實皆由學者不知界限所致、並非此學難以致用也、蓋此學皆實論有形有體之物、且論以何法用各物料、方能有益於人、至人之行爲及人已交涉之事、必與財物之增減有相關處、乃可列入學內、其與本學問毫不相關者、悉歸教門中教師及執掌國政之人管理、此學問皆不贅言、

第百五十九節　試以僱人工作而論、凡招僱人工、講求各種藝事、未始非求財之道、然貧人力以爲我用、亦必厚其工資、加以獎賞、使其仍能自主、其人方肯盡心盡力、爲

我操作我乃能獲其厚利若專買黑人爲奴僕強令作苦無論非出黑人心願不能爲我盡力即肯爲我用力止能令其攜鋤往田間起土種植甘蔗棉花烟葉等物斷不能令作鐘表汽器及各種精妙機器之工操作既爲粗工則所收之利亦薄主人仍不能以發財至往阿非利加擄掠此種黑人載至亞美利加等處以重價售爲奴僕尤出天理人情之外皆非本學問所敢與知也

第百六十節　再以賭錢而論操此術以爲勝算者往往累萬盈千頃刻立致故愚昧無知之輩每視爲利途捷徑不知賭博之事凡擲色鬬牌及白鴿票賽馬各項俱用現

成財物互相爭勝、非於此中別能生出錢財、故我勝於人有損、我敗亦無益於人、非如醫家能以治病得財、農家能以蓺粟得財、裁縫之取財於成衣、庖人之取財於烹飪、既能獲利於己、亦能有益於人也、是以本學問不得不詳明辨論、至賭博之根源、與心術之敗壞、有害衆人之處、俱與教門相關、自有教師爲之勸戒、本學問亦不多贅、

第百六十一節　觀以上所論兩事、可知本學問中止論有形有體之物、而於人之行爲與地方風俗有關教門者、皆不在內、學者若能專心考究、自能遍知其中蘊奧道理、如天之生人、原賦以大公無我之性情、使彼此皆無相害、

乃人不體此意、往往專求利已、不顧其事有害於人、即能求得錢財、終非天理人情之正、必將此理詳細參究、想出一有利無弊之法、如何方能富貴、可以多聚資財、而不背上天生人之意、如此乃無悖入悖出之處、至貿易之事、其人專為求利起見、似有貪鄙性情、究其實在、却有大益於人、以能將各國所產之物、分運他國、便各人之用、且貿易既通、各國人民互相來往、聲氣漸投、非特可免彼此侵凌、而由此見聞漸廣、智慧漸增、又能令文教日臻興旺、

第百六十二節　歷查萬物情形、如諸曜之行動、植物動物生成之體、及地面下各層土石之排列、細推其理、似造

物者、皆有特設之章程律法、不能稍越其範圍、人必取動物植物學地學、及天文等學細加推究以造化之奧妙、開其心思、務悉各學與人相關之理、事事照其章程做去自能得此中無窮利益、即如人之一身、起居飲食、與夫寒熱燥溼之事、皆有天生一定章程、絲毫不能變改所以欲此身不生疾病必先明其天然之理、與不易之章程、而後照其章程做去、自能一生康健、消疹戾於無形也、

第百六十三節　禽獸之血氣心知、原與人無異也、因其無思無慮、不能設立章程去其弊以歸於利是以不能與人並視、人爲萬物之靈、既能思能慮矣、而所行之事、不能

明萬物公共之理或明知其理又故犯其章程亦與禽獸無異如人之一身若閉置室中不能通風或受潮溼或染汚穢不淸之氣或飲食之物不能合宜皆可致病人必明白此理方能保養身命此皆示人以去害求益之道也推而言之一國之君及大小官長皆應設立良法凡有害於國之事則力爲革除其有益於國者則力爲保護如國中有禁止本國與別國人貿易於各海口與築礮臺駐紮營盤嚴禁貨物出口者務須一律弛禁裁撤其軍營與礮臺任百姓與別國往來貿易此爲本學問不易之理其有因貿易而立合同者則本國亦應令兩邊人均須遵照合同

辦事、若有一邊不遵國家應有律法、以制之、此亦本學問中有益之事、至於應用何法、能令兩邊人恪守合同、使彼此不敢違背、則別有國法辦理、書中不必詳言、

第百六十四節　以上兩說、皆顯明各人日用必需之物、並如何能得各物、緣由、實爲本學問中最要之務、如英之倫敦、亦地球中一大城也、其間居民不下四百萬人、每日所需食物、共計牛六百隻、小牛一千四百隻、羊四千隻、小羊一千四百隻、豬一千四百隻、饅頭三十五萬塊、每塊重四磅、乳油一百二十四擔、乳冰一百四十二擔、牛乳五十五萬磅、此爲逐日尋常便膳之數、其富家所用別種食物

倘不在內倘一日之中各食物忽缺一半或缺三分之一則城中必譁然大亂各貧戶尤受困不淺第此事從未見過往倫敦城中人晚間從不預計次日食物次日早起所需饅頭有人早爲備辦或送至各人家內或就近有店可購俱極妥便其做饅頭之麪又有磨坊中人爲之備辦因本國產麥無多有往黑海波羅的海及花旗國等處購運者逐日所食之湯亦就近有店可購此湯非本國所出皆以熱地內土人所種之甘蔗爲之亦有從印度花旗等處運來者所用之茶又從數萬里外之中國購之來路更遠矣是倫敦城中一人所用食物必有數萬人散布地球各

國中代爲出力備辦方能供其食用如欲設法令一人或數人辦理此事而用物者不至有一日之缺此勢所不能也查倫敦各種公會料理通商貿易及製造工藝之務者其本意並非料理運至本國貨物而定其數目不過欲令各人遵照章程辦理而已故設巡捕審問堂以保護各人性命身家並有權柄令立合同之人遵照合同辦事又有工部局修理街道便人與貨物往來又有馬頭令來往船隻便於起落貨物且有特派之人專辦河工隨時疏濬河道令毋淤塞致碍往來船隻等弊此種章程非專爲管理貿易事而設無非令其振興商務也

第百六十五節　民間日用飲食之事如不聽其自行貿易而欲別立章程專歸一人經理從古及今未有能辦理此事者昔法王拿破侖其本領威權自有甌洲以來未有能及之者於一千八百十二年自領五十萬衆直入俄境與俄人交戰其軍分駐三處爲犄角之勢非如倫敦城中四百萬人聚於一處易於駕馭也軍中所需糧餉均由拿破侖自定章程派人撥運不準就地購取軍中雖有牧人屠人磨麪人做饅頭人庖人以及書辦帳房監督總辦大小正副事事均有專司然所辦之餉終不足濟五十萬人之用是以經過數國行至俄界軍餉已經不敷不得已即

於交界處駐兵其已入俄地之數千人有因絕糧餓死者又有因餓後得糧過飽致死者亦有得肉而不能得饅頭者得饅頭而不能得肉者艱苦情形不能盡述其辦理糧餉各官因此皆受極刑有絞死者有用鎗打死者然律法雖嚴亦終無濟於事故入俄之軍能生回法國者十人中不過一二人而已由此觀之凡通商貿易之事俱有一定自然之法不遵此法欲其不償事也難矣

第百六十六節　蘇格蘭北地之人所養六畜皆趕往倫敦出售其間相隔不下三百餘英里由彼達此亦非易易然該處牧人在途中皆十分小心饑則給以食料渴則飲

之以水能保無病一到倫敦便能售得重價也拿破侖當日所用牧人皆以跋涉長途之故身體疲困躑躅不前每有故殺六畜棄之道旁而以病斃稟報上官者所以六畜之肉腐爛於道途過此數十里之遙即有數萬軍人餓死道旁屍首亦經腐爛無人收殮至拿破侖身邊之兵則又飽食煖衣十分行樂夜中駐宿往往有肆筵設席招優伶侑觴以取樂者而離拿破侖數十里之軍便已饑餓欲死矣故所統五十萬人爲俄人所殺者無幾而返國時十人中止留一二人者皆因糧草斷絕陸續餓死也夫拿破侖固一時雄主也又精於兵法祗以未能籌餉遂致名敗國

辱卒爲甌洲各國所竊笑後之講求國政者可不以此爲殷鑒歟

第百六十七節　從以上案內觀之可知本學問中事皆有天然之法非人所能別立章程執已意以行之者也人能照此章程順而推之自不至於僨事從前講求地學醫學各家亦有不明此理而至錯誤者後經各國名人極力發明其學始漸漸歸於正道則本學問所列之事皆由前賢體驗而出雖未能事事查考臻於純備其間已知已言之事稗益於人亦已不淺其有辦理國政往往誤事者皆因未明此理不肯考究學問徒泥成法徇衆人妒嫉之心

是一己貪婪之念卒至徒勞無功貽羞覆轍故讀是書者必潛心體驗此中道理萬不可自恃聰明以斯言爲河漢也

第十五章論產業

第百六十五節　產業者值錢之物可以自用可以與人者也故有爲人所有而不能或缺之物亦不得謂之產業者如日光空氣皆人所不可少之物其有益於人比家中器具及各種修飾之物尤爲緊要究不得據爲一人之產業者以人人皆能用之皆能有之也至國中通衢大道亦爲衆人公用之地不得據爲一人之產業

第百六十九節　產業爲天然之事不獨人類有之凡有生命之物無不各有產業如百鳥於樹間聚草爲巢以爲居處是即鳥之產業與人出己貲築室以爲產業皆由己力所成特產業之大小不同耳故天然相屬之理不特人類知之禽獸亦無不知之如西國工人操作時必將外衣及帽脫去置於地上屬所養之犬守之若有生人來取衣帽其犬必不肯聽其自取即或恃強硬取犬亦必併力與爭雖殺之亦不敢輕舍其物彼蓋知衣帽爲主人之物非他人所得有也若使此種犬守夜亦斷不任生人入其房屋且犬亦知自己之產業非他犬所能爭執者如夜中所

睡之籠若有他犬來爭則本犬必併力相拒雖平時相熟之犬亦不任在籠內安睡此爲天然之理

第百七十節　禽獸尚有產業則人類可知矣故未經教化之野人無不共明此理如美國土人能製造弓箭以爲本人產業若所造弓箭人人皆可取用不能專歸己用則必不肯出力用法製造精良之器求利益以漸臻文教矣土人常用弓箭射殺野獸所得獸肉亦歸一人自用其獸皮則可爲衣凡產業既可作爲己用又可傳與別人如所有弓箭皆可傳與子姪及親戚等或與人調換別種產業故新地土人嘗有以獸皮與商人易呢布珠子等物者

第百七十一節　土人手中所攜弓箭及身上所著皮衣、人人知爲本人之物、即所蓋草屋及種植番薯等物之地、雖不能攜帶身邊、而他土人見之、亦知爲造屋耕地者之產業、斷無爭執佔據之事也、如牛西蘭海島初爲英人古葛査出時、其土人極爲獷悍、各族爭鬭、每將所擄之人殺死、取其肉以爲筵席、其殘忍如是、此種人亦能種地、其田園每用木塊圍之、如竹籬然、以顯出爲一人所管產業、阿美利加土人各族皆有打獵之圍場、雖其地並不耕種、周圍亦不編籬、而他族亦不敢佔用也、

第百七十二節　文教之地、其人所有產業尤爲繁夥、如

一人衣袋中帶有對時表佩刀鑰匙等物與數人在街上遊行若有人從其袋中私取物件則知此人爲竊必立拿其人送官問罪亦以各物爲本人產業他人不得擅取也但人之業產不能全帶身邊故一切家用器具不能不留在家內房屋既有業主則屋內物件自然歸與住屋人管業若有外人強攫其物或私下偷竊旁人見之皆應代爲拿住交巡捕帶衙門內問罪

第百七十三節　業產大概分爲兩種一爲能移動之產業一爲能傳授之產業其能移動者如銀錢貨物器具書畫之類皆能從此處移至他處其能傳授者如地基房屋

之類皆能由主人傳與兒女親戚或出售與別人二者之中其能移動者較易管業

第百七十四節　地基房屋之產其管業比別產較難如有人買房屋一座除非長在屋中居住則數年之後易至生出枝節所以國中律法必令買產者執有買賣契據俾買後可以憑契管業即主人有事遠往他處亦可放心此民間產業必由國家保護也又有數國如蘇格蘭等凡民人所管產業國家皆設有册簿載其契據故買產業者必將契據呈明本處管理產業之官請其註入册內方可作爲確實憑據縱或遺失亦可以官册爲憑照常管業

第百七十五節　房屋等產有必特立一憑據以爲執照者如房屋一座分屬於三四人則各人既不能將房屋拆分不得不特立一種合同憑據以便照據合管又如向人挪借銀錢以房屋地基作押者亦應立有押據載明償債限期如滿期不完銀錢則所押之產應歸債主管業此據亦須於本處管理產業之官簿上載明令產主不得别售與人方爲妥善

第百七十六節　甌洲各國中亦有國家借貸於民間而謂之國債者此項國債先由民間籌集股分積成若干出借與國家節年收其利息因國家軍興時國帑不敷不得

不暫借民欵以充軍餉、然後以納稅所收之欵、漸漸付完、昔英國曾欠國債至金錢八萬萬元之多、如欲尅期清完、則不得不增稅、稅增則民間又有重征之累、故其本不能不分數十年、或數百年完清、利息則易從公欵中按年撥付、所以各西人擁有厚資者、每不欲於貿易中圖利、情願將餘錢購此種股分、借與國家、以爲產業、蓋利息雖輕、而貿易及別項生息事、皆不若國債之穩、因借與本國之欵、利息固可節年收用、即欲取回本錢、另作別種生意、亦可將股分轉售與人、一樣收回其本、至於國家不肯完債、不肯付利、則勢將衰敗、即有別種產業、亦不值錢矣、

第百七十七節　其有合本成一公司開辦鐵路海口市面銀行及自來水自來火等項者其售出股分又與國債之股分不同此種公司售出股分集齊資本後即須興辦工程照章行事節年所得利息必須按股平分其買賣股分均由公司立有一定章程或可傳之子孫者或可與人調換別種產業者均須立有買賣契據

第百七十八節　如有查得新法或創造一種新式貨物或撰成有用之書呈報國家歸其一人獨用不準他人分利者亦可爲本人產業凡創立此種新法皆須殫精竭慮先費若干功夫若干資本方能成事若不先歸本人獨用

數年、則從前所費工本何能得回、是以國家必保護此種人、準將新創之法歸其獨行若干年、俟年限滿後、方準他人倣用、如有故違法令者、國家必治以罪、此誠持平之良法也、昔有人創織一種新布、使水不能透入、人每購爲雨衣、當經呈報國家、亦準其一家獨造、故此人即以織布爲產業、如已不欲長做、可將其法售與別人、或售與數十人合做、亦如房屋地基可以互相買賣也、

第十六章論保護產業

第百七十九節　國家設立律法、保護產業、務使富貴貧賤之人、皆獲利益、必不可使有財者刻薄恣睢、致貧民皆

受其困、且貧富一律保護、則貧民自然平心靜氣、深悉富貴者之產業、亦應一體保護、蓋貧人大半仰給於富戶、若富戶之財不能積聚、則貧人更無所恃矣、

第百八十節　人工爲民間絶大產業、故國家保護產業尤不能不保護人工、蓋人能出其心力、用於工作、所得工貲、即爲本人產業、如瓦特之造汽機、拉非律之創繪事、米律墩之興詩學、皆能竭其心思、創善法以爲世用、人之慕其業者、皆不惜重貲、講求其法、造成物件、便可任意定一貴價出售、若銷路暢旺、更能從此獲利、故保護人工、即爲國中保護產業也、

第百八十一節　凡做工之人、所得工資、即歸本人享用、此爲自然之理、如所得工資、不能歸本人自用、則工人必不肯做工、國中遂失工藝之利矣、或謂做工之人專圖利己、工之所在、貪心存焉、此非確論也、夫工人所得工資皆由辛苦用力而來、豈可與營私貪利者同日而語、況肯認眞工作之人、所得工資、既能養身、又可兼養兒女、有利於己、亦有益於國也、於此而必藉口於貪、謂工不必做、則必使地球上之人、不衣不食而後可、

第百八十二節　凡人因做工而得錢財、及積成一切產業、因應保護、使能爲本人享用、尤必聽其傳授後人、蓋人

所以用力於工其原意不過欲養贍身家使本身與兒女俱可免饑寒之苦耳若所積產業沒後不能傳與子孫則生前之百計經營何爲乎故國家立法保護民產世世相傳亦是天然不易之理

第百八十三節　人之產業無論生前身後均應由本人傳授後人既傳授後其受產之人亦應與手置之產一律管業故文教之國將產業傳與兒女與親戚者此爲至當之法如因未有兒女而所有產業寫一憑單贈與外人者其後本人生有兒女則所有產業仍應歸其子女執管前所傳憑單不足爲據蓋前此所以贈外人者以無子女故

令既生有子女其初意亦應改變也所以各西國皆有特立條例其人歿後遺下產業應歸其妻與子女收執不許贈與外人英法等國其律法亦無不如是

第百八十四節　凡有產業之人既能令本身獲其利益尤當令衆人亦受益處但此二事最難定其節限若文教之國則有二法可以顯明此意一令有產業之人止能得產業中之利不得於產業外別求利益一須保護貧民不受富貴家淩虐前有數國弊政每令富貴人有權能強使貧民爲奴僕法國第一次作亂時其貴爵及諸侯人等產業甚多均不納稅凡窮民住其房屋耕其田地者皆須供

其驅使出力為業主代求利益故貧人大為富家所苦各富家所得利益皆由貪暴而來並非產業中自然之利也近來英國尚無此弊政

第百八十五節　人有產業歷年所得之利固足為本人享用苟不慎用錢財則衆人易受其害如富貴家與人有仇隙潛僱一窮困兇很人代殺之或與仇人結訟買囑一人硬為見證往往因此顛倒是非無錢之人遂至吞聲受屈意大利葡萄牙兩國史書中嘗有是事又俄國常有富人與人爭訟有財物賄通訊問官訊問官貪其財物遂以賄之多寡為理之曲直故貧人往往含寃此種弊端若在

英國必能查出徹底究辦

第百八十六節　前言保護產業所以保護貧民蓋國中貧民遇有災祲患難時若無富貴家爲之賑恤則老弱之民易至委於溝壑故國家既設律法爲富人保護產業尤必向各富家捐錢設立善院以便收養窮民也

第百八十七節　一國之產業既多則保護產業之經費亦鉅如按察司訊問官巡捕監獄皆因保護產業而設歷年經費全賴在商稅民捐二項內支用故產業愈多之人所納稅捐亦多然富家納稅輸捐亦有益處因國中窮人最難安頓富人能多助錢財使國中興起文教則貧苦人

皆能守義安分不生嫉妒之心富人亦可坐擁厚貲安然無慮也

第百八十八節　國內富人於律法應爲之外不可過吝錢財惹人妒忌亦不可恃財逞勢爲害衆人夫國家保護產業雖於衆人皆有益處終不如富人之受益尤多故一國富人必明白此種關係能平心以處衆人則產業亦易保護矣

第十七章論保護產業所生之利

第百八十九節　凡有產業之人將產業借與人用則借用者每年必歸業主財物若干以爲產業之利如產業爲

房屋地基其利謂之租產業爲船隻其利謂之水脚尋常以銀爲利最爲簡便亦有以五穀代銀作利者間有產業爲現銀其本人不作貿易等事而願出借與人者則借銀之人或按月按年完利若干其利息輕重無一定之數大概視本處銀根多寡照銀之行市定之也

第百九十節　有錢之人出錢以爲貿易亦可獲利利之大小必視其人之勤惰心計之工拙以爲衡焉若有產業如房屋田地現銀等雖安居無事亦可坐收其利蓋此種產業皆有自然之利不在其人之精明勤敏也

第百九十一節　凡文教之邦其利息必與產業相連歸

興業主收執此最公允之法因各人所置產業皆由本人辛苦得來否則由其祖父積累而成乃得遺之孫子若所出利息不歸業主收執則國中人民誰肯出力置備產業耶故置產業之人應得產業所生之利此為天然之理亦國家所宜保護也

第百九十二節　利息之厚薄俱就本處情形定之今特設言一事以明產業所生之利應歸業主收受他人不得分佔之意假有一人平日銖積寸累已有金錢一千元將此金錢購地一區租與農人耕種數年內糧價大漲地租亦貴該地每年租錢已值金錢一百元其獲利比尋常較

厚然細思之此利除地主外究無別人可得之理蓋此時五穀之價既貴若使佃戶僅照向來賤價完租其利專歸佃戶而地主第得薄利於理固爲未協若由國家特下一令謂該地所產五穀止能作半價出售永遠不準漲價則其利全歸購買五穀之人地主仍不能獲其厚利於理尤爲不通故每年金錢百元其利雖重終不能不歸之地主也

第百九十三節　田地之獲利與別種產業不同別種產業必由本人認眞作事方能增其價值若田地則主人雖不用力作事亦可增其價值因各國人數漸多不能不多

種田地以資口食，故地租必貴。假如有一海島，其中居民甚少，止須將上等沃地種植五穀，一年所收之數，已倍島中人所食之數；若將稍次之地又種五穀，則一年所收者，便可養三倍有奇之人。故島中地租極賤，管地者稍欲加租，農人已舍此就彼矣。故島中有錢人俱不肯買地以爲產業。

第百九十四節　假如該島居民漸漸加多，其上等沃地所產五穀止彀本島居人之食，則上等之地能值錢，而購者必夥。若島中再添人數，所產五穀每石值價洋三十元，至缺乏之時，每石可增至四十元。五穀之價既漲，則耕種中

下等之地、亦能獲利、但上等之地、其土沃、省本而利厚、中下等之地、其土瘠、本費而利薄、然地租已由此漸貴矣、

第百九十五節、從上節觀之、可知人能多購田地、其租價漸漸加增、必可從此獲利、此種租錢、不必由國家律法所定、其理出於自然、如水之就下也、蓋國家止能定其地應歸何人管業、並應用何法買賣等事、而地產所出之利、應歸業主所收、國家無庸管理、至於地價租價、隨時增漲、亦前後情形不同、並非管業者有不合理之處、但所增之價、不可過高、致使租戶苦累、方爲平允耳、

第十八章論平分產業之弊

第百九十六節　昔法國有一大工程家云人積錢財以爲產業與奪人財物以爲己有者無異法國向有人言一國產業必與一國人平分令各人皆得等分方爲公道等語此種人皆因猛於虛名而以平分產業爲一視同仁之事第博一時名譽並不計其事可行與否故往往著爲論說使閱者心目爲之一快此論一出國中愚妄之人遂不肯認眞作事徒冀分人所有之財以爲己用而爭奪攘竊之釁從此漸開矣此事在英國人民最能明白深悉國有產業貧富皆能受益且凡事必求實際方有益於國人徒博虛名無濟也故平分產業之事英國人從不肯輕贊一

辭、

第百九十七節　如英國欲行平分產業之事、則國中所有各種利益並各人自主之益處、必一概歸於澌滅、將來勢所必然之弊、幾不能更僕數矣、蓋英國屬地極廣、若平產之法一行、各處皆受其害、若丹國及荷蘭等小國、有此弊政、關係不出本國之外、其弊端尤可逆計、

第百九十八節　國家欲將富貴人產業、平分百姓、其事極難辦理、如有極大房屋一所、全歸一人、既嫌其多、若拆分數人、房屋又歸無用、即如大製造家之廠、大公司之棧房、極難平分、又如田園地畝等產、若將其地割裂分派、必

不便於耕種或謂可將房屋店鋪田等產另行託人代管每年使各家公送薪水若干然各人須出代管人薪水則各人產業之利已減去一分於平分之法又不公允矣

第百九十九節　或謂此事有一法可以辦理其能分之產業即以產業平分其不能分者可將其產售去而以所得之價平分之此固平分產業之一法然平分之後各人止能得其一分安得復有餘錢購他人之產倘欲購產必將自己之產先行售去而後可然國中俱已平分其產業又向誰售耶或曰本國無人受產可以售與別國人第船隻器具及貴價之書畫等物別國人購去可以帶往若房

屋田地等產、皆不能攜帶、別國人安肯輕購、

第二百節　如國家設一律法、準他國人買本國產業、則本國所有產業利益俱歸他國人所得本國已失無窮之利矣況本國強令人民產業、一律平分、則律法之弊、已可概見、他國人亦安肯遠攜資財、來買此種產業耶、

第二百一節　一國產業既欲平分則一人所有財物之數不得過於他人、故貴重之物、既不能令各人皆得一件、勢不得不將貴價之產、概行廢去凡國中高大房屋亭臺園囿、製造工藝各廠、及名人字畫、雕刻人物、人家所用金銀古玩等器、皆須一律銷毀、即民間所有駿馬健牛、亦必

宰殺之使歸平等方能均分是使國中先失自然之利也至製造工藝之汽機並天文化學所用器具亦難令衆人分用必另派董事料理然董事獨有各種器具又與平分之法不合故愈推論其事愈覺平分之難

第二百二節　平分之後衆人所得產業必比未分以前更少因其中有幾分已經銷毁又有幾分以賤價售去貧人所能得者已屬無幾故平分後人民仍不能一生安樂長無匱乏之虞若不仍前做工恐過數十日之後饑寒已隨之矣則平分產業於貧民有何益處既無貧富之分人人須工作求食工人既多工價日減尤爲受累無窮

第二百三節　平分產業之後仍須耕而後食織而後衣欲求溫飽之資仍不能不替人做工以爲長年度日之計是以國中產業今日平分明日即判差等其聰明勤謹者或自營生業或用力代人做工所得工資日累月增不數年間又成富足其頑鈍好惰游者非特不能增其產業且逸居坐食不數年間已形窮困矣故欲平分產業必須逐日均分或能歸於畫一否則終無善法可以均勻也

第二百四節　如有一國已行過平分產業之法則國脈已傷非過數百年後不能復其元氣蓋平分之時民之有財者往往徙居他國其仍在本國者必不肯認眞作事間

有稍能勤苦之人亦退而生疑以爲平分時仍與惰民無別何必終日營營徒自苦乎故其國雖甚饒富亦必漸形窮困

第二百五節　平分產業原爲調劑窮民起見故初分時各種窮民驟得此利無不勃然起色過數十日後所分之利用盡又潦倒難堪依然從前窘迫之狀且未平分以前困有疾病及惰民不肯做工至無以自給者尚有富戶捐貲賑恤不致遽爲餓莩若平分後國中已無富民窮苦者更無所恃向所謂調劑窮民者今反爲窮民之害矣

第二百六節　若行平分產業之法國中窮民必比前更

多、因窮民大半以工藝仰給於富家、今富家既無產業、一切華美之物、皆無所用、且做華美細工之人、一時不能改做粗工、故窮民必比前愈多、比前更困、此必然之勢也

第二百七節　一國工人大半仰給於富家、因富家起造房屋等事、工程甚大、則泥水匠木匠瓦匠漆匠等工、皆可往投工作、若平分產業後、既無富家、又安得有此等大工程、是工價必減、工程皆困矣

第二百八節　平產之害、其最大者、將國內錢財分散、從此極難成聚、凡國內之財、皆由富家逐漸散出、令衆人有工可做、其能靈巧勤儉者、可以漸漸積為錢財、除此之外

雖有大權力之國王並大員、亦無法可以成聚錢財也。故國中若令百姓歸於平等，不有貧賤富貴之分，則國家錢財必至消散殆盡。財源既竭，百姓無工可做，必如野人風俗，一日祗能求一日糧食，往往自朝至暮始能舉火。且平產後窮民之苦，尤有甚於野人者。因野人所住之處，地廣人稀，其土地自生食物，尚能爲野人勉強度日。至文教之國，居民稠密十倍野人，若平分產業，使通商貿易製造工藝之事一概停止，各工人之艱苦眞不堪設想矣。由此觀之，法國人所喜平分產業，皆係空虛荒謬之談，斷不能見諸實事也。

第十九章論工藝並造成之物料

第二百九節　凡人用力作事無論其力爲筋骨所出或由腦子所出皆可稱之爲工如小工手擕一箱是其力出於筋骨也如醫生診視病人從各種病症中想出救治之法其用力在腦子與心思此二種工夫不可不詳細分別至本書所論之工必取其有所成就有益於己并有益於人者否則皆不得稱之爲工假有一人無端將大石一塊由平地移置山頂或搖動一輪令其旋轉此輪並不轉捩機器無論其事若何危險若何辛苦皆不得指之爲工蓋以其事無益於己并無益於人也

第二百十節　有益於人者謂之工、即不必有益於他人、亦必有益於本人、欲求有益於人、其工必有所成就、如人用力作事不能成就一物、則枉費心力、何補於人、故是書概置弗論、

第二百十一節　如天地間生成之物、既足供人取用、而人猶必用力造成此物、以矜一己之能、其物雖能造成、亦終於人無益、如日光爲天地間自然之物、麗天燭地之象、非人工所能巧奪也、明矣、若有人白晝於密室中用煤電氣成燈、以代日光之用、究何益處、又如工人挑運石子、每次止能挑半擔之重、若借主人小車裝載、則每次可裝石

四擔推車止須一人之力可見此種工人雖一樣出力作工究於人無甚益處此事於下章論機器內明晰言之

第二百十二節　如英國等文教之國其人民欲得利益皆不能不做工間有已經置成產業或由祖父遺下餘貲即不做工亦可坐享其利者此種人雖現在不必做工然其初亦必由用力做工方能有此財產或由祖父做工積成錢財遺下子孫享用蓋無不由做工來也故各人之工有用腦子出力者有專用兩手出力者有專用兩足出力者亦有兼三項而並用之者用力雖各不同然皆有益於人能令國中文教漸漸興旺如近來英國富饒可於各大

國中首屈一指推原其故亦不過人民認眞作工實爲他國所不及並非別有富強異術也

第二百十三節　工之大小不同其巧拙亦難例視如銅匠之靈巧者能做二刻工夫所得工資已比織布人在家內用粗機器做十點鐘之工者更多可見工之價值原不在筋骨用力之多小亦不在時刻之長短也譬如泥水匠與挑泥小工所用之力比修理鐘表人當過數百倍究不能以用力之大小定工價之高下因開辦鐵路等工程需用粗工雖多然做粗工人所在多有招僱甚易若修理鐘表非平素肄習者決不能率爾從事故工人極少工人既

少則工價必貴。倘挑泥小工、不服修理鐘表之人、以爲子之用力不如我、何我之工價反少於子乎、則修理鐘表者可應之曰、誰使子不習修理鐘表之業、而必爲此勞勞者乎、子既不肯耐數年攻苦、費若干資本、懃懃懇懇、學成此藝、則今日之工勞而價少者、皆子之自誤也、於我乎何尤。

第二百十四節　工人所得工貲、必視工之精粗巧拙以爲準、人每因己所得者少、而操別業者工貲較多、便有怏怏不平之意、殊不知其利愈厚、其工愈難、人之所能、已不能爲之也、如果精通各藝、人所能者、我亦能之、其利何必不歸於我乎、近日歐洲各國、以木料作時辰鐘者、工貲甚輕而作度時表者其利較厚蓋能作木鐘之人多能作度時表之人少也若做表易而做鐘之工難每做木鐘一人之工須配做表十人則表匠多鐘匠少其工價又當互易矣凡做粗工人或操畚鍤或用鋤鈀或挖泥或挑磚終日辛勞無少暇逸而見讀書人並律師醫生輩日坐於明窗淨几閒作事觀書優游自在便以爲人生樂境無過於此不知其殫精竭慮以造成有用之學操心之苦有視勞力尤甚者食報之隆不亦宜哉

第二百十五節　大凡以力工作者其程功皆有限量如挑運重物之人每日於若干路止能挑運二十次另加數

次便覺辛苦、若令加倍、一日須挑四十次、則斷不能勝任、又如織布人、每日以十二點鐘為一工、止能織布十二碼、若令加織一二碼、便覺拮据矣、故以兩人同做一種工藝、一日所成之事、亦必相等、其能加倍程功者、實所罕覯也、

第二百十六節　至若精巧功夫、須用腦子心思者、其程功卻難限量、如讀書人肯專心致志、即比怠惰者多做五六倍功夫、亦不至過於艱苦、若執惰於會計、並鄉曲開店人、告以國中宰輔、並當道各大員、及大銀行中管事人、一日內所行殷繁之事、其人必不肯信、以為彼亦同此精力、則熟能生巧、不難以一人兼四五人之事、而勞心與勞力

兩種人應得工貲亦可於此分別矣

第二百十七節　如英國等處貧民類皆終歲勤勞自食其力其惰游不事生業者若無親朋貲助必至凍餒隨之此種人於富戶各種事業旣難勝任止得奔走於各小店家以爲餬口之計或則肩挑貿易藉圖微利其貧困似覺可憐然性情婾惰又屬可惡蓋工作時終不肯用力也

第二百十八節　以力做工之人如欲多得工貲必須格外出力或每日多做幾點鐘功夫舍此別無良法然此事亦非易易譬之挑運重物者以往來二十次爲一工若欲加至二十五次其力必不能繼故此種小工長年只能餬

口斷不能更望盈餘又如織布人以十二點鐘爲一工每日工貲固屬無幾即一日能做二十四點鐘亦未必多有盈餘況做工至十二點鐘後亦無能再加至二十四點鐘者可見工之多少與工貲之厚薄原不在力而在巧也每見靈巧之人能於頃刻間製成一器當其運斤成風絕無手足拮据之狀蓋以巧勝也工人不可不明此理

第二百十九節　凡製造藝事並一切工程欲求靈巧必須於年幼時耐心學習蓋童時年力壯盛神志清明使之學習各工既不至厭倦思遷又不至前得後失故學成後自能匠心獨運專門名家終身於藝事之中而不自知其

若如本國人學他國語言文字其始雖似難事若學成後則寫字看書說話皆屬易易即如英人能學就法國語言者一遇法人便可與之接談極往來投贈之樂若第涉獵從事於法國文字仍須翻閱英法字典者則遇法人時即能勉強酬答亦必出之囁嚅彼此不便矣又如精算法者遇有繁瑣賬目一經推算便能不爽毫釐善繪事者隨筆揮灑皆能成亭臺山水草木之形若以未經學習人爲之即寬以時日恐終無所成就耳

第二百二十節　工之以靈巧尚也夫人知之矣而欲求靈巧之法則又存乎其人蓋精微奧妙之機惟耐心艱苦

者能闢之而畏難苟安者不能也即如土木之工其挑運泥灰並磚石木料等事盡人能之也至興築墻垣建造房屋便須推求成法未可操觚從事又如田家荷鋤負耒之事農人皆優爲之然欲講求氣候區別土宜何時應施何工何地宜種何物則必盡心講求方能收樹藝之利凡做粗工人往往知所當然而不求其所以然若能於此中認眞考究則目前雖與小工爲伍數年後必能超出衆人董成其事矣

第二百二十一節　觀各國所製機器並彼此所爭貿易之利可知工之靈巧其獲利不獨有益於已亦有益於衆

人、設有人謂靈巧並無益處、不必斤斤於理法中求之者、則可告之曰、國中可以不用靈巧、而斷不可無靈巧之人、蓋不用靈巧、其人仍可自做粗工、若竟無靈巧人、一旦欲爲靈巧之事、其將何所取資耶、今有人於此、於機器理法、無不精通、業經造成織布機器、極爲靈便、即其人因有事故、仍須用平常之法、在家織布、亦能做工度日、但此人既能創造織布機器、除非時運十分偃蹇、亦不至長要用手工織布也、又有一種畫工、能繪成印花布最新鮮之花樣、亦祗能自印花布、沿街攜售、仍不能多獲利益、然既有此等本領、即一時命運不濟、作此小本營生、究非常有之事、

第二百二十二節　人有靈巧則作事敏捷隨機應變絕無艱苦之虞工藝亦愈求愈妙即平人心思較拙亦可用力工作藉免飢寒工之有益於人誠非淺鮮也嘗見富人擁厚貲矜頤養終日安閒見之者必以爲人生清福無過於此而身處其境者偏覺一無樂趣始則日求怡情新法以爲消遣久之竟覺無事可以破悶反不如做工者能以藝事取樂是以富貴人其年力強盛心地明白者往往借打獵騎馬乘船並遊歷各國等事以驅策身體即自己無事可做亦必爲地方辦理公事斷不肯閉戶偷閒也

第二百二十三節　或謂使一國之人皆趨機巧則智巧

之人既多勢必使國人幾無工藝可做此言亦頗近理譬如有一種工藝獲利頗厚倘人人皆趨此業則他業便無人肯習矣又如某處有一老人前曾充當水手因年老閒居無事創造一種小船售與兒童嬉戲其船式一如大船有篷有桅亦能於池內行駛與大船行海面無異其製既工其價自昂故老人頗能獲利及老人死後本處之木匠亦能倣造其後造船者多至十家此業因之減色蓋喜購此種船之兒童原不甚多即購之亦未必多出重價也故一城之中製小船者止有一家便可獲利同業者多至十家必至兩敗俱傷矣

第二百二十四節　上節言國中智巧之人過多、恐於各業或有妨礙、其設想周矣、然以余觀之、國中固有許多靈巧工藝、彼此不至相妨、同業之人愈多、於國中愈有利益者、近年英國各大城、其丁口財賦、均較數百年前多至數倍、如失非特地方、向來出刀並一切鋼器、百年前業已出名、近年此業工人已增至二十餘倍、又曼支斯德地方、百年前即以印花布出名、近來其工人增至百倍、而工作比前更忙、如靈巧之工、皆有一定節限、則失非特並曼支斯德地方、何能添如許製刀印布之人耶、且此種工人既已加多、則地方上不能不添成衣匠並醫生律師等人、皆得

靠工人度日是以近來英國各大城內生齒雖繁人人俱有生業若非本人偷惰斷不至賦閑無事也

第二百二十五節　靈巧之工能漸漸加增自於地方有益其所以能加增者仍視其靈巧爲何如耳或欲分其工爲成物不成物兩種如皮匠如農夫如做饅首之人皆爲成物之工如律師如審問官如優人樂人則爲不成物之工所謂不成物者非言此種工人並無益於人也蓋皆爲衆人所不可少之事但不能爲衆人生財耳

第二百二十六節　上節言成物與不成物之工極難分別因其間本無一定界限如欲將兩種人造册分記恐未

必能歸畫一、第其間不能不無區別耳、譬之造屋、泥水匠能取磚石如法排砌、以灰相連、木匠能用法裝配木料、其爲成物之工、不待言矣、然無人爲之預繪圖樣、又無人爲之管理各匠、其房屋何能成就、是此兩種人、亦不能不謂之成物也、即繪圖人亦非生而自能也、必有爲之師者先教以算學幾何學、並畫圖諸法、方能成此技藝、此等教師雖未曾親與造屋之事、然非得其傳授、則房屋圖樣亦不能成、故此種人亦難言其非成物也、又如紡紗廠中所用工人固能成物、其管理廠務者亦應稱爲成物之人、即地方所有巡捕、並按察司等、能彈壓地方、使百姓安靖、皆不

得不謂爲成物之人蓋地方上若無此種人則民情擾亂即紡紗廠亦難安業矣

第二百二十七節　凡地方各種工人只要僱工者稱事定貲隨時給發各工人自然踴躍爭先愈趨愈衆惟專爲百姓管理之事則與成物之工不同蓋成物之工可以漸漸加增幾至無可限量其餘各事則必視成物者之多寡以配之而有一定界限不可或踰如西歷一千七百五十年曼支斯德地方居人尚不滿萬今則逾四十萬人矣其時該處醫生律師教師人等亦必與萬人之數相配設爲父兄者皆重慕醫生諸藝令子弟咸習此業則此項人數

必增至三倍若他項人數仍未加增則醫生人等三倍中必有兩倍無事可做又如韋脫衣城中居民之數亦不過一萬三千人所有醫生律師教師人數已多而該處又非製造工藝之地居民不易加增若於三年內醫生人等忽添至兩倍則三人中必有兩人無事此必然之勢也可見成物之工儘可加增若非成物之工必有一定節限

第二百二十八節　近來各藝工人加增之速以曼支斯德城之紡織與印花布工人爲最以近年洋布銷路極廣自北方極冷之地迄阿非利加與亞美利加極南之處無人不購用洋布故曼支斯德之人數錢財俱大有增益從

此生齒日繁地方饒富即所需醫生律師教師人等亦因之日多一日矣

第二百二十九節　少年人如欲習業可參上節之理擇其銷路最廣者專心為之無不獲利惟成物之工則須先備貲本貲本既足便可盡數成物不必預定節限以人之需用此物亦無節限也如見本處人所需衣著食物俱不敷用即可於該處製成出售自能獲利又如見該處閑人甚多則可籌貲招僱令其開地種植或教其磨麪成衣製鞋等工以所成之物彼此互易久之亦可致富

第二百三十節　人能自備貲本開辦成物之工亦能漸

漸興旺、不必先計本處同業人數多寡、亦不必問該處可否再添一廠也若非成物之事則不能不預先斟酌必本處居民日臻繁盛同業之人又復漸漸稀少方可於此業中討生活少年人欲爲律師武弁並醫生等尤不能不預先審擇因此種事業均有一定額數若過其額必有坐食賦閑者

第二百三十一節　地球上有數種行業初看似非成物之事其實於成物之事大有關係如販運各物料之商人雖未能將生料變成熟料然由產處運至缺處已於成物之事甚屬有益如波蘭國產麥甚多一歲所收之麥除本

國居民食用外多有盈餘商人每運至英國各大城鎮轉售作爲饅首以充民食故運麥之有益於人與種麥者等地球上各處氣候不齊故所產之物各處不等往往有此處棄置之物即爲他處所急需者全賴商人爲之貿遷也

第二百三十二節　無論作何項事業皆不能不有貲本貿易之業尤以貲本爲先務而貧苦之人究不能因無貲本遂不思認眞作事蓋目前雖無貲本若能勤苦工作漸漸自有盈餘余曾言人之貲本半由從前工作而來能於此中積蓄餘貲仍復勤謹作事將來由少而多由貧而富其初若難其後自易也

第二十章論人工能定物料之價值

第二百三十三節　凡人所有物料、或爲他人所無、必由人工而後成之者、皆可稱爲價值之物、此第指人工所造成者而言、至於天地間最珍貴之物、盡人可以公用者、如空氣、如日光、如人之生命、雖爲地球上所不可少、而此書皆不具論、

第二百三十四節　人所造成之物、其價值皆由人工而來、故天地所產之物、如欲增其價值、惟有加以人工之一法、蓋人工實爲物價之根源也、譬如黃金爲天地間最寶貴之物、然非人工無以得之、即煤麥綢布等物、亦無不然、

閒有經友朋餽送或由父母遺下者似不必工作亦能得此物殊不知所得物之價值皆由前人工作而成之者也

第二百三十五節　或駁余曰子言物價本乎人工嘗有不費人工而所得之物亦能值價者不有偶然掘地而得黃金與金鋼石者乎子亦將歸其價於人工耶余則應之曰子所言者事之偶然非理之常然也若以二物之大槪而言非多費人工斷不能得如果不費工力皆可隨意掘地得之則黃金與金鋼石恐又未必值錢矣

第二百三十六節　物之貴賤不等而所值之價無不由人工而定黃金得之極難故價值各國相等即他物價有

漲落亦未嘗不由人工之故如煉銅鐵者視煉金較易故其價亦較廉若銅鐵比黃金更費人工其價未必不貴於黃金也又如度時表內之擺有一小簧其細如髮以輕重論其價當數倍黃金又有以繪事名家者以紙絹繪成畫幅若售與人必不肯照分兩以黃金對換此皆以人工定價之明證也

第二百三十七節　今有人購地一塊掘井而得極好之水飲之可以治病聲名既出遠近人爭購之其人遂由此致富又有人有祖遺之地一區向因土磽多石曠之久矣忽有人於該處開設鐵路其地適當要衝遂得重價此二

人者一由本人用力做工而得售水之價一由祖父預先做工而得售地之價皆不得以倖獲視之也即購地開築鐵路之人亦必先由做工積成貲本方能購此鐵路之地且購地後仍須用力工作尅日築成乃可得鐵路之價

第二百三十八節　嘗有人於衝要處置有地基房屋等產後該處製造工藝及貿易之事日增月盛遠近工商閧風雲集其產業頓漲重價此得價之由又不在產主做工而在租購其產者之做工也如英之倫敦美之紐約等處數十年前其地基幾不值錢故管地之人甚難度日近則各產主雖不做工亦坐擁鉅貲矣皆由工藝振興居民日

盛、故地價暴漲、是產主購地之貲、或由本人做工得來、其餘增漲之價、皆由他人做工所致也、

第二百三十九節　若於工藝興旺處、多有地產、則地方工藝愈盛、地主愈能發財、此爲自然之理、或又於此等地方多備糧食出售與人、亦可獲利、蓋人數愈多、食用愈廣、能於此中預爲布置、皆求利之勝算也、第不可居爲奇貨、以我獨攬利權、有碍衆人生業、蓋必衆人之藝業易於興旺、而後我可從中獲利也、

第二百四十節　前節言人必用力工作、方能得利、惟地產之主不做工、亦可得利、其言似乎不均、然仔細思之、亦

是自然之理、嘗查國家律法並保護產業之例、內載無論所管何產、其產主爲何人、如有增價租售與人者、價值悉聽產主收受云云、其意以產主必由做工而得有此產業也、假如於倫敦相近處有地一小塊、近因該處漸漸熱鬧、有人願出金錢二百元、購其地造屋、在售地者忽得重價、固屬幸事、究因地方情形不同、其地確值此價、故造屋者情願給以金錢二百元也、若國家設一新例、禁止地主收受價值、則造屋者雖可不費金錢、得有其地、而爲地主者、不已向隅乎、可見各處產業價值、原隨時漲落、不能預定、其有暴漲重價者、取之亦無不合理也、

第二百四十一節　從以上各節之理參之可知錢財價值俱以人工爲根源而人之欲求利益者皆不能不致力於工也夫地球之上其始皆榛莽耳無所謂房屋物產也自開闢之人制爲居處以安民身制爲器具以利民用制爲樹藝以供民食世世相傳遂成樂利後人雖不能如前人之用力工作而其利往往倍於前人蓋產業貲本不啻一器具也前人創之後人因之所由事半而功倍也故無論何國之人所有產業貲財半由祖宗工力積累而來後人席其餘蔭遂得坐享其成即如現在管地之人因地價頓昂皆已致富若非經前代人盡心區畫闢爲田疇安有

如此値價之實腴耶、所以能將地理源流、詳細推究、便知歷代之人、俱於地上用過工力、故其地宜値重價、各國情形、大畧如是、

第二十一章論分工並管理人工之法

第二百四十二節　人工爲地球上第一要務、而不善用其工者、往往枉費功夫、不能節省人力、即能成事、其糜費已不少矣、故料理人工之法、尤不能不留心講究、無論何項之工、能用心推究、必有簡捷之法、但工匠不能自主、全在主人爲之區畫耳、

第二百四十三節　假如僱一工人、每日以十二點鐘爲

一工先使之做田工繼則做木工繼則做成衣工繼則做泥水工繼則做繪事工於一日内兼作五事其工必難成就即連做數日所成者亦屬無幾若能僱五人使之各執一業則一日内五人所做之工必比一人連做五日者成事更多矣

第二百四十四節　凡人學成工藝必須時時練習方能精到且人之材力有限尋常之人止能專習一藝以一人而兼精二三藝者已不可多得如欲以一人之身兼通各藝必無是事也不特其材力有所不逮即肢體亦不能從令蓋每做一事其心思固宜專注即身體亦必操習純熟

方能不出規矩故無論何種工藝於清晨開工時其工作必不能十分便捷以四體尚未能純任自然也及午膳後開工又不能如前之順手矣如欲以一人兼作多藝則每換一藝其間必有靡費功夫因心手間尚存有前工之意一時難以改變也譬如使木匠成衣忽舍斧斤而事針線則手指生硬安望其工之善乎而他藝可類推矣

第二百四十五節　昔有克盧蘇其人者於海中遇風舟覆同行者皆沒於海獨克盧蘇漂至一島得以不死島中荒烟蔓草絕無人居幸此人頗有才智故久住島中尚無所苦惟一切所需之事如種地打獵磨麪治庖成衣製鞋

以及製造房屋器具等項皆須一人獨力爲之是以所做之事不免草率且多縻費之工設其時能有五人同至此島便可將各項之事分而爲之但五人內仍須一人兼做數事其中尙不能無虛縻之力必有百人同住島中方能各執一業絕無虛費可見地方人數太少則各項工藝之利不及人烟稠密處遠甚第大城鎭中居民繁雜亦不能無弊端所謂利之所在弊即隨之也

第二百四十六節　各項工藝固須各執各業亦有於一業中分出數業必須各人分任其事者如印書廠用鉛字機器刷印書籍非經數十人之手不能成書凡印一書先

由總管人將原稿詳細看過、定計以何法刷印、乃逐頁拆開、交排字人、如法排就、另交一人配好、印出樣張、再交校對人逐字對過、然後交機器房上架刷印、往時印書皆用手工、近年俱以機器爲之、其機器則有添紙者、收紙者、汽器則有添煤者、加油者、逐項分派、各有專司、印成後、送至焌房令乾、用壓水櫃壓平、再用女工逐頁摺好、然後上架裝釘、此外又有切書者、做書邊花紋者、用金字於書面印成書名者、俱令各人分爲之、所以成書極速、而售價亦甚廉、

第二百四十七節　或有謂印書乃最繁之事固宜逐事

分開、若簡便之工、固無須照此辦法者、非也、蓋分工之法、無論其事之繁簡、俱能合算、如製造有頭之針、事之最簡易者也、而西國亦以十餘人為之、有用黃銅抽成細絲者、有將銅絲打直者、有翦絲成條者、有磨尖者、有磨平連頭之端者、有造針頭者、有將頭裝上針端者、有用藥水製針成白色者、有將針插紙上、令成行以備出售者、往時以手工造針、須用十八人、每人專司一事、至近年以機器製造、始用一二人管理其機器、

第二百四十八節　如令一人獨造此種針、則各套工夫、皆須次第為之、一日內難成針二十枚、若用十人合造、每

人各司一藝則一日內能共成針四萬八千枚即每人能成四千八百枚且一人獨造成功雖少而各套器具仍不能不逐件預備靡費既多針價必貴又如西國人寫字所用之鋼筆頭其造法亦用多人分爲之故其價極廉

第二百四十九節　各種工藝若能設法分做則成物多而需時少其物價必廉且有數種事更非有多人合做斷難成功者如第二百四十五節所言漂泊海島中之克盧蘇日盼旋歸而苦無舟楫因伐島中大樹以意仿造數年後竟成一船乃造成後船身過重竟無良法可以下水枉費數年之功蓋造船本非一人所能成必先有打樣之人

有繪細圖成樣板之人、又有若干人預備木料、造成脊骨、龍骨船板等件、又有若干人將各料配合成船成桅成帆、下水後、又須若干人充當水手等工、斷非一人所能兼顧而克盡、蘇欲以獨力爲之、宜乎枉費心機矣、又如建造大房屋以及橋梁鐵路海口碼頭等工、皆非千百人不能成事、近甌羅巴與亞美利加興築鐵路、嘗僱用工人至數千或數萬云、

第二百五十節　或謂製造工藝之事、如必逐層分做、則一人止能做一事、若欲成就一物、非集衆力爲之不可、倘衆人中偶缺一人、其物即不能成就、如一廠中新設一種

機器能代此人所做之工則此人必至失業矣又如造刀廠中其粗磨細磨等工皆有專業之人木工廠中製成木器亦有人專做油漆等事此種人若無本業可做更不能改做別業此皆分工之弊不若使各人各成一物自頭至尾俱能從一手中做成較爲無弊云云按此言雖亦近是然其實分工之法於工人並無流弊因爲工人者原應讀書考究簡便學問並各種機器製造之理法能於此中多做工夫則識多見廣凡遇各種工藝稍稍肄習便能爲之即國中講求新法各工藝時有變更亦不至無以餬口也

第二百五十一節　分工之有益於人不特製造工藝爲

然即格致功夫並一切文學之事亦必一人獨任一事方能專精其業英國人以格致名家者以內端魯勉斯米德爲最惟其專心致志久於其業故能直探奧蘊使於致力之時忽擾以他事則彼所研求之理必至得而復失矣雖此人飢必食寒必衣日用之需仍不可廢然有分工之法便可殫精竭慮務期卒業而此外俱可不計也

第二百五十二節　此章所言分工與管理各工之法俱於工人有益然非先有貲本則其事較難成就蓋分工之法一人不能成物則一人所做之工必難隨時變價如欲招集工人做一種大工藝則不能不多備貲本以爲各工

人逐日薪水之貲、創始雖難、其後獲利必厚、

第二十二章論機器

第二百五十三節　人與禽獸皆天地間之動物也、特人靈而禽獸蠢、故禽獸遂別為異類、然禽獸雖不能如人之靈、亦未嘗無天賦之知能也、故禽則善飛、獸則善走、有爪牙以利其攫取食物、有膽力以助其驅逐山林、往往有一經豢養、便能善知人意者、固不能概以蠢物視之也、又有數種動物、極有性靈、如蟻之處於穴中、雖千百成羣而行事俱有條理、夏則聚食物於土中、以備禦冬之用、不啻人之未雨綢繆也、又如蜜蜂、其採花釀蜜、儼然有及時圖功

之意至若獺之能築小屋先用土木等料鋪於地上而後以尾擊平之蓋其尾扁而極硬故所築小屋堅固平善幾類人工爲但禽獸並各動物所行之事皆千百年以前之舊法歷世相沿古今一轍非如人之能改變章程增益智慧於古法中想出新法造成靈巧機器俾事事皆歸簡便此萬物之靈所以必推人類也

第二百五十四節　人之所以異於禽獸者以其靈耳若第以肢體而言則人之強固尚不及禽獸禽獸生出數月便能飛走自尋食物若人則生出後非過數年必不能自保身命以飲食而論人之口腹不及牛羊以牛羊之食食

人則腸胃必不能消化蓋人之食物宜以葷素相間若令舍素物而專食禽獸之肉則又不能合宜獸之鷙悍者莫如獅虎其筋骨之堅固爪牙之尖利皆爲人所不及又如蛇有含毒之齒可以殺物電魚身有電氣可以摧折樹木獺有極硬之尾可以作泥水匠之器具築屋凡此皆爲人身中所不具也

第二百五十五節　可見天地生物其中俱有權衡賦禽獸以形質故禽獸之身體似強於人賦人以靈明故人之知識又爲禽獸所莫及禽獸形質既殊故飲啄居遊祗計目前之便人之靈明獨異故爭能角智必無自滿之時蓋

以爲材力聰明皆無止境今日之所謂巧數年後必有更巧於我者且造物既賦我以靈明是明明以制作之權屬我矣我苟暴棄自甘不思建樹以利濟生民而復恃智驚愚作邪僻以爲世害不大負天地生成之意反致禽獸之不如乎

第二百五十六節　所謂人靈於禽獸者以其不苟安不畏難能想出靈巧之法制爲器具成功多而用力省也如人之拙者莫如野人然亦能設法護身以避野獸之險又嘗見其採椰子矣以椰樹甚高難於攀摘因於林中刈籐本抽其絲爲繩復以石繫繩之一端摘椰子時將繩上石

拋過樫子之蒂抽其繩而樫子落矣又以禽獸飛走甚捷人不易及因取蘆葦之幹裝尖銳石片於一端如矢形於禽獸必行之處伺其至而擲殺之又見地中有根頭如薯芋之類取之可以果腹特以手剜土甚屬費力因用堅木或石一塊做成剜泥之器以代手工凡此各項雖不得爲靈巧器具亦未始非省力之一法也

第二百五十七節　以上各事皆野人初次所用之器不甚靈便如以蘆葦幹擲取禽獸不能及遠發之又不甚準後見木料有凹凸力以手彎折而復直之則復原時其力極猛因取以爲弓箭旣能及遠比蘆葦幹更準又見魚在

水中遊行甚捷不易以手捕捉乃取魚所喜食之小蟲並麪肉等料爲餌繫線端以釣之後因此法尙有失手復以骨製成小鈎裝餌其上待魚吞餌而收其線魚即上鈎矣

第二百五十八節　野人既有此數種器具愈能用心設法期製成各種應用之器其後又能取樹皮之筋並數種細輭之草織成蓆片以爲蔽體及遮蓋房屋之用又以骨角木石等料製器不耐久用因於土石中尋出數種堅韌之物敲之可以成片燒之則能鎔化或可變剛爲柔容易製成器用者漸漸學就煉礦諸法製成各種金類之器又能造鍋鑪並模子以鑄各器造鍾以便銲連金類之用從

此漸漸擴充用法日精器具亦漸備

第二百五十九節　人所急者莫如食物若專靠徒手墾地則所種者必不敷所食之數而農困矣夫地面上自生之五穀菓實不能常有也全賴人破土播種以法培植方能使各植物發榮滋長結實豐收故古之爲農者先制起土之鏟以兩手執其柄可奮全身之力復制犂以牲口牽之入土深而成功速後又益之以輪用以耕田尤爲靈便

第二百六十節　至五穀成熟時以手拔取亦甚遲鈍故農人穫稻以刀刈之後因直刀不甚合用易以彎形鐮刀仍須一手揑稻一手執刀尚嫌未便又用大鐮刀以兩手

合執刈稻使落畦上成行然後從而收之而終不能不用人力也因復造成有刀之機器以馬力牽之一機器能做數人之工近來各西國因馬力太貴又以汽器代之矣

第二百六十一節　古人不知舂米之法惟以穀置手掌中合磨出米有用木桿兩條中間繫以鈸鏈鋪穀於平地上打出其米者又有將木條連機器上以馬力運動機器其法較便然馬力過費人每以風力水力代之近日則又改用汽器矣至磨麪之法初時止用平面圓石兩塊疊於一處將五穀置其中間以手挽上函之石令旋轉磨料成粉後有靈巧者又於上函石鑿孔令料於此中添入其兩

旁則裝以橫木用人力或牛馬力牽其橫木其出粉較速英國北地百年前猶有用此法者東方各國迄今尚沿其舊惟歐洲各國早已廢去古法改用機器亦以風力水力汽力運之故開設磨坊者往往獲利近因輪船鐵路繁興運麪之費極省其生業乃漸漸減色云

第二百六十二節　食物而外惟衣服最不可少古人之衣或以獸皮或用樹皮之筋並蓆草等料以手工織成之厥後麻與木棉之利興其衣服始易以布

第二百六十三節　其始織布之法亦以手工故用力多而成布極少且所織者皆係小塊之布後經人設法將棉

花紡成長線先於架上排線成經間線分為上下兩層而後連緯線於梭上織之另有一板以足踏之能令經線遞更上下每梭行過後有木桿打緊之其法雖未便捷而成布却甚結實近來印度人織布仍用此法

第二百六十四節　百年前英國人亦用此法織麻並棉紗羊毛等布經良工迭加變改法亦漸漸靈便令經線遞更起落之踏板能十分活動又於梭上加以小輪使往來極速又設一木桿用簧力壓其梭令自行來往不必以手接送其打緊緯線之法亦特設一器如梳形隨機打之極靈極緊後有教師名軋脫來得者以織布須用人工究不

免辛苦靡費之處因造成一種機器每機器二三架只須一人司之織布一日可抵六人之工布又比人工所織者更好可見機器之利人誠非淺鮮也

第二百六十五節　上節所論織布機器外另有織各種花布之機器因名目甚繁不能備舉茲第就紡紗之法約畧言之初各西國做紗之法亦極拙鈍先將羊毛棉花並麻等物以手分出其絲令直而後以手指撚之成線後人則以鐵絲之梳代之先以鐵絲作彎形釘連一板上密如皮毛以手運動其板則能梳出其線其法甚捷線亦極勻淨又有將梳板連一輪上令輪旋轉而不用手工者又特

設一木桿將鐵絲密釘木桿上以象皮或別種獸皮之帶運動其輪者此種梳輪頗不易造其價極昂必另設一套機器以備造此梳輪其造法先於皮面照一定之相距處鑽成小孔乃將細鐵絲揷入孔內令作彎形故此種機器只要預備皮與細鐵絲於機器前面將鐵絲添入從後面出來即爲已成之梳齒法甚便也

第二百六十六節　凡設此各種機器無非欲令人作事靈便免致多費人工其利弊固較然也乃不明此理者每謂機器爲病民之具反不如古人之耕田而食鑿井而飲不知不識常安順則之天此等議論不必與之深辨蓋機

器所以代人工非以逞智巧譬有數人合做一事必有一人專爲磨麪之工以備衆人口食若能以水輪機器磨麪一日所磨之麪可抵數日人工則前此磨麪之人亦可與衆人同力合作省力不已多乎

第二百六十七節　歷代以來皆以能設新法創造機器爲便近百年内漸有慮及機器之弊者如英國生齒日繁大半以工作爲衣食機器一興工人不能不另圖生業往往有終身失業困不聊生者嘗見鐵匠爲釘每日所得工貲儘可度日忽有以機器爲之者一日所成之釘可抵人工數十倍則鐵匠必至失業矣

第二百六十八節　間有工人、不欲棄其舊業、自願減取工價、力與機器相持、故所成之物、竟有比機器所造較廉者、然工人生計、亦由此日蹙矣、人嘗謂人工與機器、其事若異、而成物則同、必舍人工而用機器、不啻奪人之利以爲利也、損人益己、機器亦何益於斯民、

第二百六十九節　機器旣奪工人之利、則工人之積忿日深、遂與機器有不兩立之勢、甚有糾集衆工與各廠家爲難、欲盡毀其機器而後甘心者、故鑒其事者、亦有禁用機器之議、蓋謂有機器而病工、不如無機器而窮民皆可得食、其言非無見也、

第二百七十節　上節言機器可以代工亦可以病工故有利弊參半之說其實無弊也蓋工所以養民而民之得貲養於工者又視乎僱工人之貲本夫機器正所以充其貲本也如英國能興機器百年内所增貲本已不下十餘倍貲本既裕工人竟無以謀生有是事乎

第二百七十一節　或又謂貲本雖多徒爲購辦機器之用於工人仍無所益也余乃笑應之曰機器若從月宮中造成其購價誠爲虛擲如仍須人工製造則所付之價即爲造機器之人得之何謂於工人無益耶夫用手工以成物與先用人工造機器而以機器成物其需用工人相等

也特用機器者不能用手工不得不另用一種工人今有人以金錢一千元爲資本僱工製礮出售後嫌手工遲鈍因購一成礮機器而遣去其工人在製礮者雖爲失利而造機器者於此生財況機器既可暢銷則開煤煉鐵之人皆得於此中資生活是失利者不過礮工而獲利者不止一業也機器亦何害於工人

第二百七十二節　機器與人工本並行不悖之事故英國近年機器愈多工價亦愈貴此有益於工之明證也如印度人織布以手工不以機器究不能多獲利益若能將該處棉花運至英國織布仍將布運回本國出售不特布

之成色較好價亦比本處所織者更廉故爲印人計不若舍織布之業而多種棉花其利較厚因近年洋布銷路極廣棉花之價頗貴也近英國每年造成出口之物計值金錢二萬萬零五千六百萬元之多亦因能用機器所成之物價値較廉故運至他國易能銷售是英國之民且能代他國做工而有其利矣就織造棉花布一業而言其工人已不下三百餘萬若無機器安能有此大工耶

第二百七十三節　機器之興人人皆被其利以其成物多而用力少物價可以便宜即貧苦之人亦易購求各種需用之物故近來工人所穿之衣俱極整飭完好若將二

百年前大工頭所著之衣、使今日尋常工匠著之、其工匠已不顧而去矣

第二百七十四節　以機器代人工、工人皆須改業、其間似有不便之處、究竟利多弊少、明白事理之人、應將此中利弊剴切曉諭工人、令其改習機器、數年後、必能使人皆樂業、國漸富強、若徒拘守舊章、視機器爲病工之具、而思毀滅新法、多方阻撓、則無識平民、益將畏難苟安、藉端思逞、而貽禍無窮矣、故講求時務者、應將此理著爲論說、頒行各處學堂中、令掌教者詳明勸諭、俾國人咸與知之

第二十三章論工價

第二百七十五節　工之得値者爲工價工價大小視工之難易緩急以定之其工旣難又爲人所不可緩之事則價必大其工若易又非人所急需之事則價必輕如齎送信件或農家粗工或用手工織布等事在英國一日工價常不滿英銀錢時林一枚至製造機器並鑄金類廠中造模子調熟鐵配雜金等工一日可得工價時林十五枚又如繪圖配樣並雕刻金銀寶石等人一工可得時林六枚至四十枚不等皆視其手藝巧拙用力之勤惰以定之也

第二百七十六節　粗工之難得善價以人多而事又非急務也若齎送信件等亦與製造機器各事同爲要需之

工則工價亦必相若矣第作細工者非有靈警精細之人投師學習數年不能成就故工人少而工價必貴若作粗工只須年力強壯便可幫人操作故工人多而工價亦賤此自然之理也

第二百七十七節　假如國家設一新章欲令僱工人給粗工以細工之價則作粗工者必至無人肯僱又如以手工織布之人每日工價止值時林一枚而國家定出章程令每日給以時林二枚則僱工人既不能出此重價必至漸漸歇業是不但不能獲利即貲本亦必虧折

第二百七十八節　如有一國果如上節所言欲令國中

粗細各工一律同價、則國人必爭爲粗工、而細工無人肯做矣、因細工非多用心思、專精學習、不易成事、若工價仍與粗工無別、人亦何樂爲之耶、

第二百七十九節　工價增減、本無一定之理、須聽僱工人隨時酌給、非國家所能預定、往時英國家亦尚未明此理、其律法中有言各種工人應有一定價値、永遠不準加增、方可無弊等語、後經逐漸試驗、覺此事礙難通行、始將前例删去、蓋工價原與律法無涉、只要僱工人情願給予、即爲工人應得之利也、

第二百八十節　工價既非律法所能預限、亦非國家所

能議加如欲於時價外令僱工人加給若干則益於工人而損於主人亦非均平之道

第二百八十一節　工價雖無一定然隨時漲落之故可即工人多寡之數與僱工人多寡之數比例而知之假如有主人二個各欲僱工一人而來承此工者兩邊各有三人是僱工者止需二人而做工者已有六人六人皆急欲得工不能不互相遷就而工價落矣又如有主人六個各欲僱工一人而做工者止有二人欲得此二人做工非出重價不可亦不能不互相遷就而工價自漲矣

第二百八十二節　或謂工價隨糧食爲漲落糧食貴工

價亦貴糧食賤工價亦賤以余觀之則不然譬如糧食既貴工人所得工價除購辦糧食外不能多購衣服衣服之銷路滯成衣者必因人浮而減價若糧食能賤各工人於口食外又可添置衣服衣服之銷路廣成衣者又以人少而漲價矣是工價之漲落適與糧食相反也

第二百八十三節　從上節之理參之可知工價漲落不在糧食之貴賤而在僱工人與工人多寡之比例蓋人工如買賣之貨物也工人以工出賣僱工人以價買之工人多其價自貴工人少其價自賤情形實與買賣各種貨物無異也

第二百八十四節　有謂糧食衣服之價貴，則僱工人應厚其工價，以足工人食用者。余亦以爲不然。夫因一時糧食昂貴，工人果不能資生，爲主人者憫其艱難，解囊贈之可也；納券貸之亦可也。至欲加給工貲，則有斷然不可行者。何也？同業者非止一家，所成之物必有定價，人不加工價，我獨加之，是所成之物同，我之貲本已比人較重，欲不虧折，其可得耶？譬如甲與乙各開一廠，甲所僱者皆重價之工，其賤價之工悉爲乙用，則乙廠所成之物，貲本既輕，銷售自易，而甲廠必至虧本。故爲工人者亦當鑒此情形，平心取價，若貪得無厭，不自知足，致主人折本歇業，我亦

束手賦閑悔之晚矣

第二百八十五節　工價雖工人分內之財亦必無損於主人其事始稱無弊乃此數種刁詐工人糾集同業多人結成一會自立規條硬加工價若主人不允便哄然相率罷工不許他人入廠雖其間不無謹厚之人情願照常工作然皆爲會中脅制以致閑居失業日不聊生此種刁風殊堪痛恨且工價一加所成之物必因之而貴其受害又不止僱工之主人已也

第二百八十六節　凡此種工人其始雖若害人其後適以自害蓋皆平常易習之事本不能多値重價彼既自行

辭歇必另有人集成一會自願以賤價做工者其事既易稍加學習即能漸漸奏功迨前會人悔悟漸生思復舊業而工人之數已倍於前欲求舊價而亦不可得矣豈非自貽伊戚耶

第二百八十七節　設或人事不齊天災洊至貿易製造之事日形壅滯致工人無以謀生此又地方上無可如何之事爲民上者自應設法賑恤加意扶持俾斯民不至迫飢寒而塡溝壑西國近有以捐爲賑之法凡富戶商賈及能得重價之工人皆須計貲納捐以爲撫養窮民之費其捐頗重人每苦之然此種窮民皆因一時無業可託以至

不能謀生究與遊手好閑流而爲丐者有別故國家不能不設法保護也余以爲不若將此捐款興辦工程如開路之類即招集窮民爲之較於地方有益

第二百八十八節　常言僱工與做工不啻以貨物相買賣彼此相需彼此皆能自主故主人工人皆須推誠相與不設私心方能各獲利益若爲工人者專圖自己便宜不顧主人虧本凡遇歲時過節既已告假停工仍向主人照常收取工價此種規矩皆非平允之道假使主人於給工價外令工人多做數工工人能允之乎理須持平事求無弊主人尅剝工人固難久享其利工人侵蝕主人獨能長

安其業耶、爲工人者當深長思矣、

第二十四章論資本

第二百八十九節　資本者、皆由人做工得價銖積寸累而成之者也、故人能用力做工、百物皆可立致、有不待耕而後食、織而後衣者、假如有人百名、露處於荒郊僻壤中、無食無衣、欲爲飽煖之求、舍耕織似無良策矣、然或近處有一富人、所儲糧食衣服足供百人數日或數十日之用、又有房屋可以借住、因欲招集衆人、於該處築礮臺並城郭等工、則此百人者、即可藉工爲衣食、不必急急於耕織之事矣、

第二百九十節　凡以工度日之人所得工價無多除日用外必難多蓄資本全賴國中富戶出其本身工貲或祖父做工餘下之錢開設製造各廠乃能託其宇下分潤盈餘飽食煖衣終歲無苦否亦如野人之捕魚而後得食獵獸而後得衣更何暇講求工藝耶

第二百九十一節　所謂資本者不第錢財已也凡値錢之物如舟車房屋鐵路及寶石之類皆可謂之資本特便於通用者則以錢與金銀爲最以隨處可以變換購物也前言有百人處荒郊中不得衣食若有人於遠處運糧食衣服予之俾得做工度日則搬運之費非銀錢不爲功矣

第二百九十二節　資本之名類不一有合數人而成之者有合千百人而成之者推其命名之意不外以前此做工積成財物備後來易於作事也有數國家其資本以田地爲大宗自前人勤區畫以定井疆開溝洫以興水利由是土膏肥沃生植漸繁地價遂較數百年前加增數倍故有田地即有資本又如所開鐵路馬路橋梁河口海塘之類亦爲前人所聚資本能使後人興利者也

第二百九十三節　一國中無論何人得有資本皆於衆人有益乃有謂國中多富戶窮民易致受累者非也其國苟爲自主之國一切病民之事自有律法以禁止之富人

雖多安能累及平民耶或又謂有資本人只圖自己生財不顧民生窮困究屬無益於人此言似亦近理然有資本人既欲生財則必出其資本以興製造等工製造既興貧人自可分其餘利特爲貧人者亦當勤謹安分不存嫉妒之心庶有資本者不致望而卻步譬如富人開一織布廠生意暢旺工人每有妒心若主人忽然折本將廠務一概停工則靠此廠度日之人須往他處別求事業若平日一無積蓄無從籌措川資必至株守家鄉待另有資本人來興此工方能復得生業則困苦已不堪矣

第二百九十四節　由此觀之凡有資本人國家應設立

民法加意保護若常以捐事相累又聽百姓任意滋擾則有資本者必難久居本國嘗見東方各國其富人因本國不能安身有徙居他國者如法國屢遭民叛富戶尤爲受害至一千八百四十八年國中大亂各種大工廠一概閉歇工人大半餓死富戶盡爲窮民國亦由是不振矣

第二百九十五節　工人每謂終歲辛苦仍不免爲窮人而有貲本人盡日優遊反能坐收厚利以爲天道不公殊不知有資本人擘畫經營用心較工人尤苦資本愈大料理愈難反不如工人可以聽命主人不必自勞心計況爲主人者必由本身從前做工或由先人做工積成貲財以

有今日非可逸獲也且貧富有命我之貧我之命限之也豈因他人之富有以致我於貧耶或謂工人能助主人生財主人每欲減其工資刻薄相待甚非公平之道然此事亦不必慮也若國中僱工者止有一人方可任意定其工價否則工人安肯爲之用耶如近來英國有資本者甚多一業之中往往彼此爭利我欲減工價以圖厚利他人必以原價招之工人斷不至吃虧也

第二百九十六節　可見一國中有資本人愈多工人愈能受益如英國製造之物運至他國出售比他國自造者更廉故銷路愈暢製造愈興工價亦愈貴若非多有資本

人興此各種工藝則國內數百萬窮民將何所託業耶

第二百九十七節　各廠工人如不願在廠工作會同辭歇各自在家做工則管廠主人固無法以禁之但製造之事必須先備貴價之機器汽器水器等件然後可以動工工人資本無多何能自行購備蓋工人如一廠之機器也主人如汽力與水力也機器非汽力水力不能運動工人非得有資本之主人獨能成事乎

第二百九十八節　有資本人開設工廠或買賣各貨等行看似容易其實極費心思若以貲本貸人又不能多得利息一年中每銀百兩能得息銀五兩者已爲厚利故欲

多求利息不得不極意經營致力於製造貿易等事然亦須酌量時勢謹慎小心方能保其貲本一或不慎必至全數虧折轉爲窮民此中情形爲工人者當體諒及之

第二百九十九節　工人所得工價亦當隨時撙節積蓄餘貲至無工可做時有備無患嘗見各大廠中其工作或數百人或數千人一旦主人虧本閉廠停工便已飢寒交迫此皆平日未能節省之故每有廠中主人業經虧折不欲遽行停工者一由所費貲本已多關閉後一切器具皆歸無用一因各工人賴此餬口若概行停歇必至日不聊生故不得不勉強支持徐圖後效其用心亦良厚矣

第三百節　各國中每有主人與工人彼此相賊卒至兩敗俱傷者嘗有工人見主人已經折本所有虧累非多造貨物不能淸還因趁此向主人索加工價主人不允即相率罷工以難之迨主人力不能支閉廠歇業工人亦無以爲生矣

第三百一節　以來求利皆有自然之理非立法所能預定也如國家設爲定例凡貲本所出之利令將幾分歸工人幾分歸主人則國中貲本必至漸漸分散昔法國初次內亂奪國柄者曾作此病民之法不數年後富商巨賈貲本蕩然工人之苦不可勝言殷鑒不遠有國家者可不愼

歟、

第三百二節　近有人想出一法、先令各工人於工價內節省少許、積爲小本、然後湊集成數、合開一廠、使各工人自執其業、既可得工貲、又可得貲本之利、且工人即爲主人、其工作自當格外踴躍、計甚周也、然其中亦有難爲者、因工人所望甚奢、合夥者人數既多、其利亦分而見少、如廠中有數千工人、每日除工貲外、能得利息銅錢一枚者、亦不爲薄、然工人已失所望矣、又如廠中管理帳目、購辦物料、出售貨物等事、皆非工人所能自爲、假手於人、易至受其欺蔽、故試辦一年之後、仍復拆夥矣、

第三百三節　凡做細巧之工若得工人出資合股則於廠內極有裨益蓋工人既有股分必能格外用心想出各種靈便之法非若平常僱用之人草率塞責徒博一己工價已也又有數種事業非有數人合夥必不能獲利者如瑞士國山鄉之人大半以牧牛售乳爲業顧一家之地靑草無多養牛亦少欲製爲牛乳冰必難合算倘能合數家或十數家之牛乳專僱一內行人製之其物既佳售之必能獲利近美國已有數處用此法製造牛乳冰極有成效

第三百四節　前言人能用力做事積成錢財無論屬於何人俱於國中有益國家應時加勸諭奬勵而鼓舞之俾

勤者克保初終、惰者亦知愧奮、數年後必能家給人足矣、顧利之所在、必制以義、既不可妄求以喪德、亦不可巧取以損人、若孳孳爲惟利是圖、以爲多積錢財、便能使子孫坐享餘貲、不必教以治生之道、是猶以機器遺子孫、不先示以致用之法、其子孫能得機器之利乎、若昧其理而誤用之、爲害且不勝言矣、

第三百五節　觀上節所言、可知人能用力做工、積下貲本、必須興起製造貿易之事、方能有益於人、每見富家子弟、不念物力艱難、以祖父辛勤之積累、供冶遊之浪用、終日飲酒馳馬、所費不貲、於人毫無益處、眞令人爲之痛恨

第三百六節　世俗澆漓人每競繁華而輕樸素見有老成純謹勤儉持家者必嫉妒之鄙薄之善撙節則以爲慳吝好施予則以爲沽名遇有驕奢淫佚之徒揮金如土則又推崇之以爲當世豪傑豔羨之以爲安樂神仙甚至蕩產破家身與乞人爲伍無識者猶舉生平揮霍之事傳爲美談人心不古顚倒是非可發一嘆

第三百七節　貲本可以使我獲利亦可推我之利以及人者也故既有貲本則應創爲事業使我與人皆有其利而利始溥爲倘或不喜貿易製造行船之事則可倡爲音律繪畫諸業使衆人增長見識陶寫性情皆屬有功文教

之事至若試驗化學並農工機器各種新法所需器具等項尤非平人所能購辦全賴有貲本人爲之提唱也

第三百八節　國中貲本雖大半屬於富人然貿易製造之利興則平人所積貲本亦復不少近各西國俱特設銀行爲工人存銀收利計英國工人存欵已有金錢五千餘萬元又國家所設匯銀官局亦存有金錢二千五百餘萬元此第舉其現銀之數至若田地房屋店鋪牲口及器具衣服等項凡可以作貲本者更不能以數計蓋分則見少合則見多也

第三百九節　觀一國貲本之多寡可知文教之盛衰文

教者國之本財之源也如野人之國民皆苟安目前不作將來之計故衣食外絕無餘貲以未經教化人每從而諒之也至文教之國亦有野人之風則眞有愧野人矣嘗見各西國工人大半浪用錢財不知愛惜工貲入手即任意花費有上禮拜所領之錢至下禮拜已難接濟是以終歲做工仍多匱乏之日而父母妻子早已度外置之此種人不但不能自積貲本反致虧累他人積欠既多勢不得不將所有薄產盡行變價淸完以免債主凌辱其苦已不堪言狀矣

第三百十節　此章大旨言無論何項人皆應用力做工

積成貲本然後開設貿易製造等事使衆人皆獲利益至代主人工作亦應安命守分不設私心若克勤克儉銖積寸累則今日雖爲工人未必他日不爲主人第家室充裕之後又當培植子孫使之明理讀書不爲紛華所染由是家聲日振子弟稱賢人生樂境無逾於此矣

第二十五章論貿易之利

第三百十一節　人不能離人獨立則交涉之事起焉交涉之殷繁又以貿易爲最如老嫗於道旁設水菓食物以售人貿易之事也商人出金錢十萬元購靛藍於印度以船載回本處轉售亦貿易之事也又如童子以玩物售人

每件收銅錢六枚則謂之買賣若以玩物易玩物則謂以貨換貨皆可以貿易概之也

第三百十二節　貿易分大小兩種即躉賣零賣是也蓋躉賣者其事簡零賣則必先將貨物分列肆中任人選擇大行家事務紛繁斷不能分心料理故製造貨物並開設煤礦之人大半皆用躉賣之法假如英國人由中國購茶數十船又從西印度海島購蔗糖數十船運回國後若將茶糖分磅分兩拆賣其事既繁且必稽延時日故不能不將貨論擔論噸先兌與小買賣店家然後由該店轉售用貨之人如是則用貨者便而大小買賣之人亦易獲利

第三百十三節　每有數種貨物必先經數人之手而後可得購用者如英國人所用之茶先由西商在中國口內購就運至倫敦交與代客買賣之行家由該行家代賣與躉買茶商存棧出售又有人從倫敦購買運至各大城以零拆轉售店家者至用茶人購歸不知經歷幾人之手

第三百十四節　貿易以取利自然之理也而昧於事理者每以貿易人不能自造貨物即取利亦當從輕殊不思買賣人雖不能自造貨物然能從多處運至缺處徧給用物之人不啻爲人服役也爲人服役而取其工貲雖厚利不亦宜乎譬如人於鄉間開店售刀一把得銅錢八十文

其刀從遠處造刀廠購來每把止須銅錢六十文如用刀者不欲出此二十文工錢自願遠赴廠中購刀其價雖比店中較廉而往來川資已費去數十把刀價矣又如婦人於街上設攤售菜每日早起先往菜市購來每根給銅錢四文攜至街上出售之處每根售錢六文如用菜者不欲讓婦人獲此微利亦須每日清晨自往菜市購菜除非躉買數十根或數百根則每根四文亦未必能買蓋婦人原因躉買零賣故能取利也

第三百十五節　貿易雖能獲利然須墊用資本又須多費心思而尋常論貿易之利者皆曰百分之十或百分之

十五即每資本銀錢百元得利十元或十五元此第就其本言之而用力之辛苦生意之危險皆未計及也

第三百十六節　或言貿易之事躉賣者得利少零賣者得利多其實不然也躉賣家與製造貨物之人於本錢長利外能另得餘利百分之二分半則一年中所得之利爲數已多以其本大也至零賣店家貲本既小若於本錢長利外止能得餘利百分之二分半則一年中斷不能開銷因一店之中須有掌櫃者數人專候客人來買貨物即所買之物不多亦須曲意趨承不得稍露厭煩之意議定價値後又須用紙包好用繩綑好代爲送至其家然後可收

價值、故一年内除本錢長利外、每銀錢百元、能得餘利十元至二十元、尚不能視爲厚利、蓋生意小而開銷大、終不及躉賣者之獲大利也、

第三百十七節　店家之獲厚利者、以藥材店爲最、每售藥一劑、其價必較尋常藥材、加三倍至五倍不等、以泡製配合、皆須熟悉藥性者爲之、按西律非由讀書出身、未曾考得國家憑據之人、不準開設藥鋪、恐其鹵莽誤人也、故業此者獲利較易、又有數種雜貨人、每於街上設攤出售、亦能得一二倍之利、然統計一日内所得者、仍不穀開銷、以貲本小而售貨亦不多也、

第三百十八節　可見貿易之事資本愈大獲利愈多其小本買賣人取利雖厚而所獲之利總不多至用零錢買貨皆貧人窮苦之事蓋多買則廉少買必貴也如論觔買茶必比論錢論兩者較賤論噸買煤必比論磅者較賤此皆自然之理乃窮民家計艱難不能不隨時零購此又事之無可如何者

第三百十九節　嘗有浪用錢財之人每喜向店家賒用貨物用物之時任意支取至貨物多寡價值貴賤概不計較及年底結算方知爲數已多未能清付不得不將本年餘欠之款歸入次年并完次年不能撙節用物所欠之數

愈多舊債雖能清完而新債又成巨欵往往有拖累數年始能清結者故開店家遇此種人必先於付貨時加價發售以其拖欠過久不得不預占便宜也

第三百二十節　近年西國開設大店鋪之人俱以現銀交易貲本甚大出售之貨取利甚輕故銷售易而獲利頗厚如所售之貨本價已須英銀錢九角五分者售價亦止銀錢一元是所得之利止有五分固甚薄也使所貯之貨有五千或五萬能於三個月內一概售去將貲本再辦原貨出售則一年內可做買賣四次每銀錢百圓可得利錢二十元總計之其利又甚厚此中盈絀之故全在其人學

畫有方亦須歷練多年方有把握總之貿易事須聽買賣人自行作主國家不能與聞如欲設立律法強令民間遵照定例買賣則弊端百出矣

第三百二十一節　賤買貴賣爲貿易中不易之理論者每以貪鄙譏之是未即其理而深思之耳夫人欲以物售我我自能以賤價買之人欲購我之物我自可以貴價賣之其情兩相需其事無相害也如欲援童子無欺之義垂市價不二之規是過商賈之生機減貿易之大利也其流弊可勝言哉

第二十六章論國家準人獨造貨物出售之弊

第三百二十二節　西國有準一人或一公司專造一種貨物出售者如他人違例私造準其人指控拏究此病民之政也蓋製造貿易不能使一人獨攬利權若業此者止有一家彼必奇貨可居任意索人重價人皆受累無窮矣

第三百二十三節　假如一村之中居民約有千人而做帽出售者止有一家不準同村人分做亦不準從村外購用故該店售出之帽貨劣而價極昂且交易時一味驕矜不肯與人方便推其意以爲村中人不用帽則已如欲用帽不能不俯就於我是千人中無一人不受其累者

第三百二十四節　又如一城之內居民多至萬人而售

帽者分爲十家其弊亦與前同但不至如一家獨售之重耳蓋十家之中如甲家價昂貨劣與人交易又不小心乙家則工料較好售價較賤待客亦甚客氣則乙所售之帽必數倍於甲而甲家必難獲利矣但十家中必將設立行規議定貨之成色與價之高低俾十家一律彼此可以平分其利至用帽人受累與否不暇計也

第三百二十五節　如國家另設一律法凡本城土著人俱準製帽出售惟客民寄居者不準充當此業如是則帽價不至昂貴以其利人人得爭之也惟外來人既不準在本城製造又不準從城外運售則城內居民不能得他國

便宜之帽即他處運來之帽工料甚佳較本城之帽止須半價終以違禁之故不能購用

第三百二十六節　上言準一家獨造貨物之弊爲古時常有之事皆因人心貪鄙但求利己不管他人有害與否現在各西國內如再有此種律法則其弊有立見者昔歐洲諸國爲諸侯攬權之時嘗設立磨坊一所勒令屬下人均在此磨坊磨麪雖磨工不好磨價極貴屬下人無可免此弊政近來有數國尙有此弊或官府或財戶能得國家權柄準其專辦一種或數種貨物貨之成色不佳價極昂貴致衆人皆受其害

第三百二十七節　古時英國管地基之人、亦欲令國中所用五穀並各種肉食俱用本國土產不準向他國購用、嘗多方設法求國家設立定律、未經邀準、凡有機會可圖之時、無論何色人、均要起此貪心、不許他人置所辦之貨

昔各大城內所有工人並開店主人、每欲設立章程、令本人及後嗣專辦城內所用一種貨物、不準往城外購用、致城內物價騰貴、居人不得不移住鄉間、故城內漸漸空虛而衆人移住之地、遂成市鎮、

第三百二十八節　人每以己所造出之物勝於他人、如皮匠之鞋、木匠之椅櫈、帽作之帽、俱稱佳好、欲強衆人專

用其貨而衆人皆知一人獨造之事有弊無利若將此法漸漸廢革能令各業人俱可製物出售則物價自平倘有智慧過人者能造成貴重要需之物則用物之人旣多獲利亦必愈厚凡創造一新式精妙之物恐人未能周知必登之告白俾欲購此物者先睹爲快也

第三百二十九節　如地方上有技藝過人能製造有用之物者國家忽出一令強其人專在一處工作不準往他處做工大非公平之理此事在西國往往有之即如製造機器並造成數種貨物之人曾有律法禁此人往他國工作又有律法不許出本縣自尋生業近來甌洲數國有強

百姓充當兵勇、或令爲國家別幹公事、不準遊食他國者、皆弊政也、若英美等國、招募勇丁、必其民情願充當、方繕立合同、收入兵籍、斷無刑驅勢迫之事也、

第三百三十節　若能革去以上弊病、使人人皆能於工藝中爭利、則於地方上利源大有關係、如地方上有數家擁厚貲之人、興造工藝、凡以工爲業者、皆可分沾其利、若所造者、爲人所不可缺之物、則銷路既旺、工價自昂、苟有一廠斬其工價、工人必舍此他適、而廠中所成之物亦少矣、總而計之、成物多而售出之利薄、比成物少而售出之利厚者、尤爲合算、蓋貿易之道、不在利息之厚薄、而以銷

路之暢旺爲先也故地方上能多得有貲本人互相爭利則工人與用物之人皆得分其利益云

第三百三十一節　由此觀之貨物之價錢並貲本所獲之利息工人所得之工價俱宜聽彼此爭利隨時增減余於前章論貲本工價內業已詳細言之或有駁余者謂衆人爭利每致此輕彼重未能歸於均平余則應之曰衆人爭利雖有輕重之弊然聽其自然其弊或能漸革若治以國法其弊必有甚於此者譬如國家欲令按察司酌定工人價值永遠不準增減必將各種工藝所能得之利通盤合計應先定僱工人之貲本得利若干然後定工人應得

之工價果如此辦法不特工人不能厚得工貲即有貲本人亦無從多獲利益工藝必由此減色矣

第三百三十二節　國家欲定物價工價則凡製造工藝廠內皆須特派一稽查官給以薪水使稽查廠內工人視其巧拙勤惰以定工價其事既繁辦理殊非易易且物件與工人既有定價則廠中人只求掩飾廠官耳目必不肯多出工本造成好貨出售前章言法國京城成衣匠一事即其明證也其時亦因工價由國家酌定是以各縫工不肯用力成衣以致惰者得利多而勤者得利反少

第三百三十三節　工藝中彼此爭利固宜聽其自爲然

徒貪生意之多、不預計貲本輕重、則所造之物、售價極廉、必致漸漸虛折、此必然之勢也、是以地方同業之人過多、必難獲利、不若移往同業稍少之處、另行設廠、較爲有益

第三百三十四節　於地方上興辦工程、以圖利益、若有同業者出、爲爭利、必至兩敗俱傷、如兩人各築鐵路一條、彼此放價、搶奪生意、往來之客、固皆稱便、而兩主人貲本必至漸形虧折、故地方上既築有鐵路、其繼築者不若於無鐵路處設之、既可便該處往來之人、而主人又能獲利、余以爲國家宜明定章程、無論何處、止準開鐵路一條、不準措收過重之價、則主人行人皆能受益矣、又如各大城

鎮中每因自來水煤氣等公司收價極貴另設一公司以分其利然須備辦全副機器並開通街道安埋鐵管等工經費極大開設後未必即能獲利所以此種生意若能歸一家獨辦而公司中又能以公道價錢辦理自來水與煤氣則生意既歸劃一自不至有耗折本錢之弊

第三百三十五節　近年各西國興辦大工程每因各項工人爭奪生意遂能究出極賤價錢如富戶欲造大房屋一所必先請熟悉工程人打樣繪圖另將工料之成色尺寸印出清單然後招請承辦工程人照單估價或總包或分包擇其老成可靠工價最廉者方予承辦如是則造成

房屋工價必廉，即興築鐵路、開設自來水等廠，亦可照此法辦理。

第三百三十六節　國家辦理公事，若能倣照前法，亦可節省經費，如軍營中所需糧食衣服，其營官不能親往各行家逐件探聽價目，所辦貨物必難便宜，若遇不肖劣弁，更於此中多方尅減，藉飽貪囊，倘行家非其私識之人，向來通同一氣者，其貨雖賤，亦必故意不肯購辦，以其無利於己也，故辦理此種公事，欲得最妥之法，不如將所辦情形出一告白，招集各行家當面議價，擇其索價較廉者予之承辦，自能價廉而物美，當一千八百三十四年英國尙未定收養貧人律法、凡養貧院中需用之物俱由本處董事採辦、故董事中有開設雜貨店者院中所用茶糖等物、俱由本店支取、所需糧食、另有業農之董事由家中應付、院中修理房屋等工、又有業泥水木匠之董事承辦、各人所報之價極貴、彼此不能批駁、是以院中貧人受惠無多、而每年經費極大、

第二十七章論各國通商

第三百三十七節　通商爲天地間自然之理、因地面上所產之物各處不同、欲其彼此流通、則舍通商別無良法、試就英國而言、諾東北蘭達爾喊兩省、則產煤、迷德塞根

德諸佛色佛克等省則產五穀、哥奴瓦省則產銅錫、物產亦各處不同、若非彼此互易、則採煤者、既須兼顧飲食器用之事、不能專心開煤、豈產五穀銅錫之處、其人民獨能專講樹藝採煉之道耶、

第三百三十八節　煤爲地球上必需之物、故諸東北蘭人開出後、便可隨時出售、將所得之錢、隨意購辦應用各物、是專事開煤者、較之兼事種麥、並開採金類礦之人、尤爲合算、蓋造物者欲將各物分產各處、使各就本處之產專心籌辦、然後以其所有、易其所無、彼此皆有便益也、

第三百三十九節　物產既可互易、則諸東北蘭人欲得

哥奴瓦省之銅錫並根德等省之五穀不啻取之本省中矣故開煤人一年內開煤之工不過數十日作爲本處之用其餘各工皆造銅錫器並種植五穀之用也一國如此推之各國其相需之情尤有不止於此者即如英國人民日用之物大半從他國運來茶則來自中國咖啡則來自印度並亞喇伯地方糖來自西印度諸島葡萄酒來自西班牙葡萄牙法蘭西日耳曼意大利等國胡椒荳蔻並各種香料來自阿非利加並南洋各海島製椅木料來自亞美利加並古巴釘書之皮來自俄羅斯土耳基至房屋內所用之細蔴布則用俄國並德國北地所產之蔴織成所

用棉布、又從美國並印度運來、染布之靛藍、亦來自印度、或用墨西哥之呀蘭米、即該國所產之紅蟲也、由此類推英國所用之物、大半自遠處運來、

第三百四十節　昔法國人有復拉推而等、不知造化生物之妙、以爲地面所產之物、每不與用物人並域而生、如茶與咖啡、用之北方各國、最爲合宜、因其國冬天日短夜長、消遣寒宵、非此不可、而茶與咖啡、偏於南方熱地產之、又甌洲各國、每多瘟疫之症、而治病之藥、偏於亞美利加產之、皆爲天地間之缺憾云云、殊不知人類相需之物、惟其分產各國、自有一定之處、方能顯出造化生物之妙用、

於人類大有利益蓋物產既分散各國則各國不能不設法通商彼此相需則彼此能通情好行之既久自無猜嫌疑忌之心近來各國通商愈推愈廣各處所產之物皆能彼此流通便於民用故通商愈能興旺則與國愈宜和睦因事端一起即海口必封兩國人民皆不能得貿易之利矣

第三百四十一節　上節所言互易之物皆係各國土產此外又有人工造成之物亦各處不同就英國而論如曼支斯德人大半以棉花紡紗織布為業北明翰人以銅鐵並各種金類製造器具首飾為業失非特人以製刀為業

約爾克省西地人以織羊毛布為業又如阿爾蘭之備勒法斯地方並蘇格蘭之敦底地方又以織麻布為業其餘工藝俱有專行製造之處至如法國之來恩地方專造絲貨瑞士國之專造對時表金練表並棉花工藝德國之波希米亞地方專造五色玻璃並阿北士典地方專用汽器車造瑪瑙等寶石僅寥寥數處非如英國專造一種貨物地方之多矣

第三百四十二節　查同業之人專在一處工作亦無大益處乃曼支斯德人一若除紡紗織布外幾無別業可執者其設想殊屬可異推原其故不過因紡織一業為該處

人民歷世相傳習之較易又能聚於一處工作器具既可通用工藝又可彼此相商其成物似較妥便也

第三百四十三節　專門製造一種工藝之處以英國爲最多美國次之他國較少英國每年造成出口之物値金錢二萬萬零五千萬元其由他國運入口內者類皆各國土產並非人工造出之物或謂英國乃地球上一大製造廠各國以物料送至廠內即能向領造成之物廠中止取其工貲爲就棉花一項而言由印度運至英國約有一萬英里之遠織成布疋由英國運回印度又有一萬英里之遠然印度種棉花人身上所穿衣服其布皆由英國織來

因往來運費既甚便宜英國又以機器紡織工價極賤織成之布比印度人自用舊法布機織成者價値更廉故印度人每喜運至英國代辦也

第三百四十四節　以土產爲貿易必有節限因地面所產之物本有一定節限也譬如英國產煤不爲不多苟專事開煤運往各國出售數年之後煤盡而貿易之事亦絕矣惟人工造成之物其貿易並無節限工藝愈興貿易愈大近年英國工藝之盛已爲東方各國所不及若不遇與國侵陵之事工藝必有愈求愈精者英國既能振興工藝凡與通商之國必不肯與英國失和英國亦格外修好於

各國、可見通商與製造工藝兩事、實能聯萬國之人心、消兵禍於無形者也、

第三百四十五節　凡與英通商之國、不肯與英國失和者、所以保商務也、如俄國地廣民貧、每年由國内運往英國之貨、如牛羊油柏油生蔴等料、約値金錢數千萬元、若一年不與英國通商、即一年不能收此大利、勢必君民交困、禍亂叢生矣、昔法王拿破崙威力方盛之時、嘗出一令、禁止法人收買英國貨物、其時英國所出棉布、各國通行、法人亦喜購用、是以與法毗連諸國、每將英國棉布冒爲本國之貨、私運法國出售、故法人仍得購用、以拿破崙戰

無不克之威力、尚不能禁止棉布一事、通商之有益於民不愈信哉、

第三百四十六節　商務不能振興、皆由國人貪心太熾、欲令本國所得之利、勝於他國、方稱快意、不知利爲地球上公用之物、非一國所能獨據、且既名爲通商、凡貿易可通之處、皆應聽其自然流通、不可稍有阻礙、往時英國人未明此理、每以本國出口貨爲有利於國、進口貨爲有害於國、是以出口貨多於進口、則貿易人皆色然喜、進口貨多於出口、則貿易人必蹙然憂、以爲本國從此漸窮也、

第三百四十七節　此等意見、在貿易人心中、蓄之尚無

足怪奈何國家亦存此偏心垂爲厲禁不準各國貨物進口或從重徵稅使進口亦不能獲利推原其意以爲必如是則進口之貨日少本國可以富饒也然乎否乎

第三百四十八節　國家若有此種律法非特無益且有害於本國商務蓋貿易之道大半以貨易貨其用現銀購貨者不過十之一二耳英國每年出口之貨皆由各國人運貨至英國易去未必有現銀購買也今既不準各國之貨進口各國人尚有何法能購英國之貨耶

第三百四十九節　此種律法英國早經革去近年辦理商務無論何國之貨俱準於本國各口一律進來並不問

其貨爲英國人或他國人所辦故各國商人皆便之近來各國尚多未明此理若他國不準英國之貨進口或準進口而故徵其重稅則有害於英國者尚小其自害本國之商務更大也有人言於英國家曰英國之貨運至他國口岸者每有阻礙則他國之貨運至英國口岸亦可以他國之施於我者阻礙之此言究非通論蓋英國所需購運之貨未必即產於禁買英貨之國在英國止須於地球上揀出便於貿易之國與之通商即於本國有益他國不肯購用英國之貨者其商務必日形減色於英國仍無害也

第三百五十節　查國中商務支絀之故皆由各商人過

於鋪張每年各項開銷浮於所獲之利故逐漸虧折久之必至倒閉於本國進口貨多寡之數並不相關也夫進口之貨皆由出口之貨互易而來故進口貨多即可知出口貨旺況英國進口貨類皆各國所產生料出口貨多由人工製造而成於本國有害有利尤顯然易見也

第三百五十一節　假如英國人運貨至某國欲與該國人易貨而該國不準英國之貨進口英人不能不將貨帶回本國或運往他國出售攜貲再往某國購貨在某國購貨之錢仍用前貨變換某國收其買貨之錢不啻收其所運之貨仍於英國有益也又如英國商人赴西班牙國購

葡萄酒百桶、欲以絲料棉布金類器等貨易之、而各貨皆爲該國禁止進口之物、故西班牙人、必得黃金方肯售酒、商人必欲得酒、不能不先辦黃金、英國黃金既缺、必運貨至產金之國、如新舊金山等處、將貨換金、而後再赴西班牙購酒、是西班牙人所收者爲黃金、英商所付者仍係工藝造成之貨、不過多費一番周折耳、

第三百五十二節　欲得金銀、亦必以他物互換、即產金銀之地、其金銀不能於本處用之、必帶至製造貿易暢旺之處、方能以金銀購換貨物、如墨西哥美國秘魯新舊金山等處、其人民每以開採金銀礦爲生業、亦以得金銀可

易貨物非欲徒得金銀也或謂英國常出多金採辦他國貨物數年後本國之金必至用盡倘各國相約不以金銀售英國英國將若之何云云初聞此言亦似近理然英國能振作商務年盛一年斷不有此意外之事且自設立新章準各國貨物進口以來國中金銀已增多倍通商之利可於英國驗之矣

第三百五十三節　由此觀之可見各國通商必以交易貨物爲大宗其用金銀交易者不過十分中一二分而已如西班牙僅一貧弱之國金銀本不甚多然國中人每不喜用金銀交易以其浪費多而有危險也

第三百五十四節　振作商務可使國中富饒此爲自然之理雖有他國嫉妒亦終無可阻撓英國自立新章準各國貨物運至本國出售以來商務日盛一日進口貨愈旺出口貨亦愈多故自垂定新章後四年內每年增加出口之貨値金錢八百萬元云

第三百五十五節　前言他國運至本國之貨俱有本國出口貨與之兌換仍於本國無害也或者又謂本國錢財仍於本國用之方於地方有益今準他國之貨在本國出售是以本國錢財予之他國矣殊不思我與他國通商本國所需之物皆可由他國運來而本國各色工人亦可專

心攻造不必多費經營兼辦所需之物矣故絲貨皮貨葡萄酒皆非英國之物亦可用本國之棉花布玻璃銅鐵等貨易之近年英國以製造爲生計者不下數百萬人日用所需大半係他國運來之物若不許他國之貨進口則此數百萬工人皆將飢寒隨之矣

第三百五十六節　他國進口之貨旣不禁止又不重徵則國中貧民亦有利益以運來之貨必能賤購也如西人所戴高帽以法國製者爲最佳其價亦比英國較廉英國帽每頂售銀錢八元法國止售銀錢五元如英國欲廻護本國製帽人於法人運帽進口時徵以重稅法人不能得

利必不肯運至英國出售英國人不得不購本國之帽每帽一頂即須多費銀錢三元或言此三元雖爲多費究用在本國其利不出本國之外余因駁之曰法人既不願運帽至英國出售必將運往他處售之他處人若以英國所織之棉布換帽則棉布之利亦未能全歸本國何獨售帽之利必歸製帽之人有耶余以爲本國所售之帽應令與法人同價如製帽人不肯同價則應令其歇業

第三百五十七節　由此觀之是購帽者每帽一頂必枉費銀錢三元而本國製帽之人又因工料昂貴所得之價無甚厚利且國中既設重徵之例禁止法人運帽進口則

各海關所用查驗偷漏丁役皆須由國人納貲招僱是製帽人所得之利甚少國人所失之利已不止數倍禁止他國之貨進口其害民有如是者

第三百五十八節　通商不可阻礙百貨皆然至民間食物尤宜聽其隨便販運如德俄波蘭等國所產五穀牲畜除國中食用外尚有剩餘即禁他國五穀牲畜進口亦無妨礙若英國近年人口漸多所產五穀漸不敷用前因國禁森嚴不能購諸他國故常有缺食之虞至一千八百四十六年始將舊禁革去任各國糧食隨時進口當時國人猶有加重徵稅之議以外來糧食徵以重稅其價必貴糧

價既貴、農人獲利必厚、而國中瘠土皆可逐漸開闢矣、

第三百五十九節　此事與前節、售帽之弊、情形略同、雖本國種植五穀、工本極大、萬不如購運他國之便宜、而爲地主者、終不欲國人販運他國五穀、嘗言本國麥價雖昂、而售主所得錢財、仍在國中使用、究與購用他國之麥、徒令他國獲利者有別云云、殊不知英國進口之五穀、必由出口之貨、互換而來、彼此俱有利益、查英國自開海禁以來、出口貨已增至多倍矣、

第三百六十節　五穀由他國購運、既比本國便宜、則國中每年採辦糧食之費、必能節省若干分、以爲購辦他項

之用如饅首一塊重四磅値銅錢十二枚若能設法減價每購一塊止須銅錢六枚其餘錢六枚可作購辦他物之用是以糧食價賤平人皆有利益與糧食價貴之有益於管地主人其利之大小固較然也故開闢本國磽地勉強種麥除工本外雖尚可以獲利終不如從麥價便宜處運來之有益於衆也

第三百六十一節　或謂進口貨多本國物價必賤工價亦必漸減似於國人無甚利益云云殊不知工價大小視乎工作之巧拙又視乎僱工人與工人多寡之比例於物價貴賤本無關涉也余於前章論之詳矣

第三百六十二節　譬如國中著名醫生每日能得金錢數十元大廠內總管汽機人每日得金錢一元有奇製造機器工人日得金錢四五元燒火夫日得銀錢二元所得薪工各人不同皆不能因糧食便宜便可減其工價蓋皆國中不可少之人其工價大小必不隨物價貴賤爲漲落也又如成衣匠其工價不但不因此而減且本國物價既賤皆有餘貲可以多購衣服成衣工價從此日增矣

第二十八章論錢法

第三百六十三節　國之有錢所以代貨物也以貨換貨每多不便之處故不能不造錢以代之

第三百六十四節　錢之欵式各處不同其平常通行者每以金類鑄之先由本處鑄錢局配定錢面記號字樣鑄就後請國家保其成色然後通用

第三百六十五節　錢之爲用取其簡便也既以錢爲公用之物凡百貨件皆可以錢易之即貿易中賒欠貨物亦必計以錢數以錢有一定價値也

第三百六十六節　古人交易無所謂錢也止能以貨物互相調換如牧牛羊者欲用他物則以牛羊易之厥後文教漸開始創錢法以爲通行之物其初尚無金類之錢止用小蛤殼類如貝以代錢後因貝不甚便用始以金類鑄

造近來東方各國猶有相沿用貝者

第三百六十七節　西國與用金類錢已閱數千年之久所鑄之錢有用銀銅鎳等料者或用鈔票以代錢者究以黃金爲大宗蓋各處所產黃金不多其價無甚漲落故各國通商皆以黃金爲通行之物云

第三百六十八節　各國所以重用黃金者以物小而價貴便於攜帶且其質堅靱不至銷磨遇各種藥料並水等俱不鏽壞其色光亮奪目他質不能攙雜混冒以之鎔化可以鑄成各様器物又可打成金葉或作首飾亦極美觀工藝化學內又能配合數種要需藥料其用處不能殫述

故國中金錢過多、可以鎔作別用、若金錢不敷通用、亦可收買民間金器鑄爲金錢、其中無甚糜費、

第三百六十九節　黄金所以貴重、能各國通行者、其故有二、一因黄金所產不多、非久用大工力者不能得、一則雖久用大工力得之、亦不能多、是以各國每年所產黄金必無暴增暴減之事、

第三百七十節　前言物價高低、視人工之巧拙而定、黄金較他物爲難求、其價亦視他物爲獨貴、今有人手攜金錢一囊、其積累之由、人不必盡知之、而所用工力必與金錢相稱無疑矣、間有數種貨物、以輕重而論價更貴於黄

金如時辰表擺上所用鋼簧其細如髮手工極大若以輕重論每細鋼簧一兩必值黃金數兩然此種貨物其價雖貴用處亦少非如黃金可以通用也如用處多而可以通行則如英國之北明翰失非特等處特設機器專造此種鋼簧一日內造成數百萬數千萬之多其價必陡落矣

第三百七十一節　用銀銅錢作小買賣最屬簡便然各處通用者總以金錢爲大宗其錢面字樣花樣第保其成色於錢之價值本不相關英國金錢一枚值銀錢二十枚銅錢二百四十枚若在阿比西尼亨軋里阿富汗等國兌換金錢亦與英國同價惟銀錢二十枚銅錢二百四十枚

倶不値金錢一枚、銀錢止値四分之三、銅錢則難得四分之一、只能以廢銅視之矣。

第三百七十二節　銀銅錢所値不多、止能作小買賣之用、不能通行他國、且所造之料、往往不能足色、如將銀錢二十枚鎔化之、取其銀料、不値金錢一枚、止能換四分之三、若將金錢鎔化、其價仍與等重之金料同、是以英國人每將黃金攜往他國、換銀帶回本國、還債每金錢百五十枚、所換之銀、帶回英國、値金錢三百枚、獲利極厚、故國家曾定律法、凡債戶欠金錢若干、止準還銀錢四十枚、其餘倶繳金錢、否則債主可以不收、如其債止金錢三枚、應令

還金錢、或鈔票、不准攢還銀錢、所以杜債戶之弊也、

第二十九章論鈔票

第三百七十三節　前章言非用大工力者不能得金銀、以所產不多也、譬如英國土地多產金銀則國中開採煤鐵及製造各種工藝人、皆將舍其本業而開金銀礦矣、現在英國所有金錢、不下七千餘萬元、大半先由工藝內造成之貨物、調換而來也、近年新舊金山出金雖多、然自商務寖興、貿易亦日盛一日、故金價仍與前同、

第三百七十四節　近人有想出簡便之法、能用不值錢材料作爲金銀之用、自己既能獲利、人亦用之極便者、如

鈔票是也。法將紙片印成字樣，每張註定金銀錢若干，由用票之行家發出，有此票者，隨時可向行中支取現錢。其票輕便易於攜帶，即有遺失，亦可將票中所載號數報明行家，或於新聞紙上登一告白，言明遺失情由，將票作爲廢紙，而本人仍可向行家取錢。用錢之法，莫便於此。所可慮者，惟恐不肖之徒，混用假票，一時難辨眞僞，或銀行猝然倒閉，致鈔票無從取錢，不能不先事預防耳。

第三百七十五節　銀行所用鈔票，全以信實爲主。若衆人不信其票，便不值錢。嘗見開設銀行者，貲本饒裕，所有產業，値金錢三萬元，所發鈔票，止有金錢二萬元，並非架空用票希圖取利者可比然衆人既起疑心行主縱有實在產業亦不暇問均同時持票向該行取錢該銀行雖有產業一時不能售出現錢收回鈔票是以因此倒閉其執有該行鈔票者一時情急每將鈔票賤價轉售於人或減原價之半或止取原價十分之一其虧折誠不少矣

第三百七十六節　銀行被取錢人一時鬨倒亦西國常有之事西人謂之跑銀行言執有鈔票人皆要跑至銀行取錢也銀行遇有此事必至登時倒閉因行內不能多存現錢若發出鈔票必須照數於行內備存現錢則行家無利可取矣前者英國家所開銀行屢次遇此難處當一千

七百九十七年、英國與法人交戰、所用軍餉甚鉅、國庫難免空虛、英之百姓、恐國爲法人所破、倫敦城亦難保守、欲將貲財運往鄉間藏匿、是以咸持鈔票、向國家銀行取錢、是日爲禮拜六、行家於夜中結算本禮拜內收付帳目、始知行內所存現錢、大形短缺、蓋向來現存金錢、以一千萬元、爲最少之限、而本日所存、止有現金錢一百五十萬元、恐下禮拜一開門後、必有跑行之事、所存金錢不敷應付、必至倒閉、故國家當即頒發諭旨、準該銀行暫行停止給發現錢、此事爲難之處、詳述於後、

第三百七十七節　用鈔票第一危險、是銀行家貲本不

足如銀行貲本有金錢十萬元所發鈔票止金錢二萬元其票方實在可靠若貲本止値所發鈔票之半其票必至減價矣或銀行貲本充裕歷年並未虧空而衆人誤疑空虛亦有猝然跑行之事雖其後該銀行將應發鈔票之錢陸續清付而用票之人已虧折不少矣蓋有狡詐之徒往往故造謠言謂某銀行虧累甚多不久即將倒閉衆人受其愚弄必將該銀行發出之票減價售去狡詐者即可賤買其票從中射利此亦國中常有之事也

第三百七十八節　銀行所發金銀鈔票若爲數過多其票價亦必減落凡國中所用金銀錢必與商務買賣租貸

應需之數相配方無壅滯之弊如英國商務暢旺所需錢票亦多若瑞士國商務不甚暢旺所需錢票亦少其錢數彼此相配故國中買賣賒貸等項俱能如數清付若錢票多於應需之數票債必至減落此自然之理也

第三百七十九節　國中金銀錢過多之弊大半在於鈔票若金銀現錢不至有過多之事因現錢過多旣屯滯不能取利且其錢用過數年必至銷磨輕分不能不將舊錢鎔鑄新錢其中糜費頗大故國中不肯多儲現錢

第三百八十節　用現錢旣有許多弊病故銀行家每喜多用鈔票彼此均極利便譬如農家貲本不足所種田地

不能多獲利益欲向銀行家借金錢五百元以爲添購農器並一切種植應需物料若銀行不用鈔票必須借以現金錢則必詳細察勘田中之事是否眞能得利如其事不甚可信必不肯遽假以金錢

第三百八十一節　銀行家因有鈔票可用故農家來借金錢五百元亦不難如數給予因所發鈔票不必即付現金錢也倘農家借得金錢後穡事豐收必加息歸還銀行自可獲利所慮者借出鈔票既多十人之中難免有數人將所借欵任意揮霍拖欠既久非特不能還利連本錢亦難措繳是以銀行所用鈔票過多殊非實在交易之道日

久鈔票壅滯必至無人肯用也

第三百八十二節　鈔票過多必有減價之弊蓋鈔票所值之價即衆人貿易內需用之金銀錢假如一城之內貿易止需金錢一百五十萬元而銀行發出鈔票竟有二百萬元之多則銀行家產業雖足有二百萬元而鈔票亦止值金錢一百五十萬元因本城貿易需用之錢止有此數也所以每金錢一元之鈔票四張止值實在金錢三元

第三百八十三節　前言一千七百九十七年英廷特發諭旨準國家所開銀行不以現錢付給所發之鈔票嘗於公議院查究此事情形方知該銀行產業甚多除去所發

鈔票外、尚有剩餘、但一時不能將產業變價、故國家不得不爲權宜之計、諭令該行所發鈔票、在國內一律通用、民間以此鈔票還債、債主亦不能不收、如有持票向該行取現錢者、應否給發、亦聽該行家自便、此令一出、國中鈔票日形壅滯、前以加值購票者、至此不值四分之三矣

第三百八十四節　國中所用鈔票、行情如有漲落、則交易借貸各事、皆不能公平、如借錢與還債、鈔票時價不等、債主欠戶必有一人吃虧、假如於一千八百年、借得鈔票金錢一百元、其時票價劃一、無論本國他國、俱能照數換錢、後因十二年內、每年所發鈔票過多、票價減至四分之

一每鈔票金錢一百元止値實金錢七十五元若以此時鈔票還十二年以前借欵則金錢百元欠戶便宜二十五元債主已虧折二十五元至一千八百二十年國家始將此例裁革諭令銀行仍照七百九十七年以前之例照票給發現錢鈔票之價至此仍歸劃一而國人交易之弊又適與前相反即如於一千八百十二年借鈔票金錢一百元其時市價止値金錢七十五元若於一千八百二十二年歸還則鈔票金錢一百元即爲實在金錢之數故債主便宜二十五元欠戶必虧折二十五元可見交易之道務在持平不能前後混亂至國人皆受其害也

第三百八十五節　論各國錢法言人人殊有謂當以金爲主者有謂當以銀爲主者或又謂金銀皆非便用之物欲求簡便而無銷磨自當以鈔票爲主若能以下節所言善法預防鈔票之弊則鈔票雖屬片紙其穩妥不減於金銀特恐銀行貪圖利息輕易以鈔票借人遂致發票漸多票價漸減國人因視鈔票爲畏途焉

第三百八十六節　西國用鈔票之法以蘇格蘭爲最善票之小者每張止金錢一元攜帶極爲簡便非如英國鈔票以金錢五元爲最少之數出門時仍須攜帶現錢也或者謂其法雖便止宜於蘇格蘭行之以其國人民無多彼

此認識故能全用鈔票若英美等國土宇較大便不相宜

第三百八十七節　查蘇格蘭律法凡銀行欲發鈔票必先將本行所有產業呈報國家作押請核計實價方可照數發票故行中底蘊通國皆知永無跑行之事如各銀行中有貪圖利息多發鈔票者一經同業察出便可知照衆人俾買票者不受其害各行互相收用之票每三日對換一次如甲行收乙行鈔票金錢一千五百元乙行止收甲行鈔票金錢一千元除以票換票外乙行應找甲行現金錢五百元或找以英國家銀行鈔票金錢五百元各行照此清算所發鈔票自無過多之弊亦互相糾察之法也

第三百八十八節　英國家以銀行呈押之產業、不足憑信、因於一千八百四十四年、特擬一管理本國銀行之例、次年、又定一管理蘇格蘭銀行之例、令各銀行應照所發鈔票數目、存儲實在金錢、除已發用鈔票者仍準照舊用票外、其有新開銀行、均不準仿用鈔票、無論其銀行爲國家所開、爲股商所開、發用鈔票、俱有一定限制、倘於限外多用鈔票若干、須於行內另存實金錢若干、以備淸付票欵、而所踰之數、不得過本國商務應需用票之數、此例頒行後、凡銀行發鈔票金錢一元、必現存金錢一元、或銀錢二十元、備隨時見票付欵、不能如從前之任意發票矣、

第三百八十九節　銀行所發者鈔票外另有數種票如向銀行存銀之人可請給一期票按期取銀或由本處銀行給票向他處分行取銀者蓋鈔票長在外邊通用此兩種票不過暫時憑信而已通用鈔票已較現錢爲便金銀錢形模相等眞贋易淆鈔票則每張各有記號遇有遺失亦可將號數報明本銀行請其停付票欵恐拾得鈔票之人即向本銀行或他銀行先將票錢取去其失主無從追究故近來各西國另用一種穩妥法如欲攜貲往他處遊覽先向本處銀行存銀若干請該行給發一信知照他處銀行必本人親自投信方可付錢即中國所謂匯票也如

由英京倫敦銀行出一匯票、準給金錢百元、遊覽之人、可先往法都巴黎銀行取金錢二十元、由該銀行於票上註明給錢之數、再往德都柏林取金錢二十元、又往美國紐約取金錢二十元、如此陸續取錢、以收足金錢百元爲止、其各處所付之錢、俱由倫敦銀行歸還、誠極便之法也

第三十章論開設銀行

第三百九十節　上章所論用鈔票、並各種銀票、收付錢欵之事、俱於銀行大有關係、而開設銀行一項、亦與書中本旨相關、不能不別爲一章、特申論說、夫銀行之設、所以濬一國財源也、國中多設銀行、錢財長能流通、自不至屯

積壅滯以有用之財置諸無用之地譬如甲乙兩人甲有本錢無事可做乙欲作事而無貲本則銀行家可將甲所存錢借與乙令爲貿易工藝之事乙既可以生財甲亦可以得利誠兩便之舉也即乙未歸還之前甲欲收回存款該銀行可將他項撥還不至誤甲之事因銀行中存借之款甚多必能將存借相稱之數預先核算也

第三百九十一節　銀行推算出入相配之數可舉一事以證之假如有一鄉鎮居民止有五十人各人養馬一匹後因用度過費詳細推算五十人中止須用馬十匹議將馬售去四十匹止留十匹以爲一鎮公用各人既可用馬

又能節省費用、誠至便之事也、或有爲之慮者、謂五十人如同時俱要用馬、或同時用馬者有二十五人、必有若干人不得馬、其法未能稱便、不知既將五十人用馬之數詳細核準、則平時止須十匹者、必無猝然用二十匹或五十匹之事、近來西國各大城鎮皆有馬房、養馬出租、養馬之數、亦與用馬之人數相配、每用馬者十人、配馬一匹、其用馬較多之處、每用馬者五人、配馬一匹、自能足用

第三百九十二節　查英國與蘇格蘭、其初無所謂銀行也、祇有金匠店代人存放金銀、以店中貨物俱極貴重、且房屋堅固、積儲財物、較爲穩妥、故多有金錢之人、每喜送

至店中託其存放其缺貲本者往往將金銀首飾等物向該店抵押現銀店中取其利息從此遂生出兩種生意小者爲典押等鋪大者即爲銀行

第三百九十三節　商人所有現銀若能得穩妥行家存放是爲極便之事如倫敦之富商貲財大半存於銀行生發利息行家又將所存之銀轉借他人從中取利故開設銀行者往往致富也

第三百九十四節　如商人於銀行存銀多至金錢五六萬元遇有急需必須隨時照數付還者行中例不給利其存數少者方有利錢蘇格蘭銀行章程存入之銀在十元

以上者、按年起息、每百元出利錢二元至三元不等、俱照當日銀價計算、借出之銀、按年取利四分至五分、雖銀行獲利甚厚、存銀之人、得利甚輕、然所存之銀、究比他項穩妥、如以貲本合股開設各種公司、其股分雖可獲厚利、終非歷久可靠事也、

第三百九十五節　銀行獲利之法有二、一代人存放大宗之銀、可以不出利息、其存數少者、又可轉借他人、從中抽取利息若干分、一遇限期之票、其人先期來取銀錢者、可折扣付銀、又如發出鈔票、遇有遺失焚毀沈水等事、用票人不記號數、皆不能向行家取錢、此銀行家利益也

第三百九十六節　銀行之設於貿易最便故本處有銀行則貿易中收付之錢大半由銀行代辦如還債者欲付債主金錢數十元或數百元可開一銀單請銀行代付近來交易其數至金錢千元以上者幾無本人自付現錢及公用鈔票事觀銀行收付銀項之多寡即可知生意之盛衰如行中生意清淡銀根不旺行主必喜代存不喜出借即肯借銀利息必重故有向行中商借銀項或將期票預支現銀者一見行主之面生意之虛實顯然呈露矣

第三百九十七節　銀行操地方利權能令本處商務興旺亦能令商務生出弊病如行主擇人交易必遇勤謹貿

易人方準借銀有夸誕空虛作爲無益之事者一概不借使人無可妄爲則地方商務自能漸漸興起若一味貪圖利息不問其人之誠僞作事之虛實貿然假之以銀則其人所行之事必有害於衆人該行家亦必受累所以銀行一業於地方關係甚大非小心謹慎人斷不能作此行業也近來各西國辦理銀行之法一年穩於一年人既稱便而各行家倒閉之事亦比往時少矣

第三十一章論賒借

第三百九十八節　今有以錢物貸人者不必將產業作押止取信於何時歸還之言或取信於所書憑據則謂之

賒亦謂之借以錢賒借於人者爲債主向人賒借者爲債戶此常有之事也賒借之大者其中關係亦非淺鮮矣

第三百九十九節　借錢賒貨之事若能按期歸還絕無拖欠則爲貿易中最便之法蓋國中所用金銀銅等錢俱不免有銷磨之費若能以賒借爲交易則彼此來往均可不用現錢假如有甲乙兩商人甲買乙茶葉值金錢五百元乙買甲荳麥值金錢四百元其後甲又向乙購糖值金錢一百元乙亦向甲購麪值金錢二百元彼此俱係賒帳每至禮拜六或月底結帳兩家收付之貨價既相等則兩家皆可不用現錢

第四百節　商務中有數種大能獲利之貿易若非賒借之法不能成功譬如阿非利加商人見本處象牙甚多若運往英國必能暢銷獲利苦無貲本購辦祗得以畫餅視之後貨主信其誠篤願以象牙賒與該商議立憑據俟銷貨後再行繳價該商將象牙運至英國口岸賒與該處商人亦令出據按時交價該英商又運入內地零賣與象牙作之匠人收其現錢歸還阿非利加商人該商人亦可歸還貨主是貨主既易脫銷存貨而經手二商人並象牙作匠人俱可於中獲利若非賒貸之法安有此利便耶

第四百一節　賒貸之便於貿易夫人知之矣然其弊有

不可不預防者如阿非利加商人以象牙賒與英商該英商將象牙運入內地設途中有遺失等情則英商不能將價銀歸還阿非利加商人該商人亦不能歸還貨主若貨主產業無多必因此倒行矣

第四百二節　以錢物賒借商人難免有意外不測事若債戶非貿易中人其事尤爲可慮蓋商人不過因目前貲本不足不得不向貨主暫時賒欠一經售出貨物便可按時歸還若非貿易人則節年所得薪俸等項俱有一定數目前此既形匱乏嗣後難必盈餘倘銀行家並各店家借以現銀或賒以貨物必至拖延時日債項漸積漸多欲其

如數清還、不可得矣、

第四百三節　凡債戶積欠既多、所有產業、不足清還債欵、則謂之倒帳、按英國律法、凡遇債戶倒帳、由地方官派人、將產業概行變賣、以其價按債攤還、如變賣之價、足還各債之半、即以五折攤分、辦理倒帳之案、有商人與非商人之別、如係誠實商人、實因貿易不利、致虧折倒帳者、將產業攤還債主後、仍準另作貿易、各債主不得再索前債、若所欠之欵、並非貿易虧空、爲因任意浪費、以至倒帳者、必令其人將各債如數清還、否則科以應得之罪、

第四百四節　西國賒借銀項、並各種貨物、均須由債戶

寫立還銀憑票交與債主收執、其式如下、

一千八百七十五年九月初一日收得金錢一百元面議

準過六十日歸還至期送交

英國家銀行倫敦司米德收或所匯之人　押　金錢一百元

立票人黨辰　押

由律法部黨辰商人付出

第四百五節　右係西國還銀憑票式、票中司米德爲債主、黨辰爲債戶、簽押後、便當按期清還、不得別生異議、

第四百六節　此種還銀票、既經債戶具名畫押債主收之、可作銀票之用、轉付他人、如司米德次辛蒲生之銀可

將黨辰所繳之票、於背面具名簽押、付與辛蒲生、作爲現銀、俟滿期之日、由辛蒲生向黨辰收銀、倘黨辰不肯付銀、仍由司米德如數清付

第四百七節　如辛蒲生收司米德還銀票後、遇有急需、其票尚未滿期、不能向黨辰收用、可於票之背面添具己名、如法簽押、以票轉付他人、或兌換現錢、或抵作債項、俟期滿之日、由執票人向黨辰收錢、若黨辰不肯交付、仍可向辛蒲生與司米德收之、或將票向銀行兌換現錢、準其折扣若干、其票錢俟期滿後、即由該銀行向黨辰收取

第四百八節　票期滿日、如黨辰能照數付出金錢、則各

家俱有利益特恐黨辰虧空在先借此金錢本爲償還舊債之用既經歸還他債此票期滿必難措款清還執票者不能得錢必轉索於辛蒲生辛蒲生必轉索於司米德由是彼此轇轕諸人皆爲黨辰所累矣

第四百九節　司米德所用之票實係以金錢借與黨辰由黨辰出票爲據故票中所載歸還日期並具名簽押皆爲實在事間有巧詐之徒並無銀項借人亦假造此種還銀票揑名簽押作現銀轉付他人者西人以其取利甚便因名之曰便票故貿易中人遇有用還銀票者必辨之又辨恐爲便票所混也

第四百十節　以上所言之票止能於本處通用另有一種各處通行之票本國與他國皆可彼此發行令其付銀因路途遥遠其票或有遺失等情故每票一張另有同式副票二張第一張當即發去第二張隨後續發第三張由本人收存俟接有前二張收到之信則將第三張作爲廢紙如第一張已經付銀則第二第三均作廢紙若第一張遺失則憑第二張付銀第一第三均作廢紙第一第二并遺失則憑第三張付銀其第一第二均作廢紙

第四百十一節　今有紐約商人收買英國布商洋布值金錢一千元若將現金錢送往英國交付途中恐有遺失

不能不出保險之費且欲於紐約收英金錢一千元更非易事不能不用匯票之法後探知本處有一棉花商人已將棉花發往英國其價尚未收回因將此金錢一千元向棉花商人買一匯票遞交英國布商一面由紐約棉花商人函知英國收棉花人見票付錢是以英國布商收到此票即可向該處收棉花人取金錢一千元英美地隔重洋一有匯票通行便可就近收付誠貿易中至便事也

第四百十二節　匯票行情亦有漲落如本處匯出之銀少匯入之銀多票價必落若出多入少票價必升嘗有金錢一千元之票須出金錢一千零五元購之者惟漲價亦

有節限若所升之數過於水脚保險各費之數人將舍匯票而用現錢矣

第四百十三節　各國匯票行情時有漲落如兩國匯銀之數相等或兩國往來貨物價值相等則匯票之行情必平故由美國匯至英國之票市價昂貴則知英貨之往美國者必多於美貨之往英國如美國匯至英國之票市價減落則知美貨之往英國者必多於英貨之往美國此必然之理也

第四百十四節　匯票之法通行則各國貿易皆可以出口貨賒出之債對付進口貨賒入之債不必多用現錢可

保銀行令其人出一借票訂期歸還先照票中所載銀數折扣若干作爲利息如至期本人不能還出即當由保人代償英國並蘇格蘭銀行俱有此法

第四百十八節　賒借之法行則還債用款俱可不用現錢其有銀項存放銀行之人如欲出借即可寫一銀票交與債戶令其自往銀行取銀倘欲往別國遊覽亦可請代存銀項之銀行發一照會銀票帶往別國即可向該處銀行取銀用銀之法莫便於此矣

佐治芻言篇終

天則百話

欽命二品頂戴江南分巡蘇松太兵備道袁　爲
給示諭禁事本年二月十二日接
英總領事霍　來函以香港人馮鏡如在上海開設廣智書局繙譯西書刊印出售請出禁示止翻
刻印售並行縣廨一體示禁附具切結聲明局中刊刻各書均係自譯之本等情函致到道除分行
縣委隨時查禁外合亟出示諭禁　爲此示仰書賈人等一體遵照毋得任意翻印漁利倘有前項
情弊定行提究不貸其各凜遵毋違切切特示
光緒二十八年　三月　初二　日示

欽加三品銜賞戴花翎在任候選道特授江蘇上海縣正堂汪　爲
出示諭禁事奉
道憲　札接
英總領事霍　來函以香港人馮鏡如在上海開設廣智書局繙譯新書刊印出售請給示禁止翻
刻印售並行縣廨一體示禁等由到道札縣示禁等因到縣奉此合行出示諭禁　爲此示仰書業
人等知悉嗣後不准將廣智書局刊印各種新書翻刻出售如敢故違定干查究其各凜遵切切特
示
光緒二十八年　三月　十七　日示

日本加藤弘之述

天則百話

廣智書局印

天則百話小引

是編乃加藤博士隨意揭載於『太陽』誌者。故不成一家言。然其於國家主義。未嘗不三致意焉。居國際競爭最盛時代。凡有國者。苟欲自存自立於地球。非全國人知有國家不可。全國人知有國家。均犧牲其一身一家之私利。謀國家之公益則國强。全國人不知有國家。均放棄其國民之責任則國必亡。大矣哉進化學家之言曰。人類由下等動物。經自然淘汰之作用。始漸進於最高等（即人）然則國家之由野蠻進文明。亦必不能免於淘汰也明已。吾人今日試縱覽萬國之興亡。其綿延於世界者有幾。而聲銷影滅。徒供歷史之材料者。實指不勝屈。嗚呼優勝劣敗。眞無可逃哉。而進步之段階。亦復不能躐等。故世界主義。（即天下一家之意）或盛行於千百年後。二十世紀。則國家主義之大舞臺也。同處一領土之中。即同對於國家有應盡之義務。吾人既相率登此舞臺。將演如何之美劇。脫野蠻舊態。自儕於文明之列乎。自然淘汰之外。更繼以人爲淘汰。是則吾國民不可不

刻自奮勵者也。光緒二十有八年孟冬涇陽吳建常識於申江

天則百話目次

天則百話目次終

天則百話

日本　文學博士加藤弘之述
中國　吳建常仲旗氏譯

第一　實學空理之辨

世之論學科者。恒以於實業有多少直接之効益者。稱爲實學。反是則斥之。其言曰。土木。機械。製造。採鑛。電氣。造家等之諸工學。應用之科學也。物理與化學。亦純正的科學。而諸種應用學之基礎也。稱爲實學。誰曰不宜。若哲學。心理社會等學。專主理論。毋乃太空。而抑知不然。夫學科之眞僞虛實。即以其所研究之學理之眞僞虛實而定。於實業有直接之效益與否不與焉。理化及諸工學。固爲實學矣。哲學。心理社會等學。決不可謂其眞空。蓋是等學科。屬於無形。發見眞理。甚非易易。故驟從表面觀之。未有不疑其空疎者。而未審其有多少眞理。存於其中吾人今日。以科學的方法。研究其旨趣。從可知妄立實學空理之別者。其所見爲甚淺也。然論者之持此說。亦自有故。貴重實業之甚。故凡於實業無直接之効益者。均目爲無用之長物。而不知此空理論之學科。其直接於社會之大效益。亦正不少。似空而實不空也。凡欲由野蠻進文明。是等學科。實不可缺之要素。社會之開化。決非單恃有形的。有形與無形相俟。而後可進於眞文明。徵之歐洲。當恍然悟已。

第一　研究史學之心得

研究史學之心得。雖甚繁多。而其最先最要者。可一言以蔽之。曰。務得事實之眞而已。苟事實失眞。則一切均無足取。敢斷言也。然欲得事實之眞。須用種種之方法。處今日學問世界。必研究人類學。人種學。古器物學。博言學等。固不待言。而古代之口碑。習慣。風俗。及文書。亦不可不採集其材料。若哲學。科學。論理諸學。尤當假其助力者也。然採集事實。實爲第一要事。

雖然。所謂史學者。非僅涉獵古史之謂。若然。則可稱爲讀史者。而不足稱爲史學。曩者文學博士。重野安繹。同星野恆。及久米邦武之編纂國史也。知古史之不足信。乃調查地方社寺。及故家保存之古文書等。并隨時周行各處。從事探稽。其結果發見古史之失實者不少。如太平記之專阿諛南朝。而大日本史反一切據之。其不足傳信於世。從可知矣。於是兒島高德之事迹。及楠公父子櫻井驛之訣別。均不可不求諸太平記之外。而是等論述。反爲世詬病。遂羣詆重野博士爲抹殺博士。甚至極口罵詈。不亦傎乎。夫博士等之實行研究。其毫無遺憾與否。雖不敢知。而其不妄信古史。悟調查之不可缺。則余所深佩者也。知古史之不足信。多方探尋。以確證其誤謬。實史學者之本分也。故欲批評博士等之史論。可歷舉其研究所未盡者。以爲鐵案。是亦史學上所應有事。若僅墨守古說。妄肆譏評。則直不知史學爲何物而已。

第三　因果問題與三陸海嘯

余初好談因果。然以明治廿九年六月十五日之三陸海嘯言之。善惡報應之妄說。有可以證明者焉。三世因果之主義。必謂前世造善惡因者。今世有善惡果。今世造善惡因者。未來有善惡果報應之理。決不能免。若然。則三陸海嘯之罹災者。必前世犯惡業者也。主張因果之人。諒亦深信而不疑。然試思三陸海邊數十里之町村。悉犯前世之惡業。有是理乎。爲是說者。可謂荒誕無稽之極矣。夫妄立一絕無證據之說。以辱罹災之人。亦失禮之甚也。妄語爲佛法十戒之一。而躬自犯之。誠可慨已。

以眞誠之學理。觀察宇宙。天地自然。無所謂善惡。亦無所謂邪正。善惡邪正者。生於人世社會者也。社會之道德若法律。善惡之標準也。故吾人爲善爲惡。皆受道德法律之賞罰。而天地自然。絕不干涉。吾人於現世所受之禍福幸不幸。由於人人行爲之勤勉不勤勉者固多。而出於自然之現象者。亦正不少。即俗所謂運命。亦人力無可如何者也。如六月十五日之海嘯。是一例也。

又對於此海嘯。基督教徒。有如何之思想乎。余見某雜誌有『基督教與海嘯』一篇。其論文爲有名神學者細爾賴爾氏所著。意謂神何故降此至悲極慘之災害乎。非吾人所敢知也。唯吾人鑑此災害。益歸依眞正宗敎。卽基督敎。起敬愛唯一眞神之心。不怖妄死而確信未來永刧之生命云云。如此旨意。余輩更無從索解。

第四　雜婚之弊害

與異種人雜婚之利害問嘗論之。蓋優等人種。與劣等人種雜婚。則劣種可進於優。此邦人所深信也。故主張與歐人雜婚者不少。然余察歐洲雜婚之學說。及各學者所論種種利害。迄難得其要領。總之二種雜婚。其必得良結果與否。今日尚不能判定也。

余茲之所欲言者。非優劣互化之問題。乃日本人與歐人雜婚。其結果至令子女失其本來性行。爲可慮也。換言之。雜婚之利害。其影響於個人者小。而影響於國家者爲甚大也。從來雜婚。多以歐洲之男與日本所謂羅紗緜之賤妾。交相締結。其具對等之資格者絕少。所生之子女。不能具日本人之性行。姑置勿論。若少數對等之正婚。東男西女。亦間有之。然既入日本民籍。所生子女。決不可不使其具日本人之性行。則無可疑也。乃從來爲正婚者。以家庭教育專賴母儀之故。第一如言語。則入主而出奴。此外衣食居處萬般事業。均沾染歐風。其夫既習焉不察。故於其妻之所爲。不惟不怪。且時鳴其得意。今日者雜婚之事尚少。雖不敢謂於國家有如何之害。而內地雜居之事成。雜婚必隨之而增。不良之子女。日漸加多。則國家之憂。未有艾也。縱令是等子女長成之後。受完全之教育於學校。然宅其中者。既先有物。欲使其爲眞心愛國之日本人。恐不敢必也。然則雜婚之爲害。豈不大可寒心乎。

第五　再論海嘯

余於第三話之末。細爾賴爾氏之論。置而不議。而是年七月所刋行之日本宗教之社說。亦有論海嘯者。試摘載其大意。并批評如左。

天氣非常則自責。疾風迅雷則正襟。斯非寅畏者之覺悟乎。然世之講理學者。不知此理。妄以理學的眼光。評論天災地妖。亦隘矣哉。夫天地間之現象。有理學之理由。有化學之理由。有生理。心理。社會等學之理由。更有超自然的幽冥的之理由。而現象之起也。因緣果報。甚爲複雜。雖有理學的旨義。而道德宗教的旨意。亦存乎其中。故其現象爲理學的事態者。其理由亦單域於理學中。而未可以概夫天地之大。況天災地妖之影響。決不僅爲理學的事件。人命多亡。世運可傷之時。必一一委於理學之辨。非野蠻之行爲乎。新日本之短日月。天災地妖薦至。上帝之示教。何爲而然。苟能悟此旨義。而受其教訓。則可謂善體天心矣。

是眞不可思議之說也。論者謂天地間之現象。有理學化學生理心理等。固也。至謂有超自然的幽冥的。則荒誕無稽已。夫三陸海嘯。單屬理學的變異。毫不帶生理心理社會等諸性質。況所謂超自然的幽冥的者乎。乃論者以此比諸亞時之大洪水。并謂上帝降罰。宜如何警戒。眞可異矣。論者之理想。純然野蠻的理想。蓋將以地震。洪水。飢饉。及日月食等。皆屬天譴而畏之。至欲受其教訓。則益堪駭怪。地震洪水等現象。其原因毫與人事無關。且并不關於人事以上。吾人雖欲受上帝之敎。又烏從而受之哉。

第六　進化學之於哲學及其影響

希臘二千年以來。偉大之哲學家。雖甚不少。然均以人類爲特種之靈物。與本來動物。迥異其源。不第不知人類之祖自動物界出。而人類與動物之身心。多同一之點。亦所未注意。至於今日。研究野蠻未開之人民。不知以人類動物之別爲比例。其研究之材料。僅取資於開明之人。以故雖卓見碩學之士。發言恆不能無所蔽。或信天神。或說聖書。如霍布斯氏斯彎諾軋氏及拉意普尼志茲氏等。而其他之諸大家類此者尚多。然自近世康德氏拉瑪爾枯氏稍開進化之端。而此主義。遂漸發達。再經達爾文氏之刻苦研究進化之原因及作用。益大彰明種之起源。(on the oligin of species)之大著述刊行僅三十餘年。而進化之理。已駸駸侵入哲學領域。破壞古來之迷見。使哲學界壁壘一新。換言之不啻發見有形體之進化。而無形體卽心神若社會上亦頓悟其理。就兩者之現象。無論未開人民與開明人民之關係。必以人類與動物之關係。比較研究。由是次第探尋。從前信人類爲一種靈物之哲理。亦自不能存立矣。第此心神上若社會上之進化之現象。不如有形體之進化之詳明。不待言也。

近來依進化主義以爲哲論者漸盛。諸家著述中。如赫愷爾博士雖非哲學家而能講新哲理。凡夫萬物歸於一源。及物與心惟一不離。卽主張一元論者。多能舉向之二元論而明證其非。且說明物心之現象。必爲機械的作用。今後之哲學。必爲機械的哲學(Mechanical philophy)不可不知也。以余觀之。西歷二十世紀之後半。卽今後五六十年間。機械的哲學。必壓倒諸派之哲學無可疑也。

第七　基督教之禁拜偶像缺

是篇論日人之奉基教者雖不拜偶像不可不拜天皇之聖影與吾國無關故從缺如譯者注

第八　可鼓舞富豪紳士之宗教心

余貧人也。無富豪社會之交際。所識富豪中人亦甚少。故不能悉該社會之情。據所傳聞則該社會中教育學問宗教等心極難發達。殆無高尚之知識及德行。惟於發財一面其技倆差勝人耳。往往十數年間積貲數十萬或百萬以上不等。然此拜金之紳士。其志操品行頗爲醜陋。實下流之人物不足畏敬者也。以不足畏敬之人。一旦弄社會之金權。遂儼然受社會之畏敬。亦可怪已。而西洋各國之富豪則異是。凡巨萬之富翁。必受多少教育。有學問兼有宗教心。且其志操則優美而高尚。其品行則方正而嚴肅。而尤有一種特別行爲。足令吾人景仰者。則能謀社會之公益是也。

東西金持社會之徑庭如此。其原因果何在乎。以余所見。吾邦下流之人物。俄爲富豪紳士而播弄金權者。皆遭遇社會之變體。僥倖以成功者也。維新以來。社會萬般之事業。大受變動。風潮所及。今猶未息。加以新德義未能暢行。而從前之德義。蕩然掃地。因而社會之制裁力頗形衰弱。小有才之鄙夫。遂得達其牟利之志。西洋各國。非無大變動。而社會不失其常。故下流紳士不能得意。明理之富人。爲甚多也。

余今之所希望者。欲鼓舞紳士之宗教心。而漸導其志操於高尚。余之不信宗教。嘗著爲論。世所熟知。然斯言也。爲高尚之學問社會言之。非爲俗社會言之者。欲爲賤劣紳士說法。宗教心甚爲有益。以此輩於高尚學界。終無可望。導以宗教。或易爲力。且此輩抱持宗教心。不惟於此輩有益。而利於全社會者。亦正不少。但欲使之從何等宗教。則又非可執一論也。余嘗比較佛基二教之說。基優於佛。固不待論。而以今日教化之實際徵之。佛亦斷不及基。且佛教於男女間之品行。實覺冷淡。雖其出世間戒律頗嚴。而對於世間。則甚寬大。淨土眞宗之法主。且蓄數妾犯邪淫而不諱。假令以此導人。不僅男女無別之弊。不能救正。恐舍私利以增進公益之志。將束縛而不能奮興。此則佛教之對於基督教而不能不多讓者也。故余欲利用基教。鼓舞紳士等之宗教心。使其志操。漸趨高尚。并矯正男女間之品行。基教諸君。感化是等紳士。有良策否。

第九　中小學之修身科

中小學之諸學科中。教授修身。無甚困難。苟立足教育社會者。所熟知也。然理化諸學。專主智育。教員以己之所學。授諸生徒。使徐悟其理解可也。惟修身一科。非智育而德育。僅明理解。未爲有益。必不可不勵其實修。近來所編纂之修身書。雖經文部省檢定。而迄不足招學人之信用。且擔任是科之教員。德望亦不足見重於生徒。是以日常所授。僅解文意而止。修身之本意。終無當焉。得不謂之困難乎哉。

以此之故。中學及師範學等。恒有以論孟學庸爲教科書者。是書記聖賢之言說。雖大得生徒之尊信。然一衡諸今日之世界。其不適當者實多。且是等教科書。非淺夫所素諳。必得老成漢學先生而後可。而老成漢學先生。復不知今日之時勢。惟以其昔年所習者。尋章摘句。自愚愚人。絕無教授之精神。又奚可哉。加之五十六十之老先生。概執守舊主義。往往以反對新學問爲得意。故恆遭生徒所輕蔑。

其所謂舊學遠背論孟學庸之旨。尙不知幾千萬里乎。夫論孟學庸之所說。多治國平天下之經綸。以此授諸中學及師範學之青年生徒。殆不知所學何事。而論孟學庸之本非教科書。更無論矣。顧或者謂論孟學庸。所包甚廣。治平之事。雖難驟及。而凡關於修身齊家之事項。可選擇出之以爲教授。然試思是等選擇。豈惟前述之老先生。不能勝任。恐粗知學理之士。亦正未易言也。

修身科之困難。如是其多。故余謂今日學校之教授。宜略定其大綱。以東西古今歷史之美事善行。臚列其間。縱令爲教員者。未能十分得當。而此等美事善行。已歷歷感化生徒之腦筋。蓋教授之事。講述道理。不如指陳實事之收效多也。中小學師範學教授之方法。雖各不同。而指陳實事。未有不應用咸宜者也。

第十　獸面人心

人面獸心之反對。爲獸面人心。夫人面獸心云者。貶稱暴惡獰猛之人。蔑視道德。破壞倫常。與禽獸同一類也。然吾人姑置身人世以外。虛心平氣。觀察萬彙。覺生物界中。暴惡獰猛。未有如吾人之甚者也。至於他之動物。雖兇如虎狼。較諸吾人。尙多温厚。何則、虎狼之知識未開。其利己行爲。全歸天性。人則更有種種人爲以增益之。今試比較吾人與獸類利己之行爲。譬諸虎狼及他獸類。或同類相食。或異類相殘。不過用天然的器械。如爪牙角等。爲交互攻擊之具。而人則智巧日出。砲銃弓箭。愈用愈精。害之所及。較天然的器械甚大。且詐術騙策。競起迭興。能害人者。旋爲人害。良由用是等有形無形之器械。利己的行爲。隨時進步。道德之力。不足制裁故也。加之種種獸類。苟有害於吾人之生存者。必鋤而去之。如何猛惡。亦道德所許可而獎勵者也。蓋吾人自太初來。開化之端。必先以猛惡之手段。征服獸類。競爭之機。即起於是。源遠流長。日益劇烈。不可不知也。然此決非生物界一般之公論。實吾人自營私利之行爲。有如此者。

以上之論。旨果無誤乎。則生物中最暴惡獰猛者。無吾人若也。從可知吾人以人類中之暴惡獰猛者。與獸同類。稱曰人面獸心。未爲得當。若獸類判別善惡。稱其同類中之最暴惡獰猛者。以爲與人同類。曰獸面人心。則適合眞理矣。

第十一　英國於婦人之選舉權

吾邦於婦人之選舉權。尙未夢見。而歐美諸國。則已盛倡此說矣。惟以反對者多。迄未實施。其主張選舉權者。意謂男女平等。女子亦人民之一半也。女子之腦力。決不劣於男子。特男子因襲所有之權。爲日已久。故欲永世專占。不肯與女子共之耳。然私德無論矣。即以公法言之。女子與男子權利同等。亦理之當然。必不可不有選舉權也。而反對者則謂女子爲人民之一半。斯固然矣。然男女之身心不同。女劣於男。生理學上。最彰明可據。且對於社會男女有分業之義務。男位乎外。執公共之事業。女位乎內。盡家庭之職守。內外相應。社會之事務。始得完全。若男女之分業消滅。則社會業務之一半。必形廢弛。而萬般之進步。爲之遲滯矣。然近來甲說漸勝。英國輿論更爲發揚。據其婦人選舉權期成會之近報。下院議員六百七十人中。贊成者已三百十六人。猶日有增加之勢。不久必占多數矣。觀於此則婦人之應有選舉權。無可疑也。

第十二　害他之行爲生物生存絕對的必要之條件也

古今東西之哲理。多賞揚天地生生之德。而不知其全反天地之眞相。天地間日日生物之數。雖實可驚歎。第此實可驚嘆之生物。以食餌不足之故。復歸於死亡者。更不知凡幾。亦可哀哉。夫所謂食餌者。即此同一類之生物。（兼動植言）一物欲遂其生。必不得不奪他物之生命。地球上日日生產之物。雖甚繁多。而能免他物之害。得自生存者。不過萬分之一億分之一而已。然則賞揚天地之大德者。非生生之德之可稱。實死死之德之可稱也。或謂人類及動物。欲遂生存。必要之食餌（廣義）有不盡由生物者。如空氣與水是也。按空氣與水。亦微生物之所積。一呼一吸。即不知害幾許生命。此生存競爭之公例。無可逃於天地間者也。（譯者註）雖然。直接之食餌（狹義）必屬同一類之生物。一日無動物或植物。即不得生存。且不獨人類及動物然也。即植物亦不能無食餌。植物中往往有餌食蟲類以爲生長者。

植物學家所能知。加之植物之肥料。恒用獸魚等之肉骨。可見植物欲完全長成。亦必以動物爲食餌也。

互害他物以生存、生理之自然。即天則之必然。不可不知也。且吾人由野蠻進文明。亦均不外害他之結果。如守佛教慈悲之旨。則不僅不得趨於開化。恐遂爲動物所害。人類將絕跡於地球矣。吾人之得有今日。實戰勝有害之動物而飼養及驅使有益之動物之功。不特此也。知識優大之國民。滅亡或制服劣小之國民。始次第進於開化。決非徒守仁愛慈悲之說。即足漸致夫文明。然則害他爲生物界絕對的必要之條件。無可疑也。但一國國民。卽一最大之我。一國之中。決不可有害他之念。若大我一身中而有害他之念。是即大我之自尋滅亡也。

第十三　吾人九百九十年前之祖先

吾人有父母之兩親。而父母亦各有兩親。是吾祖父母。其數四人也。此四人之祖父母。亦各有兩親。是稱爲吾曾祖父母者。其數八人也。此八人之曾祖父母。亦各有兩親。是稱爲吾高祖父母者。其數十六人也。如此上溯。爲三十二人。六十四人。百二十八人。祖先之數。次第增加。若推而至於數十代數百代。則祖先之多。必有非常可驚者矣。試作三十三代（一代三十年）九百九十年之左表以明之。從可知古來親族不相婚嫁之說。爲不然也。未開之世。兄弟姊妹間之婚嫁。叔姪間之婚嫁。甚爲繁多。至於今日。從兄弟姊妹再從兄弟姊妹間之婚嫁。亦不可枚舉。若僅與他族行婚嫁。雖今後亦不能盡行也。故左表先假與他族行婚嫁者而計之。

父母	二	第五祖	三十二
祖父母	四	第六祖	六十四
曾祖父母	八	第七祖	百二十八
高祖父母	十六	第八祖	二百五十六
第九祖	五百十二	第十祖	千〇二十四

至是凡三百年

第十一祖　二千零四十八
第十二祖　四千零九十六
第十三祖　八千百九十二
第十四祖　一萬六千三百八十四
第十五祖　三萬二千七百六十八
至是凡六百年
第二十一祖　二百零九萬七千百五十二
第二十二祖　四百十九萬四千三百零四
第二十三祖　八百三十八萬八千六百零八
第二十四祖　千六百七十七萬七千二百十六
第二十五祖　三千二百五十五萬四千四百卅二
至是凡九百年

第十六祖　六萬五千五百三十六
第十七祖　十三萬千零七十二
第十八祖　二十六萬二千百四十四
第十九祖　五十二萬四千二百八十八
第二十祖　百零四萬八千五百七十六
第二十六祖　六千五百十萬八千八百六十四
第二十七祖　一億三萬零二十一萬七千七百二十八
第二十八祖　二億六千零四十三萬五千四百五十六
第二十九祖　五億二千零八十七萬零九百十二
第三十祖　十億四千百七十四萬千八百二十四

第三十一祖　二十億八千三百四十八萬三千六百四十八　第三十三祖　八十三億三千三百九十三萬四十五百九十二

第三十二祖　四十億六千六百九十六萬七千二百九十六

以上總凡九百九十年

右表所列。十代即三百年祖先之數。爲千零二十四人。二十代即六百年。爲百零四萬八千五百七十六人。三十代即九百年。爲十億四千百七十四萬千八百二十四人。再加三代。三十三代即九百九十年。爲八十三億三千三百九十三萬四千五百九十二人。非實可震驚者乎。如古來親族。絕不婚嫁。則吾人應有如此大數之祖先。惟親族之婚嫁多。斯祖先之數自減。若必僅與他族相婚嫁。無是理也。

第十四　自由研究

社會萬般之事。與自然界萬般之事。無不循生存競爭自然淘汰之作用而日漸進化者也。即宗敎學問。亦不能逃此天則。用自由之思想研究公理。毫不受他力之束縛。如釋迦之脫波羅門而興佛敎。耶穌之脫猶太敎而興耶敎。及歐洲近世碩學。脫宗教而興新學問等皆是也。以思想之自由。排他力而興新教與新學問。是即生存競爭。自然淘汰之作用也。不然。則宗教學問終無進步之期矣。獨是世之講自由者。恆妨害他人之自由。如耶穌新教。既得勢力之後。必用多少權術。使人迷信。亦惑之甚者也。不知進步既速。淘汰亦劇。新新相代。迄無已時。宗教之虛妄。終不敵新學問之眞誠。故至今日已駸駸有降服之勢。而佛教三千年之迷夢。亦不能存立於新世界矣。然佛耶兩教之徒。固執遺訓。忠其初祖。猶可言也。吾獨怪夫教外之人。何亦護持遺教。設種種之口實。以限制思想自由乎。其識見之陋劣。殆無可比倫。而今日如此之徒。所在皆是。動謂講自由者是非古來之道德倫理。實於名教有關。或則謂其壞亂風俗。謬說紛紜。惑人甚易。阻害學問之進步。非淺鮮也。

第十五　早婚論

世之主張早婚者。往往舉古代一二英豪。如何早婚。如何多子。以爲證據。此奮言也。何則。凡論事者。必以多數之常例。決其可否。如同一事也。利者十而八九則利之。弊者十而八九則弊之。反是均不足憑信。夫早婚者之子。多不健康。才能亦甚薄弱。乃統計學上毫無疑義者也。蓋男子二十歲以下。女子十四五之間。身體心神。均未成熟。驟令婚嫁。所生之子女。必不得良結果。是通例也。其他足證明此弊者尚多。如富貴之子。生計裕餘。早婚猶無大害。若普通之人民。男子年二十恒不足以自養。既結婚而舉子女。生計必更困難。一生之志望。嘗因之不能終遂。而愚無知之父母。或反以抱孫心切。使其早婚。誠可哂矣。否則恐其游蕩。娶婦以縻之。亦惑之甚者也。余謂即富貴之子。亦宜俟其學問事業。粗有成就。得獨立之實。始可結婚。若貧賤者無論矣。然欲成學問事業。至少非二十五六歲以上不爲功。西洋晚婚之行。即以此也。第男四五十。女三四十。始行結婚。則太晚矣。所生子女。必更多不便。晚婚若此。亦未爲計之得也。

第十六　吾人無背反天則之能力

吾人由數千萬年之進化。得爲萬物之靈。其能力比他動物。甚爲優長。不待言也。第此萬物之靈之吾人。亦同爲宇宙間一定不動自然之法則。即天則所分配。無以異於他動物。所稍異者。動物殆純受制於天則。而人則得以己之能力。利用此天則而已。（按動物亦能利用天則動物學家所熟知也淺言之如鵲巢蟻穴以禦風雨淵魚叢爵以避災害皆是第腦筋有完缺之別故能力有大小之差且進步甚遲爲稍異耳譯者注）今舉淺近之一二例徵之。如洪水氾濫。動物絕不能防。人則或築堤堰。或通河川。可以豫備其害。又動物無防寒暑之術。（按此言不確蟄虫培戶北雁南征與熱帶之動物晝伏夜動即所以防寒暑也況乎熱帶之人除晝伏夜動外亦無他法哉譯者注）人則營造家屋。製作衣裳。可以自衛。然此特消極的（猶言至小）人工。若其他利用電水蒸氣之自然力等。增進人世萬般之福利。積極的（猶言至大）人工。無非利用天則。是又吾人之能力。與動物大相懸隔者也。雖然吾人亦一毫不能有天則外之能力。有斷然也。

學者動謂以人力背反天則。必受其罰。例如暴食暴飲。忽害健康。興居不時。漸形衰弱是也。若天則專以吾人之利益幸福爲目的。則斯言誠無可議。不知所謂天則者。決不專以吾人之利益幸福爲目的者也。蓋天則可利人。亦可害人。飲食有節。適應乎利人之天則。則健康隨之。暴食暴飲適應乎害人之天則。則害亦無可倖免。或利或害。如影隨形。無須臾之間。可以背反此天則者也。不過所適應之方面。爲彼爲此。略有異同耳。

第十七　道德以社會之維持及進步爲目的

道德何自生乎。余謂唯人類社會成立之後。始有道德以維持及進步。而道德亦隨人力爲進步者也。直覺學派雖主張自然道德之說。而其理不可不解。且所謂天地之間。本來有善惡邪正之別。好善惡惡。出於自然者。亦臆測之說。毫無確證。不知天地自然者。獨自然之法則。即天則也。此天則絕無善惡邪正之別。由今日人類考之。可視爲邪惡者甚多。而決不可命以邪惡之名。故唯稱爲自然而已。吾人既成社會。則相生相養。維持此社會。乃第一要事。次則使社會進步。亦最不容緩者也。故凡有益於吾人之行爲。即屬正善。可獎勸之。有害於吾人之行爲。即爲邪惡。必擯斥之。否則吾人之社會。由生存競爭。自然淘汰之作用。必遂底於滅亡。然天則決非以吾人社會之維持進步爲目的者也。欲達此目的。要在吾人之自奮。維持進步之術巧。則社會賴以存。維持進步之術拙。則社會趨於亡。造道德之必要。絕無與於天則也。

吾人之在社會。道德實不可須臾離。智巧之人類。欲組成新社會。必不可不先造成新道德。社會之文野不齊。斯維持進步之術自異。善惡邪正。各有不同。則道德亦不能無代謝也。若固執舊時未開社會之道德。以爲眞道德。而薄新世界開明社會之道德。是猶小兒以乳臭之氣。妄疑夫大人之四簋八簋也。不亦傎哉。

第十八　盜賊社會亦不可無道德以爲維持進步之必要

盜賊社會。行爲暴惡。甚妨害邦國社會之維持及進步。無論如何文明之國。所不能免者也。然該社會苟欲自存。其維持與進步。亦不可無必要之一具。此必要之一具。即道德也。賊魁對於賊徒。施如何之恩威。賊徒對於賊魁。肩如何之責任。且彼此之閒必如何信義。相孚。戮力同心。而後其社會乃賴以成立。若私心自用。軋轢迭興。人人棄其社會之公義務而不顧。則其社會之瓦解。無待言也。

由此觀之。無論社會之性質如何。必以道德爲維持進步之必要。斷斷然矣。然此社會與彼社會之道德。恒相衝突。爲盜賊社會。吾人之所惡也。吾人欲求治安。必以驅除盜賊爲心。而盜賊亦以自保其社會爲是。今日列國對立。貌雖親睦。自利之心。各蓄於中。其目的實與盜賊無異。忠信德義等稱。不過對其內部之詞。對外之行爲。惟自利以害他而已。且盜賊社會。伏處於邦國社會之下。常有所忌而不得逞。而邦國社會。則更無制之者。侵害弱小以自恣。强大者實爲所欲爲。是邦國社會之暴惡。比之盜賊社會之暴惡爲加厲也。又盜賊社會以處於邦國社會之下之故。妨害邦國之維持進步。而破壞其道德。若各邦國社會既不處於一大社會之下。無妨害之可言。殆無所謂道德。遂亦無虞破壞。蓋邦國自謀其維持進步。乃理之當然。因人以成事。未有能自存者也。

第十九　佛教徒忙自滅之準備

佛教爲宇內諸宗教中之最上乘。識者亦多信之。誠以釋尊以降。所傳之教義。甚爲優長。決非就今日佛教之實況言之也。今日佛教之實況。其卑陋汚穢。實有出人意外者。出世間之僧徒。品行遙劣於人。而貪欲則頗優。如某某等蓄養妻妾。日事淫蕩。或假募集學費之美名。歛錢自肥。不亦大可鄙乎。此等行爲。皆足授人以口實。諸宗之僧徒。可謂自忙滅亡之準備矣。基督教之勢力。縱不足以亡佛教。而佛教亦必自亡。所謂自作孽不可逭也吁。

第二十　漢學

以漢學爲無上之學問。蔑視新學。此等腐儒。今日殆不多見矣。而以漢學爲有害無益。欲全棄之者。則往往有之。不知吾邦古來之開化。全由儒佛而來。雖謂德川三百年間上流之開化。一出於儒學可也。與歐洲今日之開化導源。於希臘羅馬者正同。以今視昔。文野雖殊。而由彼達此。淵源有自。歐洲今日猶盛研希臘羅馬之言語文學。近且謂修古來之死言語死文學爲學。今日活言語活文學之必要。然則吾邦之不能全棄漢學。無可疑也。

吾邦受漢學之開化。同於歐洲各國之於希臘羅馬。前既言之矣，然細考之，殆有甚焉。何則。歐洲各國。雖修希臘羅馬之言語文學。僅取便於學術。而用於日常者甚少。吾邦除假字用漢學外。日夕之會話。多用漢語。是等漢語。殆頗含邦語之性質。今日雖輸入歐洲之新學問。日進文明。而漢學之基礎。不容誣也。

若今日猶固執漢學。視新學爲仇敵。如老朽腐儒之爲。則漢學誠有害無益矣。知新學之必要。更研究漢學以輔翼之。實爲適中之圖。今日之歐洲。尚汲汲研究古學。則吾邦專修漢學之人。甚望其接踵而起。而帝國文科大學。允宜專立漢文學科。使之學習。若長此與歐洲之文學哲學等。列爲一科。則學習甚難。將來恐無大益也。

第二十一　改良宗教

世之論者。動謂今日佛基兩教。既不適於時勢。不可不急圖改良。造成一新宗教。使應社會之用。此甚無謂也。蓋宗教不以開發吾人之智識爲目的。惟束縛凡庸。令其迷信。即愚民之術也。雖文野過渡時代。爲不可缺之要素。而對於有智識之人。則一無所用。故居今日開明之世而興宗教。必徒勞無益。已若謂今日猶有無智識之人。可以此制馭之。則佛基兩教。未爲不適。取而用之。綽有餘裕。總之欲改良宗教於今日。實不得謂爲必要也。且改良教義。非得不世出之偉人不可。而於今日開明之社會。智識競進。又不許有拔羣之偉人出於其間。縱令有偉人出。其決不克奏功。余亦敢斷言也。外此之無能爲。更可見矣。然則改良宗教之說。不足取也明已。第今日佛教徒墮落已極。非僅爲無業之遊民。直爲社會之蟊賊。則不可不急矯正之。使歸於善。若付諸不問。其貽害於風俗與教化非淺鮮也。

第二十二　新聞紙與雜誌之關係

新聞紙之於人。猶空氣也。得之則生。弗得則死。一國之强弱存亡。亦罔不由之。西哲謂新聞紙爲現世史記。非無故也。然實考之。一商務也。一殖民也。一外交也。往往聚多少大經濟家大政治家大外交家。所遲疑而未敢先發者。及得良新聞紙之一言。遂羣然奉爲圭臬。而此後一切之現象。均循其軌道而莫能外。然則雖謂新聞紙爲未來世史。亦非過言也。雜誌亦然。自宗教之革命成。而自由思想日進高明。議論之精。恒影響於全學界。故今日一雜誌出。而學術獲一新領域。明日一雜誌出。而學術建一新紀元。日就月將。進而益上。其變遷之速。有不可以常理論者。吾邦之新聞與雜誌。較之歐西。甚形幼稚。故所記不盡詳密。且除一二特出者外。多記載區區瑣事。甚或塡集欺詐情死等項。埋沒紙面一大部分。陳陳相因。莫知所至。於工商業之實況。學術技藝之改良。毫無當焉。雖然。亦正有故。歐美人智大開。雖下流社會之人。亦嗜閱新聞紙與雜誌。銷行之數。日廣一日。所得利益。因亦加多。諸科專門之學者。遂樂從事於此。其朝握政柄。夕退而主筆政者。亦時有之故進步甚速。若我邦則不然。讀新聞雜誌者不過全社會少數之人民。發賣之額數。其佳者僅及萬數千以上。利益既薄。趨者自少。專科之學子。遂不能不舍而之他。是以環顧目前。小新聞多而大新聞少。精新之雜誌缺如。而委瑣之雜誌盈於途也。總之新聞雜誌之進步。與人智之進步。相倚伏者也。有新聞雜誌。則人智必進一級。人智進一級。新聞雜誌之程度。亦必進一級。而銷數亦必進一級。如此相引。進於無窮。是則吾所厚望於吾社會之前途者也。

第二十三　二宮金次郎先生所論善惡之定義

二宮金次郎先生。於實地經濟有異常之功績。雖稚不好學問。而所論多卓絕。嘗與其門人論善惡之定義。有非他人所能及者。爰節錄於左。

夫世界旋轉不止。寒暑遞嬗。晝夜迭更。往復循環。莫能殫述。而萬物之生育。又雜然其不可紀極。且所生育者。或旋歸於消滅。時時成立。即時時破敗。天理之常。無足異焉。獨人以裸體生於其間。既無毛羽。又無鱗介。非宮室則不能禦風雨。非衣服則不能凌寒暑。於是人道興焉。夫所謂人道者。即以人爲之力出而與一天行爲競爭者也。故天理無所謂善惡。嘉禾稂莠。可以並畝而生。而人則去莠存禾。必加以抉擇而後快。而善惡之名以立。從可知善惡云者。非自無始來固有之名稱。乃人羣區別。其有益於人。或有害於人之普通代名詞也。歷代君若相。立政立教。制禮定刑。或受社會之謳歌。或爲輿情所譏刺。靡不據是以爲依歸。而天理之自然。初無與於善不善也。

如此見解。與余輩今日所認定之新意義。毫無差別。二宮先生。眞可感嘆者也。然世多以其不好學問短之者何居。良由古代人民。多混視學者與讀書家爲一。而不知先生有非常之學問也。夫以自由之眼識。觀察宇宙。能於舉世靡靡之際。慨然主唱新哲理。此豈徒嘗百千年前簡編之糟粕。以爲無上之美味者。所能夢見哉。

第二十四　學者與讀書家之別

同是圓顱方趾之儔。而獨表而出之曰學者。是豈徒讀古人之書。通曉其某句某義。某字某義而已哉。謂其能以腦髓之力。隨事實驗。用演繹歸納之法。以研究宇宙有形及無形之事物也。夫研究宇宙之事物。固不可不讀古今之書。而第能讀書。決非學問之絕對手段。要不可不知也。古今呫嗶之儒。誤認乎此。宜其以詞章訓詁。博聞强記爲無上之學問。局促古人之轅下。毫不知恥。此學問之不進步。所以千百年如一日也。

歐洲學問之開化。未可驟及。而其起原。要在人人能知學問與讀書之別。於科學上既用實驗之方法。於哲學上亦知讀書之不可偏重。其尤足令人景仰者。則自由研究之學風。足以洗學界之奴隸性而趨於自立。然則欲學問之進步者。顧可徒讀古書哉。

第二十五　二宮先生之世界觀及人世觀之一斑

二宮先生之論善惡。前既述之矣。兹更撮其世界觀及人世觀之卓說於下。

夫人道者人造也。與自然之天理。顯相區別。春生秋歛。火燥水濕。晝夜運行。安之若素者。天道是也。人則日有孜孜。以營生活。苟純任自然。一切廢棄。則無以自立於兩間。譬猶泛舟於茫茫巨浸中。不察風濤。不辦途徑。一任其所入而莫之顧。則觸礁擱淺。有必然者。推之言語衣食之無節。亦未有能終日者也。是則人道之必要。可以見矣。

夫人所賤之畜道。天理自然之道也。所貴之人道。雖亦順應夫天理。而要非自然之道。何則野蠻之世人畜無異。食草木之實。鳥獸之肉。飲其毛血。衣其羽皮。冬則居營窟。夏則居橧巢。夫非自然之極則乎。後聖人作上棟下宇。以蔽風雨。耕稼織蠶。以供衣食。其不自然也實甚。況乎自然之道。萬古不廢。作爲之道。稍怠卽息。人日處於競爭界中。若誤以天道爲人道。則世界之憂。正未艾也。

此外所論猶多詳密。而大旨要不外乎是。翁之所謂天地自然之道。卽余所謂天則也。而人道云者。卽社會之存立。不可無道德以爲維持進步之必要也。當時能見及此。翁眞加人一等矣。

第二十六　霍布斯徂徠及二宮

霍布斯與徂徠二碩學所論道德。亦謂全由人造。非出於天地之自然。與二宮之說。異口同聲。茲舉其大意於左。

霍布斯曰。吾人天性。利己之心甚强。互相戰爭。侵害他人。以謀一己之生活者。吾人自然之狀態也。是以社會之始。必結民約。制限人人之利己心。而後社會乃得成立。於社會全衆中推一人之大英傑。使統御全社會。即君主之所由起也。公制定道德與法律而公守之。社會之所有事。豈蒼蒼者所能預定哉。

徂徠曰。先王之道。先王所造也。非天地自然之道也。蓋先王以聰明睿智之德。受天命。王天下。其心一以安天下爲務。是以盡其心力。極其智巧。作爲是道。使天下後世之人。由是而行之。豈天地自然有之哉。

二碩學之說。細窺之雖各有獨見之處。而以道德爲出於人造。則絕無少異也。二宮之說。亦同此大主義。故二宮雖非哲學家。非專門研究道德者。其識見之卓越。決不劣於二碩學者也。

第二十七　社會學

古無所謂社會學也。近世法國碩學阿唔打斯託坤託氏始唱此說。其後愷託賴一氏斯賓塞爾氏黎隱蒲爾朵氏打木普洛尾器氏等。次第研究。漸成一學科之體裁。然至於今日尚未完備。欲確定其學理。非積此後數十年之研究不爲功。社會學之困難。有如此也。蓋起於社會之現象。與物界之現象正同。不僅專在有形的。而無形之現象。須徵之實驗者。亦甚不少。地球物界之現象。處處不齊。或以人種之異同。或由文野之懸隔。大異其趣。非廣爲研究。莫能得其一定之則。社會之現象亦然。今日者其定則既未十分發見。則社會經綸之術。終不能得其眞相。如政治。法律。道德。經濟。等凡百事業。皆略爲措置。未能十分進步也。

其在古代。西洋理化等學未開。數學亦未進步。故應用之科學。如土木機械。製造等多無可觀。近今學術大盛。實業亦日見發達。然則政治。法律。道德。經濟。等之不進化。未始非由社會學之不完全。無以植其基也。社會學與政治。法律。道德。經濟。之關係。實猶理化學與土木機械製造等之關係。後世社會學既進。社會現象之定則。必大發見。而政治。法律。道德。經濟。亦將脫簡略之弊。而適應於社會之經濟矣。

第二十八　孔夫子

孔夫子爲世界稀有之偉人。無俟喋喋也。然至於今日。進化之理既明。世之論者遂群然以好古爲孔子病。意謂孔子祖述堯舜。憲章文武。萬般事業。恒存復古之思。不知孔子之所謂復古。吸取其精神。非規摸其形迹也。夫以社會進化之天則言之。唐虞之世。不如三代。三代之初。不如列國。而以進取之精神言之。叔季多病委靡。未若開創之時。一切自奮。吾人以一身立於生物競爭界中。必時時有抑洪水驅猛獸之精神。而後可以自存於大地。況温故知新。乃研究歷史之必要。爲近世科學者所同認乎。修新世界史。不能不景仰哥侖布華盛頓諸人。安見修上古史者。可不問開幕之初祖耶。且國家之成立。由多君而一君。乃必經之途。無可逃也。春秋之世。雖貴族政治時代。而自堯舜至於文武。君主之基礎。已成確乎不拔之觀。孔子欲限制君權。故歷舉堯舜文武之如何勤民。如何盡職。以爲未來世君人者鑑。夫亦曰有君若此。專制之毒庶可以少殺耳。然則祖述憲章云者。不過假堯舜文武以立君道之極。而尙書所載。雖謂爲不成文之憲法可也。

然世之尊孔子者。又往往伍孔子於宗教家。以爲足與佛耶二氏相抗衡。而不知其失於誣也。夫宗教以使人迷信爲目的者也。用種種壓制手段。防害思想之自由。與專制政治相爲表裏。孔子之教人也。多聞闕疑。從吾所好。純然用放任主義。初不聞立一格焉。以强人之從我。故當其時學說紛紜。而沒後數十年。學術思想之發達。且極一時之盛。況今日新學大興。宗教之餘燼。已儳焉不可終日。而顧欲以此誣孔子。其亦不思之甚矣。夫孔子之爲政治家思想家學問家教育家。雖迄未一定。而其絕無宗敎之性質。則余所斷言也。然則謂孔子爲宗敎家。於孔子何傷。第恐精於愚民者。又將假孔敎之名。以肆其壓制。而社會之進化。復生一絕大阻力。若是則孔子之心滋戚矣。而不善尊孔者之貽害。正不知伊於胡底也。

第二十九　宗敎宛似醉魔劑

灼品偉氏曰。宗敎似螢。暗處發光。霍布斯曰。宗敎似丸藥。可丸吞不可碎嚙。余謂宗敎者心神之醉魔劑。（卽俗所謂迷藥也）能使人忘其痛苦。夫吾人雖曰萬物之靈。而要不離動物界之一種。且身體與心性之缺陷甚多。故他動物所漠然置之者。吾人之心神。時時有痛苦之感。如他動物不知怖死。不知天災地異之可驚。不知貧苦不幸之事之可厭。又親子夫婦之關係。殆無痛癢之情。（按此言不確讀者勿以詞害意可也譯者注）而人則一切反是。是以吾人於世。必求所以醫此痛苦之術。而後可籍以自慰。此宗敎所以爲人世不可缺之物。而其原因實卽發起於是。吾故曰。宗敎者心神之醉魔劑也。凡未開之世之信仰多神。基督敎之信仰唯一眞神。并佛敎之使人信佛。及一切三世因果。極樂地獄。寂滅無常最終之賞罰。十字架之贖罪等。所說之主義。靡不有心神醉魔之効。即等而上之。曰安心立命。曰拔苦與樂。究亦不外此旨也。身體有種種痛苦者。必用醉魔劑以醫之。心神有種種痛苦者。除信仰宗教外。殆無他術。蓋吾人十全健康之身體甚罕。而十全健康之心神爲尤罕也。故有形之醉魔劑爲人世之必要。而無形之醉魔劑。更要之要者也。夫以萬物之靈之吾人。而缺陷如是其多。實堪浩嘆。第此無形之醉魔劑。雖一時足醫心神之痛苦。而尤足以妨礙心神力之發達。人世開化之機。蒙其影響者。實非淺鮮。不可不深注意也。

若人智逐漸開發。則此醉魔劑必歸無用。吾人心神之痛苦。決非愚民之宗教所能醫。蓋宗教之爲術。不過强以痛苦爲不痛苦耳。是等掩耳盜鈴之技。可以欺未開之人民。而不足立於開明之世。且開明人民之痛苦。與未開人民之痛苦。大相徑庭。智識既日進高明。則所以醫此痛苦之策。自臻美備。極樂之世。雖不可期。而生物界之困難。必由是日形減少矣。

第三十　無宗教之學者猶有所信仰

於前話謂宗教的信仰似醉魔劑。斯言也似專以信仰屬之宗教。而不知宗教之外。又有他種信仰者在。如科學的信仰是也。且宗教的信仰。如極樂、地獄、三世因果、最終之賞罰。十字架贖罪等。均荒誕無稽之談。毫無確證。而科學以實驗之手段。盡研究之方法。認定眞理。始可爲適當之信仰也。譬如瓦特之引力重力。蓋利賴訛之天體說。積十分正確之研究。始斷定萬世不易之眞理。信仰此萬世不易之眞理。是即科學的信仰也。宗教科學。雖同一信仰。而眞僞之間。判然有別。智識開發之會。非有十分信據者。不足招社會之歡迎。宗教之信仰。終不敵科學之信仰。無可疑也。然而亦有難焉者。夫學者就於專修之學科。以一己之實驗研究發見眞理。由是而信仰之。豈不甚善。若徒信仰他人發見之眞理。則與迷信釋迦基督之教育者何擇。雖然。亦自有辨。釋迦基督之教育。非出於實驗。故信仰之則爲迷信。若科學之學說。證據確鑿。十分明瞭。縱令學者未曾自研究其事。或其他未嘗學問之人。信仰斯理。亦決無誤謬之處。不可與信仰宗教同日語也。若更多方考驗以實之。亦窮理家所應有事也。

第三十一　雖非眞理亦有爲開化之必要者

凡世界之開化。無論有形無形。必由眞誠之天則。即所謂發見之眞理。進步發達。此吾人所同認也。然觀察歷史之事實。往往有以非眞理之作爲。促世界之開化者。如佛教所說。六道輪廻。三世因果地獄極樂等。又基教所謂唯一眞神之創造天地。人類始祖之罪惡。基督贖罪之類。虛言恐嚇。夫非無眞理之至者乎。然釋迦基督之爲此。實亦有不得已之苦衷。蓋當時人智未開。社會之風俗。極爲腐敗。欲救其弊。除虛構神奇諸說。引起其恐怖之念。究亦無可如何。釋迦基督。毅然犧牲一身以救衆生。不可謂非稀有之仁人也。

夫此兩仁人之教。助成世道人心之改善者。亦正不少。是即非眞理之行爲。有裨人世開化之確證也。雖在今日文明之世。宗教之革命已成。而對於無智識之人民。仍不能不用恐嚇之術。誰謂虛言之無益於實用乎。

更以他例徵之。西洋自近世紀以來。自由平等主義。即天賦人權主義。最得强力。然由今觀之。實亦空言徒託也。何則。吾人之身軀心性。各由遺傳與應化之二作用。逐漸發達。而强弱大小之差等。終此世不能盡泯。雖然。西洋當中世之頃。民之局促於壓力下者。岌岌不可終日。自天賦人權之說起。而人民之權力大伸。王室貴族之專橫。遂漸有所裁抑而不得逞。然則虛言爲人世開化之必要。可不言而喩也。

彖佛基二氏之說。據亂世之良藥。有空言無實理者也。自由平等主義。太平世之隆軌。先空言後實理者也。惟文野過渡時代。前不見古人。後不見來者。吾儕今日將何所持以應社會之用乎。夫亦曰輸入新智識。以促人世之進化而已。

第三十二　利他心非吾人之所固有

吾人身軀之發達進化。有系統的及個體的之二種。系統的者。吾人由動物階級。漸次發達者也。個體的者。吾人於母胎內始得生命。誕育之後。日趨進化者也。而既演此個體的小經過。必再演系統的大經過。無可逃也。特時間有長短大小之不齊。爲稍異耳。夫吾人發育之初。殆與他動物無所別。雖於今日稱爲無尾動物。而於母之胎內或發育期。則尾部猶存。不過至後期之發育。漸歸消滅。生誕之時。始不留其痕迹。此碩學赫愷爾博士及他之學者。於形體學并解剖學上所確切說明者也。

然則身軀之進化。甲種之外。不能不再演乙種。乃理之當然。吾於是知心神之進化。亦必漸次發生。非自無始來。即已一成不變也。

凡動物單有利己心。無利他心。即有之亦不過略見萌芽耳。而吾人人類。即以此爲模範。吾人當生後一二年閒。唯知恣己所欲。毫不顧他人之利益。及三四歲。始略有限制。而讓德以興。更長則利他之行爲。益形昭著。是即個體的發達進化。經過短小時間。再演系統的發達進化也。析言之。吾人生誕之初。純然與動物無異。一切必演動物時代之進化。至更生長。始超越最早動物時代之進化。而表彰人類發達之眞面目。然則利他心。本非吾人所固有。彰彰然已。

第三十三　名譽心

名譽心於萬種動物中。獨靈長之吾人人類所固有。而在開明之人民。則尤爲强盛者也。蓋吾人人類。由太初野蠻未開之世。所以漸進於文明者。皆此名譽心有以驅策之。乃昧者不察。如宗教家與道德家。往往以好名爲大戒。而不知其背反天則及人性。欲抑制之。而終無效也。第欲利用此名譽心。必誘導於正路。使足以增進國家與社會之利益。乃爲適當。若遵宗教家與道德家之旨。則智識之開發。學術之進步。商工業之發達。均不可期。而人類社會。且奄奄無生氣矣。然則今世界一切之良現象。雖謂悉名譽心之結果。非過言也。

要而論之。未開半開之社會。名譽心甚爲薄弱。故發達之機。不能大暢。雖有一二持出之人。欲單然自立於兩間。而極其所就。不過一身一家之計。於國家之進步。社會之發達。毫無裨焉。蓋凡名譽心薄弱者。必齷齪無大志。烏能擔任世界之大事業哉。故養成青年之名譽心。爲今日社會之必要。使人人拋棄其愛富貴愛身家之小名。而博取愛國之大名。則吾國之前途。庶足烜赫於世界乎。

第三十四　迷信

佛耶諸教徒。多以他之異教徒爲迷信。時相誹謗。或時相罵詈。而余輩自局外觀之。實笑不可仰已。夫聚無知矇昧之徒。與之說淺近之理。并多方束縛其思想。使競競焉惟我之言是聽。此宗教之主旨也。地球宗教。雖甚煩多。而此旨初無二致。乃各宗恒自是而非人。亦獨何哉。

余謂居今日開明之世。獨由科學的研究所發見之眞理。堪爲眞正之信仰。此外守一切毫無證據之說者。皆迷信也。各宗挾其自愚愚人自欺欺人之技。早陷於迷信而不自知。乃復以此自相詬病。亦可鄙之甚者矣。

第三十五　生存於社會之二方面

吾人生存於社會。其手段生二方面。一各人自張其權利。一自盡義務是也。（注重道德上之義務。非單謂法律上之義務也。）此相反對之二方面。甲既發生於動物界。（但有權力而無權利）而乙亦稍形胎胚。獨至人類社會。始大發達。蓋動物界之各物。皆張己力（體力或心力）凌壓他力。以求滿自己之欲望。而勝敗之數。即視其力之大小强弱以爲差。人類亦然。同具有天然的利己心。即同有害他之念。第欲生存於社會。則利他心亦不可或缺。何則。競爭之世。雖惟力是視。而力之過大。所傷必多。他固害矣。己亦未必盡利也。加之社會之伴侶。必多方限制其力。使不得逞。於是消極的利他行爲。漸得萌芽矣。然動物之智識甚淺。祇知避害。未能取利。一經制限。强力頓挫。而人則智識發達。知害他之力之無所施也。或施之而未必有效。必移其力以謀利他之行爲。究其終極。一己之利益。更爲增進。蓋害他以自利。事逆而效微。不如利他以自利。用力少而成功多也。然則利他云者。

雖謂如利己之變相。亦無不可。若夫愛人者人愛。敬人者人敬。是又積極的利他之行爲。相助爲理。未可驟企者也。

由是觀之。利他心之源於利己心。不易之理也。第吾人經世世代代之遺傳。利他心亦有全歸固有者。何去何從。今日哲學上甚困難之問題也。

人類社會。進步發達。生存之必要。務奬勵利他心。使其盛起。然吾人之利己心。乃天性所固有。甚爲强大。未易抑制也。惟社會生存之一面。吾人有應盡之義務。利己之心。庶稍受範圍乎。

然於他之一方面。復主張權利競爭。利己之心。必日益强。强者用其權力以凌壓弱小。天然的權力。遂一變而爲法制的權利。亦理勢之必然也。但野蠻未開之時。此權利恒在上等社會。甚爲偏頗。不爲開明之世。一切普及。人人知權利之必要。則人人必自爲競爭。而利他的行爲。即由此而進步。蓋人人知不謀社會之公益。則一己之私益。亦歸烏有。然則社會生存之第二方面。即吾人義務之行爲。而第一方面。初不外自謀權利之發達也。

第三十六　謙遜之德

謙遜爲吾人之美德。乃人生交際之間。必不可缺者也。蓋吾人以一身立於社會中。若驕傲自恣。或盛氣凌人。實妨害社會之平和。第此謙遜之德。亦自有界。苟稍事踰越。即失美德之價値矣。吾邦於交際上。有卑下之風習。言詞稱謂之間。往往過於自貶。如稱己之父母爲愚父愚母。己之子爲豚兒等。殊覺可鄙。又其甚者。婦人對於男子。有服從之習慣。習慣既久。遂養成一種奴隷性質。天賦人權之說。若於婦人獨無所與。女界之黑暗。迄今已數千百年。而爲男子者。反爲種種扶陽抑陰之謬說。以壓制之。良足慨已。然推原禍始。未嘗非由女子之讓德失中。有以階之厲也。至於國際往來。尤以不卑不亢。爲交隣之正道。乃歷觀吾邦外交之局。非傲然自大。即奴顔婢膝。辱國敗名。每況愈下。不亦大可悲哉。夫脅肩諂笑。病於夏畦。令色足恭。聖人所恥。奈何讀聖賢書者。竟躬自蹈之耶。若欲援謙遜以自解曰。

吾謙遜。吾謙遜。吾恐美德不認受也。

第三十七　宗教與美術之關係

開明之宗敎。必與美術有親密之關係。蓋二者常相須以進步發達。人之所悉知也。然其原因如何。則未之前聞。余謂宗敎之最初。決與美術無親密之關係。此關係實起於後來。何則。釋迦基督之傳道。不擇地而施。破屋茅簷。亦可集衆人而從事。至後世欲廣招徠布敎之徒。遂於淡薄無味說法之外。飾種種之觀瞻。於是建築殿堂。裝演佛像。或用音樂以頌讚神佛之威德。於不識不知之中。收攬信者之心意。而凡庸之畏敬。亦從此更形奮起矣。

如是則繪畫雕刻音樂等。於傳道說法上。漸形必要。而美術亦由此更爲進步。美術既進。宗敎必因之愈昌。於是二者乃不可相離。然釋迦基督之精神。則反因此而失。蓋釋迦基督。誠心救人者也。後世則徒飾外觀。毫無眞意。然則不待新學問之興。而宗敎之亡。亦已久矣。

第三十八　衣服之改良

太初之時。人與他動物均裸體而遊。厥後人智稍進。乃戰勝他動物而衣其皮。而人物之界以分。後聖人作。制爲衣裳。以禦寒暑。始駸駸有向明之勢。蓋衣服之改良。亦人羣進化之一端也。使當中古之世。或猶不衣冠而處。則吾人必笑其野蠻。然則居今日開明之世。衣服之制作。其必有以異於近古。不待言也。歐洲自近世紀以來。衛生之學大明。知衣服之制。貴適於人身健康。故逐漸改良。用成今制。而其人之軀幹偉大。遂卓然獨冠於地球。雖曰體育之道。日精一日。而衣服之隨時進步。亦未常不與有功焉。乃吾觀於東亞諸國。則有大謬不然者。我邦自維新以來。一切已改從西制。而支那與朝鮮。仍然守舊時之衣冠。故傴僂侏儒。遍於全國。無惑乎世之論者。不目爲病夫。即詆其不合於人格也。夫當國家主義極盛時代。生斯世者。人人有當兵之義務。（女子不在此例）故必養成人自爲戰之精神。庶可自存於大地。而乃峩冠博帶。類於歐西婦人之爲。甚至號稱武夫者。亦羣然曳長裾而不以爲怪。委靡襤褸習與性成。宜黃種之見弱於白種也。況乎異言異服。王者所禁。一國之對於列國。亦猶一人之對於社會也。一人對於社會。異服既在所必禁。豈一國對於列國。獨可矯矯不羣乎。若長此罔識變革。吾恐地球半開之國。即將以此爲記號。壇坫往還。有一望而羣然鄙之者矣。而奈何更蓄長髮以益之哉。

要而論之。吾人之所以尊於他動物者。以其對於世界。對於社會。對於國家。能肩種種之天職也。即自謀溫飽。亦不能無所事事。故衣服之制。要以便於操作爲唯一之目的。苟其不便。則一朝而易之。有無庸躊躇者矣。

第三十九　學生之成業

在封建時代。所謂學生者。不過社會少數之人民。至於今日。智識競進。人人知非研究學問。則將來無可立身。而學生之數益多。然此多數之學生。能達其立身之目的者甚少。而廢於半途者。恒所在皆是也。此其原因。約有五端。

第一　由於多病

第二　由於魯鈍
第三　由於學費不足
第四　由於不自勉
第五　由於不自愛

第一因之多病。即身體失其健全也。夫人生欲大有爲。必賴有堅強之軀幹。始足勝任而愉快。若身體失其健全。則一切廢弛。已此體育之所以宜急講也。

第二因之魯鈍。即心理不能發達也。欲救其弊。教授法不可不謀改良。

第三因之學費不足。此則生計學之未昌。而貧窮之人獨處其困難者也。此而廢學。實爲可憫。有國家者。宜設法補助之。

第四因之不自勉。殆耽於逸樂也。此之廢學。與前三因有霄壤之別。厥咎實深。夫飽煖無教。則近禽獸之謂何。而顧止於半途焉。其無恆也可羞。其無志也尤可鄙。

第五因之不自愛。則暴棄甚矣。就學之初。原無眞誠之心。故未幾即流於游蕩。其靡費金錢。猶小也。甚至父母之訓誨。毫不措意。師友之勸規。充耳厭聞。怙惡不悛。變本加厲。其結果遂破壞道德與法律。成爲社會之罪人。實可爲長太息者也。總之前三因或出於天。或原於人。或緣於境。非學生之罪也。然第一因之多病。或由不善攝生所致。亦不可不深自省察。若後二因則全爲學生之罪。孽由自作。無可解免者也。且此二因常相伴而來。惟不自勉。故易陷於不自愛。亦惟不自愛。故益不知自勉。其端甚微。其害甚大。凡爲學生。宜極意防閑而痛自刻責也。

第四十　學生不可妄希高等之學科

於前話述學生廢學之五因。則學生不可不自勉也明已。然學生亦不可妄希高等之學科。蓋學問之事。以有用爲目的。如身體不健全者魯鈍者及學費不足者。既有多少欠缺之處。使必過事高深。則諸多困難而一無所就。不如以短小之年限卒業於速成簡易之學科。爲得策也。蓋早一日就於實業。則國家早得一有用之人物。而已身與社會。亦受其利益者不少。若以有用之長日月。妄費於不適用之學科。甚非所以自立之道也。

夫實業教育之必要。爲今日社會所同認。商工業發達進步。此泰西所以進於文明也。況二十世紀乃經濟競爭東亞之風雲日益緊急。苟非實業教育有以優勝於人。幾何不自躋於窮困耶。

又況國家之爭存。不貴乎少數之人民。學術及於最高程度。而貴全體多數之人民。靡不有普通智識也。歐美各國之所以臻於富强者。即由其小學校徧於國中。能振起國民之精神。非其大學卒業生足以加人一等之所致也。

然則學生之抱大志者皆非乎。是又不然。夫精研學理。發前人之所未發。使學界日闢新機。亦學生之分內事。第內顧吾身。有如何之現象。遠觀時局。起如何之風潮。欲國家之獨立。何者最先。謀社會之進化。何者尤要。必一一熟察而審處之。務令吾之所學。適應乎當時之急需。而國家未來之前途。且因此而得良結果。乃爲至當。若徒抱大志而不知變通。則鑿矣。

第四十一　缺

是篇乃博士自述六十誕辰諸博士舉行祝典之詞故不錄譯者注

第四十二　學生之風氣

近來評論學生者。恒謂封建時代之學生。氣魄雄大。慷慨悲歌。爲今日之學生所遠不逮。今日之學生志願甚小。不過惟求餬口之策而已。是大不然。夫論者不察封建時勢與今日開明時勢之異同。并封建時代之學問與今日開明時代之學問之異同。而徒以風氣爲優劣。未爲得當也。古代之學生。專主張尊王攘夷之說。非其黨者。即攻之不遺餘力。士之憂讒畏譏者。遂羣然助其燄而揚其波。而其說益盛。此論者氣魄之說所由來也。然當時之學問。非惟不知國家成立之實與人羣進化之端。即治國平天下之漢學。亦漠然忘其眞相。誠可恥已。

然則其所謂慷慨悲歌者。不過養成一種虛憍之氣。以自欺欺人耳。於國家之開明。政治之進步。果何補乎。且尊王之說。最足妨害開明與進步。蓋國家者一國人民之公物。非君主所得而私。而民爲邦本民貴君輕之說。古聖人早垂爲明訓。講舊學者。奈何習焉忘之。故今日欲改良政治。必以分別君權民權之界限爲要圖。若固守尊王之舊說。恐吾邦立憲之政體。將長此不能組織矣。況卽以尊王而論。亦未有善於憲法者也。蓋憲法既成。則責任移於大臣。君主之尊。可億萬年確乎不拔。

若以今日之學問。與古時較。其相去更不可以道里計。古時之學問。僅一國之學者所研究。今則合地球萬國之名儒碩學。相與發明。氣魄之間。果孰大孰小耶。重古而薄今。論者之識見。亦甚謭陋。若夫因一二學生之不善學。藉口與新學爲仇。則其頑惡悠謬。更不足責矣。

第四十三　古今學生與自然人爲二淘汰之作用

玆之所謂古今者。卽就維新前後言之。維新前之學生。墨守舊學。維新後之學生。始講新學。二者之間。大有異同。略述其概。有國者可以鑒已。

維新之前。政府於教育事務。不能統一。其制度法律等。均毫無可觀。雖學校之設。

處處皆是。而規則絕不具備。且此校與彼校異。而彼校與彼校更異。一國之中。治絲而棼。其在京都者。既一切奉行故事。腐敗難堪。非惟不知管理教育之法。幷學生之有無。亦將無人過問。至於鄉學與私塾。更無論矣。學生之勤惰。既純然放任而不顧。而心術之壞。品行之劣。且將以號稱讀書者爲極。及進而觀其課程。除作詩文外。無他事也。而取士之法。亦即以此爲殿最。如此而欲望其學成爲國家用。不綦難哉。無惑乎人之覘國者。羣然以無教化目我矣。

至維新後。全國之學務。漸形統一。大小中學之制度教育。次第完全。而學校諸規則。及賞罰升降之方法。亦大加整頓。蓋知夫凡爲國民者。人人有服從法律之義務。而政府對於學生。尤不可不施强迫教育之策。必遍國無不學之人。而後國家之基礎乃固。故干涉主義。爲引導未開人民之必要。而學生之能勉學成業與否。即視此爲轉移也。

由是觀之。維新前之學生。唯受自然淘汰之作用而已。故其成業。悉本天行。而維新後之學生。於自然淘汰之外。更加以人爲淘汰之作用。即學制。規則管理。賞罰等是。故成業日多。而國家遂無乏才之嘆。是實開化進步之一大効果也。

案各國之强。未有不由於教育者。蓋居今日開明之世。非智識優勝。實不足自存成地球。而欲全國人民。靡不有新智識。必以教育普及。爲唯一之目的。欲達此目的。非施强迫之策不可（强迫云者即子弟及歲不受學必罪其父母之謂）日本維新以前。其學校之腐敗。與吾國今日現象正同。乃未幾而大加改革。遂卓然躋於强國之林。且開東亞立憲政體之先河。然則吾國欲一切維新。近法日本。乃不易之則也。有國家之責者。其急起從事哉。

第四十四　合理的

合理的者。（Rational）之譯字也。學者動謂此說合理的也。彼論非合理的也。而究其所謂合理之理。不過如宋儒之所謂天理。執一無權。毫無足取。蓋學者之觀念。必經三段階而始達於開明。其最初爲宗教的。（Religious）次爲合理的。（Rational）

更次爲科學的。（Scientific）變遷之級。釐然不爽。今日之學者。猶不無宗教的觀念。而合理的觀念爲數尤多。乃察夫今日之時勢。則已經過宗教合理之二段階。而漸及於科學的段階。不可誣也。

歐洲古代。基教盛行。謂惟一眞神爲天地萬物之創造主。神之所好則是之。神之所惡則非之。無稽之妄說。深浸淫於人心。更開以來。漸知其謬。然以吾人人類爲萬物之靈。生而自別。其神妙不可思議。智德具備。悉本於天地之自然。乃大公至正之理也。伊考其實。其所謂天地自然者。即遵信唯一之天則（Naturallaw）而已。此天則之作用。學者僅窺見一斑。其決不包含公正之理。則尚未之深究。烏知夫人世善惡邪正之別。全由人類社會之便否而生。初無與於天則乎。

然則合理的觀念。雖優於宗教的觀念。而其不合於眞理。則均無可疑。惟今日科學的觀念。全由經驗而來。牢固確實。迄不可動。一切迷信之謬妄。將從此消歸烏有矣。

第四十五　佛說之迷妄

佛說之迷妄。余既屢述之矣。頃觀雲照律師。對於法科大學教師法人路本氏之質問。又有可以證明者焉。因錄於左。

路本氏曰（上略）人類與獸類之關係如何。譬如今殺獅子虎狼毒蛇等害人之物。尙爲破戒（殺生戒）否耶。

和尙（律師）曰。無論何物。殺害皆惡也。苟自己大慈大悲之德。甚爲充實。內心能退治貪瞋癡三毒之虎狼。雖獰惡如虎狼獅子等。亦不能逞其兇殘。所謂兕無所投其角。虎無所出其爪也。若虎狼而能害人。畢竟被害之人類。不能伏內心三毒之虎狼。慈悲心未至圓滿具足故也。彼阿羅漢傍虎而眠。即其能伏虎狼之証。若以殺虎狼爲事。則實犯不殺生之戒矣。

雲照律師。方今稀有之高德也。其品行立余所深信。而所論如此。實堪發噱。夫是等之謬說。今日雖小學校之生徒。亦不信用。乃公然語於大學教師。亦可謂毫無忌憚矣。

路本氏又曰。人類與獸類之關係。旣聞命矣。敢問獸類與獸類之關係。如猛虎等食家畜之牛馬。而主人代其牛馬殺彼猛虎如何。

和尙曰。是亦同前。雖爲正當之防禦。然總謂之犯殺戒也。

路本氏之夫人某女文學士在傍曰。若不殺之。則猛獸毒蟲。豈不充牣於世界乎。

和尙於是乃改端曰。凡佛教本於根原之眞理而立說。不逐瑣末之枝葉。與世界諸種之宗教學術大異其趣。佛教之眞理。所謂三界唯一心。心外無別法。世界萬物。悉由自已之本心變其現象。故一心若赴於善。世界一切萬物皆呈柔順和樂之境。一心若專於惡。世界一切萬物。即變劇烈苦惱之觀。苟不能制伏內心三毒之虎狼。五欲之毒蛇等。而徒鏖殺外界之虎狼毒蟲無益也。內心之三毒旣盡。則外界之虎狼自良。滅惡心而生慈心。馴至不吐毒氣。而人生一切

之災患疾病。亦將自歸烏有云云。（下畧）

律師既許其代牛馬殺猛虎爲正當之防禦。復謂其仍犯殺戒。誠自相矛盾矣。迨經路本夫人之詰問。益窮無可說。遂爲種種遁辭。如三界唯一心。心外無別法等。支吾其間。至謂人心既善。則猛獸毒蟲之惡心自消。尤無理之甚者也。

觀以上所論。佛說之迷妄。已可十分證明。且律師既自以爲伏滅內心三毒之聖者矣。試與之遊動物園中。使其入於猛獸之柙。示余輩以虎狼惡心消滅之據。如其不能免於呑噬。則一切欺人之說。可不攻自破已。

第四十六　世界之止戰及永世之平和

野蠻未開之人種。去禽獸不遠。常事戰爭。固應有之義也。苟以文明開化自誇。而復戰爭相尋。是優等人民。猶未能盡去蠻習。不亦深可嘆哉。文明之人民。必務絕戰爭之迹。毅然以謀永世之平和爲己任。百年前碩學康德。即唱道之。而今世之哲學家法理學家。益主張其說。然以社會進化之理言之。亦正不然。人類社會太初之進化。專由戰爭。自然淘汰之作用。即起於是。此自然淘汰之作用。卽優等人種。趨於生存。劣等人種。歸於敗亡之大原因。然則雖謂古代之開明。全以鍊血購之。非過言也。且戰爭爲進化之必要。不獨野蠻未開之世所同認。即今日開化之人民。亦範圍於此公例中而莫可或違。夫以今日開明之人民。戰勝野蠻未開之人民。雖有種種原因。而戰爭實其首務。近三四百年以來。歐洲各國驅逐他洲野蠻未開之人民。掠奪其土地。即此進化之公例有以驅策之。獨是受此驅逐掠奪。在野蠻未開之人民。未免失利。抑知實自然淘汰之作用循級而進。欲避之而無可避者也。自是而優等人民。益趨益優。荒蕪之土地。皆一變爲有用之塲。而學術技藝之發達。遂亦日新而月異矣。

加之今日開明各國相互之閒。戰爭劇烈較蠻俗爲尤甚。蓋列强相遇。均欲以優等自居。勇猛精進。不肯後人。其間接之影響。遂增長學術商工業及百般技藝之競爭心。而世界之進步。亦日急一日。是戰爭亦開明國之必要也。苟今日忽欲採用迂遠之止戰論。令各國悉解兵備。則太好之世界。必柔惰無氣。而文明隆軌。將終古不可企及矣。

第四十七　信敎之自由

帝國憲法。於第二十八條准許信敎之自由。此實臣民之一大幸福也。蓋信敎之自由。爲開明各國所同重。而此自由權。於萬種自由權中。尤屬切要。若不得此自由權。則千萬之自由。均不可謂眞自由也。然帝國憲法准許之精神。及其條件。雖與歐洲各國。無所異同。而詳考其立法之意向。則不無差別。歐洲自古迄今。除基督敎數派之外。僅一猶太敎。猶基二敎之間。雖互相敵視。而其本末之間。不無關係。且歐洲人民中奉猶太敎者。獨猶太民族。比之基敎信徒。其數甚少。故其憲法所准許。即執奉猶太基督。執信基敎之他派。一任其自由而莫之禁。非謂其他佛敎回回敎火敎等。亦無妨信仰也。蓋立法者之意向。決不包含此諸敎於其中。而徵之歷史之事實。亦甚明瞭。何則。歐洲之設爲此條。所以妨新舊諸派之軋轢。而數千年來。曾無一人奉佛敎與回回敎等。故不及也。按土耳其素奉回教且信仰甚堅其在歐洲者未必萃然改宗茲之所云或以其係一小部分故立法者之意向不加入自由信仰之範圍內亦未可知若謂無一人奉回教恐不然也譯者注吾邦古惟神佛二敎。至近世與歐洲交際繁興。基督新敎。逐漸傳來。故立法之初。即有容忍異種宗敎之意。然則歐洲之信敎自由。僅就同一種中之各派。任其宗仰。而吾邦之信敎自由。則合他異種之宗敎。任人信從。其間差異之點。不可不深注意也。

按日本宗敎。向止神佛二種。而學界則數千年來。一以漢學爲宗。然則孔子之非宗敎家。彰彰然矣。（可參看第二十八話）不然。博士此論。何能舉神佛而獨遺孔哉。

第四十八　忠孝仁義及博愛慈悲亦基於利己心且歸着於利己心

利己利他之二心。驟觀之似儼然出於正反對。而不知其非也。利他心畢竟不外利己心之變相。余既屢論述之。茲更辯其要旨。以爲世間甚少反對之證。近來震動學術界而起一大革新者。非進化主義乎。吾人本來之面目。與禽獸無別。由下等動物次第進化。始漸爲萬物之靈。吾人之遠祖。實不得不認下等動物。自此遠祖經數千萬年數千萬代。其遠裔乃成吾人人類。然則欲研究吾人心身之發達并遺傳。決不可僅就人類從事。必上溯其遠祖。無待言也。然此遠祖之下等動物。其利己心甚强。而利他心殆不能見。（除雌雄牝牡之相愛及母既生子之後數日或數月之愛育）既至高等動物。雖仍無眞實之利他心。而不妄害伴侶之念。即漸發生。或偶有一二利他之行爲。亦可考見。更進至於人類。雖野蠻未開。亦必有多少利他之心志行爲。若至開化文明之人民。則此心志行爲。尤屬顯著。由是觀之。知識之漸次進步。其第一段階爲純然的利己心。未幾則恐不利於親近之伴侶之念生。其第二段階。則減殺自己利益之幾分。而與他以利益。蓋受他之信用。則己之利益。必更增大。利他即所以利己也。而此二因所出之利他心與行爲。遂次第遺傳於子子孫孫數百千代而綿綿若存。是此二種之利他心。基因於本來之利己心。甚爲確鑿。不過無意識之可言耳。

吾人人類。既至開明。宗教及德教。羣以忠孝仁義又博愛慈悲等。爲最重大之義務。而欲盡此義務。不僅以減殺其利己心爲主要。必捨身無我始爲適當。是宗教德教。全以消滅吾人之利己心爲目的也。然探究其實。要無非利用此利己心。蓋所謂忠孝仁義博愛慈悲等之利他行爲。皆所以擴充此利己心使進於滿足。吾人道德進步。始克明其理由。初非宗教德教者之所能知也。宗教德教之利用此利己心。其爲術如何。試舉一例以明之。爲忠孝仁義之說者曰。忠孝仁義。吾人之至德也。能行此至德者。則可爲忠臣孝子義士仁人。爲博愛慈悲之說者曰。博愛慈悲。佛神之所最好也。能行佛神之所最好。即爲信佛敬神之人。佛神之保護必周。夫褒賞以仁人義士。非吾人之最大光榮乎。信佛敬神之人。即受神佛之保護。非吾人之最高福祉乎。是即宗教德教利用吾人之利己心。以獎勸利他之行爲之作用也。其結果能使吾人之利己心達於極點。余故曰忠孝仁義及博愛慈悲。

亦全基因於利己心。又歸着於利己心也。

第四十九　余與唯物說

國民新聞曰。『加藤弘之氏。曾蒔唯物的之種子於帝國大學。至今日其餘毒且流布於全社會。破壞武士的道德。此其咎決非淺鮮。』以余之力。不僅播唯物說之種子於大學。且能風靡於全社會。得此品評。實余莫大之光榮。然余之力。曷克臻此。唯余於大學年齒加長。唱導唯物的議論。青年壯盛之士。遂翕然傾服。大學之人人。皆不悅一無根據之空理論。惟務以實驗爲宗。棄唯心論而向唯物論。乃正當之取舍。而全社會受其影響。同趨一途。亦自然之勢也。夫此唯物說破壞中以上之信仰力。破壞中以上之迷信。乃余輩之志望。誠可欣幸。第謂破壞武士的道德。實余所不解也。若以爲破壞武士迷信的道德。則余亦不敢辭。蓋專心一意。排除迷信。發揮眞理。乃余輩必要之責任也。

第五十　殖民地政略

歐洲人種。用其侵略主義。得殖民地。待遇土人之道。極形殘酷。殆視之與動物無異。惟羅馬人種。稍事寬大。而日耳曼人種則尤爲苛虐。惟近來漸悟其失策。均稍稍變計。如英人之對於印度頗重人權。是其例也。而政略則專以本國之利害爲目的。或代謀土人之利害。決不誘導之使與本國同其開明。故雖敬重人權。時用保護之力。其意究不在土人也。蓋欲土人去其怨恨之情。服從本國。永爲本國之奴隸而已。然則變虐待爲撫慰。不過收攬人心。其貌甚良。而其心之險惡。乃愈不可問。英國政府之待印度。即其高等人種。亦不施以同一之教育。所行法律。一切與本國殊科。且不破土人之舊習慣。以保其愚頑。如是則土人永無反側。而本國得以坐享其利。可謂最巧妙之政略已。其他各國之殖民。亦復如是。

吾邦對於新版圖之台灣。宜施如何之政治。亦現今最要之問題也。聽學者政事家之言。僉謂台灣既歸吾版圖。即不可不用同一之政治。明治三十年五月以來。帝國臣民。待支那人及土人。專施與內地同一之德育。欲使其速變爲愛國之日本人。又就知識進步之點。務排除支那從來之固陋主義。企其漸進於開明。其法律規則萬般之事。均以本國爲準據而急爲設定。蓋希望數年之內。全與內地無異。其意向甚壯盛。正直之眞面目。殆與孔孟之說仁義無異。而不知其不可行。反失台民歸服之心也。台民今日雖畏威帖服。其內心之敵視。尚未相忘。夫以敵視之人民。欲一朝與二千餘年之帝國臣民。同其忠愛。不亦迂哉。余謂欲令敵視之台民。漸化爲開明愛國之日本人。必先買彼之歡心。而欲買彼之歡心。則舍撫慰外。無良策也。

按各國素以瓜分中國爲心。乃近則一再言和。一若惟恐我之危亡者。非有愛於我也。蓋侵略主義。愈用愈精。暴烈手段。遂一變爲平和。而不知其惟平和。其內心之狠毒。乃益膨脹。如議商約。改稅則。索路礦。謀內河行輪。無非欲攬我之經濟權交通權。擴張其勢力範圍。而隱以制我之死命也。其甚者乃至干預我之政治權（如各國之於天津。俄之於東三省。）教育權。（日人此心甚熾）以絕我自强之基。是各國今日之政策。直以殖民地視我。而我反欲一切倚賴之。以成維新。或冀苟延於其保護之下。不亦悲哉。總之居二十世紀帝國主義（即侵略主義）盤渦之中心。苟不急講國民教育。企圖獨立自存。吾恐數千年之大帝國。將永爲印度台灣之續也。

第五十一　再論信教自由

余於第四十七話。論歐洲各國之信教自由。與吾邦信教自由。大異其趣。蓋歐洲之兩大教。卽猶太基督。大旨均不外奉惟一之眞神。非全然出於異種。卽基督教之諸派。亦僅有小異同。不如吾邦佛教諸派之甚。然則雖謂歐洲人民。悉奉一教可也。以是全歐之宗教思想。殆歸統一。而吾邦則神佛兩教之外。復加以基督。人民之宗教思想自分裂爲三種。夫此宗教思想之分裂。不可謂非國家之利也。蓋世間一切開化之原動力。無不出於生存競爭。各教欲自謀生存。則競爭實爲其必要。而思想之進步。或且因此破其迷信。若靡然歸於一宗。則改良恐未易易。然則宗教思想之分裂。非惟國家受其利益。亦社會之大幸福也。且吾邦人信仰。不似歐洲之熱心。奉神者或兼奉佛。信佛者亦併拜神。卽基督教之信徒。不過因新來之風潮。羣相附和。久之必至忘其所以。此宗教革命之慘劇。所以幾演於歐洲。而吾邦則無庸過慮也。

夫佛教之於吾邦。亦屬外來之一種。當其初至。社會之情形。頗生紛亂。而今日之對於基教。獨得相安無事者。卽憲法准許信教自由之効果也。蓋此等事國家本不必與聞。若壓制而干涉之。則禍亂將接踵而生。況基教之傳來。歐洲各國。實用以爲侵略之地。苟不善於應付。必藉保護教士教民之名。兵戎相見。而影響且及於政治。此信教之自由。所以尤有益於吾邦也。

案吾國近年禍變。幾無一不與教務相關。割地償金。愈出愈甚。實由憲法不立。無信教自由之專條。而各國遂得肆其干涉主義也。雖准人入教及保護教民。亦已三令五申。然既區民教爲二。即已不無歧視。且時袒教抑民以階之厲。仇敎之舉。烏能不屢見迭出哉。敎案既出。各國即藉口於保護敎士敎民。恃其兵力。協以謀我。於是我之外交益形困難。卒至政界亦蒙其害。然則無憲法之貽戚。實無涯涘。今日欲與列强對立。抵抗其侵略。卓然成自主之國家。除立憲法以植一切維新之基。無他善策也。

第五十二　父母之恩

或有以父母之恩之疑問。就質於余者。其問題頗爲奇特。爰節錄於下。

（上略）大凡古今東西。均以父母之恩。爲至重極大。爲之子女者宜終身孝養以報之。乃不易之天則。不知所謂父母之恩。果何據乎。子女之生也。畢竟爲父母情交快樂之結果。乃造化自然之妙用。卽他動物亦同具此機關。若情交不快。則種子必臻滅絕。且種命之順次而生。亦生物自有之性質。必以此爲父母之恩。其理由若何。請明以敎我。

如此疑問之旨趣。余不能不略辯之。子女之現於此世。雖天地自然生物的情交之結果。而無父母則不能生。以此爲父母之恩。決非無理。且有父母而始生。即動植各物。亦同出一轍。第動植物不知此恩。而人則知之。誠以人有知識而動植物無知識也。況子生之後。養育撫字。父母之勞苦艱難。迴異尋常。此即父母之大恩。毫無可疑者也。加以父母愛子之心。出於至誠。爲之子者。依賴此養育撫字始得成立。然則父母之恩。不綦大哉。余更就道德哲學之有關於此理者。述其概略如左。

道德者。吾人社會。維持進步之必要也。由社會之成立。而道德始生。此事拙著『强者之權利之競爭』及『道德法律之進步』曾論述之。蓋社會之組織。必以人衆之平和親睦。爲第一要件。尤必各家族內先平和親睦。而後社會之平和親睦。乃爲順序。然欲各家族及全社會平和親睦。非人人互行德義。忍自己幾分之不便不利。而與他以利益不爲功。人人皆有利他之行爲。各家族及全社會始得平和親睦也。夫父母養子。既經非常之勞苦艱難。爲之子者。能不思所以報之乎。以生養育來。以孝養往。自利利他。最爲適當。而家族社會之平和親睦。亦卽於此立其基矣。

夫道德既爲社會維持進步之必要。必不可不先促進父子間之平和親睦。否則道德失其性質。無維持之進步之可言矣。此不僅文明的社會開明的道德爲然。即未開的社會野蠻的道德。亦不能踰此範圍也。

獨是父母之對於子女。養育之外。施正當之教育。尤其最大之天職。必使其子女成年之後。卓然自立。足適應社會國家之用。乃爲無負。苟溺愛不明。或任其嬉戲及虐遇無狀。致令子女無所成就。甚且流於游蕩。則父母之罪大矣。如是而第責子女以孝養。非惟不公。吾恐其子女幷不知孝養爲何事。徒伈伈焉爲害羣之下等動物而已。父父子子。可不各盡其道哉。

　案今日爲國家主義極盛時代。歐西碩學。羣謂父母之教育子女。非僅其一人一家之私德。乃對於國家。人人應盡之義務也。吾國教育之事。國家既缺焉不講。家庭教育。亦極廢弛。故社會日益退化。而人心風俗之敗壞。實有可爲痛哭流涕長太息者。嗚呼。以劣種入天演界中。經自然淘汰之作用。必自赴於滅亡。夫豈待他民族之實偪處此哉。

第五十三　可擴張忠孝之範圍

古語云。國亂顯忠臣。家貧出孝子。是治國富家。必甚少忠臣孝子之人物。己以余觀之。實大不然。唯從來忠孝之範圍。甚爲狹隘。故所推許之忠臣孝子。於亂國貧家時。始得見之。蓋古之所謂忠孝。僅直接於君父之爲。而不知間接之効果實大且多。誠可憫也。

夫忠孝之意義。決不僅以直接於君父爲依歸。必能謀社會國家之利益幸福。乃爲適當。苟知以此間接之行爲。均納入忠孝部內。則國治家富之時。忠臣孝子不難接踵而起也。

凡夫研究學問技藝謀智德上之進步。又興農工商等百般之事業。或施材能經營國家。且盡力於道德品行。慈善德惠等事。圖社會之改良。皆所以增進社會國家之利益幸福也。君父之利益幸福。亦必因此加多。是間接之忠孝。此於直接之忠孝。其優絀不待辯也。

若然則今日任教育之責者。爲家庭及中小學校等。說修身之道必不可不以國家社會之利益幸福爲目的。應歷舉古今東西史類傳記之能盡公義務者。與之講論。以作起兒童生徒愛國家愛社會之心。是則余所殷殷希望者也。若固守舊思想惟以忠孝爲對於君父之詞。則冥頑亦甚矣。

第五十四　善惡變化之例證

善惡之別。非天地之自然。隨人世社會之進步而變化。乃近世多數學者所同認。而余亦確信不疑者也。然非之者亦正不少。茲請就吾邦近世之事實。證明其誤。吾邦古代。與未開半開國同。必以能復君父之讐爲善事而獎勵之。稍開之世。始漸知人民互相殺傷之非。既而德川氏之初。遂禁復讐。是即吾邦道德法律之主義。往時所視爲善事者。至是則視爲惡事矣。然社會一般之人心。驟難變化。守舊來之習慣。陰主張復讐之說者。猶有其人。至於今日。則人情大變。最早之獎勵。全歸消滅。又君主之死歿。臣下舊有殉死之風。德川之初世。亦嚴禁之。其後遂羣悟其不然。

維新之前。最重攘夷。名宿碩儒。恆倡導不衰。所謂大和男兒者。誓均振此絕大之精神。至維新之後。與各國交際往來。攘夷之行爲。乃最爲惡事。不可不懸爲厲禁也。

由是觀之。吾邦善惡之別。古今全相顚倒。如攘夷者。殊最近事。人人所習知也。然則善惡之別。非天地之自然。隨社會之進步而變化。彰彰然已。

難者曰。以上之事例。誠甚明晰。第古者人智未開。善惡之間。往往誤認。至今日開明之世。始能辨其眞相。所謂善惡變化者。殆吾人判別善惡之思想之變化云爾。非善惡果異其性質也。應之曰。人智未開之時。善惡之誤認。誠爲不少。然有在開明社會。爲甚惡事。而在未開社會。實際爲善事者。亦指不勝屈。如適所舉事例中。復讐之行爲。切不可謂其非善事也。何則。未開之時。政權未能統一。刑法失當因之懲罰罪犯之方法。絕不完全。故人民不能不互相復讐。以防社會之罪惡。又如攘夷。在往時實爲必要。是亦當時之善事也。蓋三百年前基督教之入吾邦。全然爲奪國之政略。徵之該教會傳教於他邦之事實。即明其故。且當時國家之基礎猶未鞏固。故不得不用攘夷手段。以維持最可愛之國家。今日則時勢大異。憲法之成立政體既已改良。而國勢之自由。國民之進步。更足與歐美列强相頡頏。故今日教士之來。均帖然就我範圍。國際往還。亦靡不以平等相待。侵略主義。已歸消滅。則攘夷卽爲惡事。至殉死一說。蓋古者君權强大。以獎勵臣民無限之服從。爲最得之計。今日則民權之義既昌。人人知有國家之一分。君主者不過人民所舉之司事也。故人民可犧牲一身以殉國家。而決不可爲君主效其小忠小信。是則善惡之變化。非關於吾人判別善惡之思想之變化。乃其物本身之性質。

隨時變化也。

案春秋張三世。即善惡變化之義。此君子所以貴乎時中也。又書云兼弱攻昧。取亂侮亡。孟子曰。人必自侮而後人侮。國必自伐而後人伐。蓋外力之施於我。其爲善爲惡。恆視內力之强弱虛實爲轉移。如空氣然。同一寒熱之度。壯夫與病者當之。則有生死存亡之別。即一人之身。亦時異其現象。（如前所云飲食有節則適於健康。飲食無節則必致疾是也）誠以爭存之道。無一時可稍自暇逸者也。日本與吾並處東亞。其國際往還。如立約。如傳教。如通商。無一不與我同。乃彼則增進富强。我則利權日失。豈歐美各國。厚於日而薄於我歟。實我具有弱昧亂亡之資格。其自伐自侮特甚。故帝國主義。獨膨脹於我域內。而遇夫日本民族强盛之國。其侵略力自消。且各國之對日本。亦前惡而後善。故有國家者。不必懼夫某民族某主義之足以亡我。要先內省夫我之種種方面。果有可以不亡之道否耶。嗚呼。强弱虛實。非一成不變之名詞。吾國今日。盍汲汲好自爲之哉。

第五十五　身的奴隸與心的奴隸

在於古代。無論何國。於尋常人民之下。必有奴隸。按吾國古無奴制此亦歷史之光榮也雖寺人之名見於三代漢時屢下詔免奴婢及晚近有樂籍與身家不淸白之例其範圍甚小且界限亦不綦嚴與各國之所謂奴隸迥異其趣蓋各國階級制度勢力最强而吾國雖偶一有之初非根株於學術界也譯者注此奴隸對於人民。不許有自由之權利。視之如牛馬然。或等於器械。專供社會人民之用。世界進化。始悟其非。故文明諸國。悉廢其制。惟半開未開諸國。倘一見之。然身的奴隸之外。又有一種心的奴隸。雖文明之國。今日猶不能盡免也。抑身的奴隸者。不過被他人之强迫。一切不能自主。已之膂力。適爲人役而已。此其情尙可憫。若心的奴隸。則他人未嘗强迫。而自願爲人之奴隸。放棄其自由。得不謂之至愚極庸乎。此其罪實無可逭也。

何謂心的奴隸。即宗教之迷信是也。凡奉釋迦基督之教者。均迷信其教主。有人世以上之智德。其言行一無缺點。而不知其絕無眞理也。迷信之甚。必束縛自己之思想。一步不敢踰宗教之外。是即所謂心的奴隸。第此心的奴隸。若獨在無知識之社會。余可無庸深咎。否則僅在各教之信徒。猶有可說。奈何號稱學識俱優之人。且不信仰各教。而心的奴隸亦甚繁多。則余所大不解者也。吾人人類。既有靈妙不可思議之腦髓。則由學習而得智識。即以自由之思想研究眞理。要非甚難。亦何等快樂。積學習研究之所得。然後可信者信之。不可信者不信。取裁自我。乃最適當之權衡也。夫同爲圓顱方趾之倫。若一切學說理想。皆固守古人之成說。甚至他人一言一行。亦深信而不疑。惟日益其心的奴隸。其卑屈誠可恥已。彼身的奴隸。經近今開明之輿論。既得廢止。而心的奴隸。仍蔓延於學界而莫可紀極。亦獨何哉。蓋身的奴隸。本由他力之强迫而成。故歷其境者。無日不欲自拔於苦海。獨此心的奴隸。非由外鑠。故不啻不願脫此奴籍。亦若唯恐脫此奴籍也者。然則欲廢此心的奴隸。決非易易。世有眞愛自由者乎。吾視其先脫此奴籍也。

第五十六　德育之效能甚薄弱將如何

古今進步發達。無不注重德育。以爲敎人之本。然善惡之觀念。顯生區別。則德育之目的。亦必大有異同。如古之敎者重家族。今之敎者貴社會。古之敎者祖忠君。今之敎者左愛國。古之敎者在養成仁人君子。今之敎者務造武士國民。時勢既異。應用自殊。半開時代之道德。實不足語於文明世界之民族也。第證以歷史之事實。德育之效能。極爲薄弱。有深堪驚嘆者矣。

即如吾邦與支那。孔孟之敎育。久已風行。忠孝思想。應普遍於全國。乃歷觀往昔。足稱爲眞忠臣眞孝子者。究無幾許。而不忠不孝之人。且接踵而起也。況往昔之所謂忠孝。範圍甚狹。比之西洋。瞠乎其後。然則雖謂其無忠臣孝子可也。孔孟敎育之實際。殆將消歸烏有。至於今日學者之所唱道。敎育家之所布置。靡不欲以愛國之種子。立憲之精神。輸入於國民腦裏。而究之言者肫肫。聽者藐藐。噶蘇士。瑪志尼其人。幾見於歐西。而國於東亞者。則閱千萬人而不一遇也。然則謀敎育之改良。促道德之進步。非今日救時之急務哉。

第五十七　勤王家

勤王家云者。數百年來。慨嘆帝室之式微。不惜犧牲身命。謀大權之復興。有志輩奔走相呼召之名稱也。以余觀之。此主義甚爲狹隘。夫王事與國事。本相離異。故凡號稱勤王者。不必眞有愛國之心。而能愛國者。要亦無庸勤王。蓋國之有王。所以謀國家之和平。增社會之利益。從民欲而出政治也。王而能達此目的。則爲盡其義務。舉國之人必與以種種之尊崇。并爲極厚之祿養以贍其身家。反是則爲曠職。曠職之甚。將羣起而易之。若更暴厲無道。則殘賊之一夫而已。雖與以放逐。亦理之常。無足爲怪。

然王事亦有關係於國事者。如鎌倉以來。幕權伸張。奸雄跋扈於外。親貴窺竊於內。廢立之謀。日益緊急。其結果必影響於政界。而國家之治安。亦將由此破壞此而以愛國之熱心。肩勤王之義事。夫誰敢有議其非者。若平時既一切廢弛。政治之善否。毫不聞知。國家之改良。亦聽其自然而不顧。及一旦變起倉卒。乃囂囂然號於人曰。勤王勤王。吾恐王未及勤。而國家已不堪問矣。

獨是古之重視勤王者。亦自有故。蓋古者君權甚强。人民全歸壓制。政治思想不能發達。國家之眞相。亦無人窺見其一斑。視王家爲國家。故誤認王事爲國事勤王之役所以史不絕書。而國家之組織。終未聞趨於完全也。

至於今日憲法既立。君民之權限。截然分明。王家者不過全體中之一小部分。雖養尊處優。有以獨異於常人。而宮內一切動作。究屬其一人一家之私事。要不得波及於政界。國民教育普遍全國。人人之觀念。皆循此愛國之軌道而行。而勤王之說。可絕迹於開明之世矣。

夫君主者。一國之代表也。其榮辱即與國勢爲平行。人人講愛國之道。則國强而君主之光榮。可綿存於萬世。人人不知愛國。則國亡而君主且夷爲皂隸。徵之歷史。靡不皆然。然則眞能勤王者。必以愛國爲當務之急。而愛國之勤王。乃勤王之至善者也。余故謂古之勤王家其主義甚狹隘也。

第五十八　學問上之研究務要膽大

學問上之研究。不可不徹頭徹尾自由自在。凡夫事物之眞理。得以彰明於世界者。均古來幾多學者。能自由研究之功。然事物之繁多。不可思議。雖至於今日眞理之已發見者。猶不過萬分之一億分之一。近頃由理學諸科之進步。物理上之眞理。漸精確不可動搖。而哲理上之所說。其不足憑信者正多。必積後數千百年學者自由自在之研究。始可去其似而存其眞。然則自今以往。學問上之研究。更宜用自由自在之手段。不可有一毫拘束掣肘。斷斷然也。

歐洲古代敎會與政府之權力。甚爲强大。研究學問之自由。多被干涉。其妨害眞理之發見。實非淺鮮。然今日敎會政府之權力雖衰。而社會習慣之勢力。猶屬頑固。自由研究。仍未十分發達。眞理之受其妨害者。亦甚不少。夫居開明之世界。任聽此妨害物根株不絕。至欲有所論述。反以恐觸社會忌諱之故。遲不敢發。學者之奴隸心。亦可謂加人一等矣。而最愛自由之英國。猶不能免此惡習。實可驚歎。

是蓋教會政府之勢力既衰。而社會一般之宗教思想。復起而代施其壓制也。吾邦社會之習慣。亦極腐敗。自由自在之研究。恆不受學界之歡迎。故余所說社會之發達進步。必由强者之權利及利己心。學者猶或非之。夫余豈好爲奇說異聞。以搖惑衆聽哉。誠知夫眞理所在。不忍以自欺者欺吾同輩。若學者謂余說爲失眞。宜以學理的辯論。匡余不逮。余甚樂聞其說。且欲相與切磋。務求一是。乃學者之所爲。徒逞漫罵。以妨害他人之自由。此決非學者所應有事也。然余豈經此妨害。遂亦放棄其自由乎。余之研究學問。從不避社會之忌諱。妨害愈甚。膽亦愈大。認定自由自在之研究。實吾人之天職。無能曠廢。夫亦曰。學問之道。如是而已矣。

第五十九　漢學家

漢學家於吾邦開化之功。甚爲顯著。德川氏三百年間。鴻儒碩學接踵而興。士流以上之開明。殆全屬漢學之力。有此漢學之素養。若更取歐美之新學說。增益其智識。并推及於全社會。則通國人民。日進高明。國家之光榮。亦轟於大地。漢學家之功德。豈非碩大無朋哉。乃吾有以窺今之講漢學者矣。株守維新前之固陋主義。傲然自大。毫不解新理新學爲何物。故邇者各學校之教員。其所教授。多爲當世理學家之所不許。無論口說之不經也。卽所編讀本。怪誕無稽之說。亦累牘連篇。恆舉二十四孝。爲孝行之標準。謂孝心感動天地。則醴泉自生。其他種種祥瑞凶徵之謬論。多至不可枚舉。蓋漢學家之識力。固如是也。又不肯一用其思想。唯以訛傳訛導生徒於迷妄而已。且余常遊於府縣之各學校矣。其教員爲師範卒業者。授業之方法。必甚適宜。講解事項一以實理爲歸。若五十前後之漢學先生。教導生徒。無非以極陳腐之文題。令其議論。而先生之所講授。聽之有令人絕倒者。甚至同一學校。同一生徒。甲室之所說。譬如謂酒爲由化學的作用。製造麥米而成。而乙室方且據案高呼。謂有孝行者。則水亦可以變酒。卒令生徒之心。疑惑莫解。而稍有知識者。必漸是甲而非乙。或從而訕笑之。夫置教員而令生徒或笑或疑。則非徒無益已。然而學校之監督及校長。多等閑視之。甘託生徒於此等敎員。亦獨何哉。

總之漢學先生。惟知研究字義。所謂拘泥詞章訓詁之末。而忘乎學問之本旨也。其敎倫理。歷史。修身諸科。亦不外此伎倆。然則固守漢學之無用。不待論已。夫敎育者所以啓發吾人之智識也。若如漢學先生之所說。非以智之。適以愚之。其結果致人種日趨劣敗。貽害乃更無涯涘。故今日檢定敎科書之良否。實文部省之急務。必立一適當之方針以爲之程。凡委瑣不堪及荒誕無稽者。一切屏而不用。則民智庶可開乎。

抑敎育與宗敎。不能混合者也。宗敎以使人迷信爲目的。其立說之毫無根據。較漢學家爲尤甚。若誤認宗敎爲敎育。是不啻以漢學爲敎育矣。居今日理學世界。敎育之法。烏可不急思改良哉。

案邇者各直省均紛紛開學堂矣。而師範無人。敎科書亦未備。爲敎員者仍不外乎漢學先生。或更妄援宗教以誣孔子。即以此自愚而愚人焉。吾恐學堂雖開。而國家終無人才也。日本維新以來。教育之方。已日進步。加藤氏猶議其失。若使之入觀吾國。不知更作何語。嗚呼。謀教育之改良。實今日第一要事。造次顛沛。不容或緩者也。

第六十　新學家

余於前話論漢學家之通弊。本話則就講新學者而論之。新學家修輓近文明之學術。不似漢學之迂遠。無論其理學諸科也。即哲學文學等其他之學科。決不信荒誕無稽之談。於學問上極有進步。如以此輩爲教員。不僅無漢學悠謬之弊。而教授方法。適於今日之用者亦甚繁多。是新學實優於漢學也。

然新學家之偏僻。亦正有之。心醉西洋之文物。以吾邦與野蠻未開同視。人情風俗制度文物之優於人者。亦不詳察。純用破壞主義。欲播西洋之新思想新開化於全國。如此傾向。距今廿年前。殆甚流行。即余亦不能辭其責。厥後漸悟其非。知取人之長。以增進吾之開明。固爲有益。若并吾之所長而忘之。則未免失當也。雖然。天下事適中最難。恒不能無所偏倚。保存之主義既盛。必固守舊來之習慣。以新思想新開化爲邪說。妄施排擊。由今十六七年前之狀況。殆亦不無此弊。第此偏僻之說。決不能永得勢力。全社會翕然進化。必漸有所折中。亦自然之勢也。獨是新學家主張極端之改革。要非得已。蓋不如此不足以破守舊之頑迷。而社會進化之機。將自此中絕。總之。進化主義。爲人類社會之必要。遺傳（即守舊）應化（即求新）之二作用。不可偏倚於一方。神而明之。存乎其人。余深有望於學者矣。

案。破壞主義。即進化主義之前驅也。欲袪數千年之錮蔽。非一切摧陷廓清。莫能爲計。且既曰進化矣。即未有不破壞者。特其作用。有激急平和之分。如人身然。自幼至老。月異而歲不同。雖一日之間。身體髮膚。亦新陳代謝。（閱生理等書自明）此不同與代謝。即平和之破壞也。若急激之破壞。亦間有之。醫癰疽者。必先奏刀。剷除其毒。然後施之藥餌。乃克有濟（西人且有解剖支體及胸腹以治疾者。甚或解剖頭部。其破壞亦至矣。然不如此則疾不能瘳。即若藥瞑眩之意也。）否則貽害將無窮。從可知破壞者。所以破壞其舊染之污也。舊染去而後新者始有所施。然則雖謂破壞爲進化。亦無不可。吾國一切事物。腐敗已極。審理酌勢。破壞主義。實今日適當之作用。讀者甚勿誤信加藤氏此說執中而無權也。

又一國有一國之特別性質。如地理歷史。及其他種種之原因與結果。皆不可不深究。故所貴乎新學者。謂其能以新思想新學說。斟酌損益。改良我國家。若人云亦云。或知彼而不知己。無論其所學不足應國家之變而已。將相率變爲不中不外之人。甚至爲外人之奴隸之未來順民之間諜之虎倀。自戕同種。則新學必爲世詬病。而國家實深受其殃。此則吾之所大懼也。

第六十一　愛鄉心

吾人之性。恒愛其親近於我者。此愛親近之心。實自愛之結果。亦即愛國之基礎也。居今日競爭世界。排他而利己。爲各强國互認之方針。則愛國心最爲必要。故一國之內。無論地方之異同。尊卑之殊別。業務之差違。黨派之分立。均不可不棄其小部分小方面之傾軋。同心協力。全國一致。出而與他國相競爭。蓋必固結一大團體。然後可自立於不敗也。

余嘗有見於愛鄉心之活潑已。同一區域之人。交際往來。極相親睦。雖有素未謀面者。或并其姓名亦不聞知。而一經晤語。親睦之情意。即油然而生。蓋故鄉之風俗習慣。山川土物。種種之因緣。感人最易。此中況味。非他鄉親友所得而俱也。然則同國人之感情。必非他國人之所能喻。無待言已。吾人苟欲吾自有之國家。不爲列强排他利己之方針之所叢指。則擴充此愛鄉心。群然愛國。誠最急之務。而亦最美之德也。

第六十二　人類界之一種人爲淘汰

博士赫憶爾所著之造化史中有曰。輓近人民。盛倡自由之說。以古代之法律爲嚴酷。欲漸廢去。專主寬大。一切以今代之法律代之。如刑法然。古代雖稍輕之罪。多用死刑。今日則極重罪過。不過監禁數年而止。悖倫之惡漢。永保生命。且得隨舉子孫。遺傳其不良性質。惡漢將次第繁殖。甚可嘆也。更有一可嘆者。即輓近醫學雖進步。於古代無可如何之病症。亦能治療。而有遺傳病者。仍聽其長養子孫。蔓衍其遺傳性於病弱之社會云云。博士之意。殆不欲實行於今社會。唯論自然界自然淘汰之理之適用於人類界乎。若然則博士之論旨。固無間已。夫萬物生存競爭。優者適者常得勝利而壓倒劣與不適者。此自然淘汰之天則。吾人類界所必不能免者也。然欲謀社會之維持進步。第遵從自然之天則。不更進以人爲淘汰。如掃除悖倫之惡漢。務絕根株。苟犯罪者悉奪其生命。以豫防不良子孫之增殖。又禁醫學之研究。阻止其進步。凡有遺傳病者。即殄滅之。不使萌蘖於茲世。則未爲得當。蓋今日開明之人民。不僅爲天則所利用。必別出敏活手段。收良好之結果。即講求教育。變化不良子弟之性質。並研究醫術衛生。預防疾病。以進人體之健全是也。

凡夫如此手段。均吾人研究天則而利用之。所以避害而取利也。在他動物智識未開。徒爲天則所抑制。獨吾人之智識。能利用天則。故足轉禍爲福。但吾人智識。無論如何進步。毫不能脱天則之制馭。其所以優於他動物者。不過即此能利用與不能利用之別耳。

進化學所稱爲人爲淘汰者。即謂以人力革故鼎新。改良一切事物。其作用毫與自然淘汰無異。唯自然淘汰。本來之目的。不外天行。故其作用之時間頗長。若人爲淘汰。則吾人自立目的。隨時變化。其作用之時間則甚短。蓋地球初有生物以來。僅爲下等動植各種。經數千萬年之生存競爭。優勝劣敗。始漸進於高等。迄生最高動物。乃成爲吾人人類。是即自然淘汰之作用也。而人爲淘汰之作用。亦復如是。特目的之達。多在數年數十年之間耳。

蒔花卉者。欲得超凡之美花。必先於數株中擇其最美者植之。并略取其種子。加意栽培。劣等者則悉棄去。翌年又取其更優者。而遺其稍劣者。如是遞進。至於數年或數十年。則花之益美可知。以此與數年前之花相比較。殆成異種。是即花卉之人爲淘汰也。牧養鳥獸之人爲淘汰亦然。擇其牝牡雌雄之優等者使相交合。年復一年。其子孫必更進於優等。若夫鮒之化爲錦魚。更人爲淘汰之彰著者。人類由下等動物而進化。亦猶錦魚之由鮒而進化也。所異者人類進化。爲無目的之自然淘汰。須非常之長日月。始能有成。錦魚之進化。出於有目的之人爲淘汰。非常之短日月間。即可迅奏厥功也。

博士罪人及病者之說。即花魚鳥獸之人爲淘汰也。然如此人爲淘汰。究不可行於人類社會。蓋所貴乎人類者。謂其能改良社會。用教育。學問。醫術。衛生種種手段。使劣等之人。均漸進於優等。非謂其去此而取彼也。又花魚鳥獸之人爲淘汰。不過僅費短時間。而人類社會之人爲淘汰。非經由幾多之長時間。不能如志。雖此時間。較之自然淘汰之所需。甚爲短少。而以視花魚鳥獸之人爲淘汰。則正綿綿。此即吾人不能背反天則之據。然吾人須利用天則。毫無可疑。余故謂變劣等人而進於優等。爲一種之人爲淘汰。第四十三話之所論。亦即屬此種也。

第六十三　攘夷家與開化者流

攘夷家與開化者流。似全立反對之地位。然熟思之。實亦有不反對者在也。蓋旣爲一國之人。即應同有愛國之志。苟本此志以生動力。則兩者不相期。均足奏開明維新之大業。眞攘夷家以不攘夷無以成愛國。眞開化者亦以非開化不能遂愛國之志。故所用之手段。或甲或乙。全相反對。而其欲達之大目的。決無稍異也。攘夷家之識見之手段。實固陋狹隘。志之不遂。亦固其所。然其氣力之旺盛。則有不可屈者。假令攘夷家更知開化之必要。取最新之外交而行之。或佐以開化者之明敏。則維新之大業。必能有成。如支那與朝鮮國勢之所以不振者。非無攘夷家亦非無開化者流之故。特僞者多而眞者少。且均無純固之愛國心。以結連通貫於其間也。

居今之時。拒世界之開化。國家必大受其害。攘夷之說之不適。不待論已。然攘夷最初之精神。要不可須臾離。開化者宜深注意也。蓋攘夷家最初之精神。原無謝絕各國交際之意。特外交上苟有汚國體損國權者。決不以歐美列强之威嚇。稍事屈從。第欲保全此精神而利用此精神。則富强之謀。刻不容緩。然富國非朝夕可能奏功。而强兵猶居其後。今日之急務。惟有普遍國民教育。先作起人人之愛國心。庶可爲自立之地。然後以開化之手段助攘夷。乃成眞攘夷。而以攘夷之精神促開化。斯爲有用之開化也。攘夷家與開化者。相反而實相成也。

案日本政界。倡文明排外之說。蓋排外者所以謀己國之生存。而文明之排外。乃能操必勝之算也。當此競爭劇烈時代。凡國於世界者。均應有自謀生存之事。乃吾國庚子以來。野蠻之排外。既已幾致滅亡。而和議告成。崇拜外人之心。則日甚一日。苟一經外人之恐嚇。即帖耳聽服。雖汚國體損國權而不顧。嗚呼。吾恐自今以往。攘夷之精神。全歸消滅。所謂開化者。不過預養成適用之奴隸。

以博未來主人之歡。而即以縮短其不奴之期。初不計及夫人奴隸我者。且轉而牛馬我魚肉我也。眞愛國之士將何以處此哉。

第六十四　爲生而食非爲食而生

西諺有之曰。爲生而食。非爲食而生。蓋謂萬物之靈之吾人。所以異於禽獸者。以禽獸徒知求食以生存。而人則不可不有所事。事因生存而後計及於食也。然知此義者。不過社會甚少數之人。而唯以食爲生存者。殆占多數。實可嘆也。故夫素不健康之人民。或瘋癲白癡之類。徒食而生存。誠非得已。若無此等狀況而猶懶惰放逸。不操一業以終身。亦獨何哉。夫既生而爲人。具有此健全之心身。即隨其心身之所能勝任者。各事其事。以益己而益人。無論學問技藝教育農工商等百般業務。皆有益於吾身。并於社會有多少直接間接之利益。就其性之所適。自擇而自從事焉。斯即萬物之靈之吾人對於人類社會。所應盡之義務也。赤貧之人。惟以餬口爲計。既無暇研究事物。則身執賤役可也。然是亦足以應社會之用。若生計稍裕及資產甚富者則研究事物學習一切奚待遲疑苟碌碌無大志。光陰虛擲。不出乎爲食而生之評。亦可鄙矣。夫學問。技藝。教育。雖非生財之道。然一家之生計既立。即可孜孜汲汲。一意專心。勵精其業務。商工農諸業。雖非求學之途。然既有普通之學識。即可孜孜汲汲。一意專心。勵精其業務。如此則人已兩益。并增進社會之幸福。始不愧爲萬物之靈。反是則飽食終日。無所用心。與禽獸奚擇哉。況乎國家之進步開明。即個人勵精之結果。今日之吾人。由祖先之勵精而成。今日之國家。始得綿綿繼續。漸脫其蠻野之習。然則吾人今日欲國家之進步開明。更不可不勵精以傳於子孫。子子孫孫。亦能如是相傳。國家之進運。將不知所止。而吾黃色人種。或不至終屈於白人種下。比肩對峙。相與競爭。亦意中事也。而究之非全國之人人人勵精不可。吾國民試一舉目。今之時豈悠悠忽忽爲食而生之時乎。

第六十五　學者之本分

就於學者之本分。近頃有兩種議論。表裏反對。均與余之意見不相容。今舉其概要。并述余意如下。

其一曰。哲學者（不兼他學者而言）專以研究深遠高尙之學理。爲畢生之本務。亦因其所。然不可與社會全相離隔。宛如坐禪之僧。蓋哲學者所研之哲理。畢竟不可不爲社會改良進步之基礎也。苟其所研哲理。適爲社會改良進步之基礎。則哲學者之在社會中。必占重要之位置。換言之。即受社會十分之崇敬尊榮也。古今東西之碩學。靡不皆然。乃吾邦今日之哲學者。則竟異是。終生之志望。惟以窮理爲歸。離社會而孤行。以故於社會改良進步之爲。無一毫之裨益。因之不能占重要之位置。至令社會絕不崇敬尊榮。羣然以腐儒視之。是豈哲學者之本分哉。

其二曰。學者（非單指哲學者而言）宜專以研究深遠高尙之學理爲本分。必超然於社會俗塵之上。不可有涉於當世之事。然今之學者。好與俗人相伍。奔走俗事。遂忘其研究學理之本分。甚可嘆也。

以余觀之。二說均未適當。如第一說謂哲學者不可宛如禪僧。務致力於社會改良進步之事。占社會重要之位置。不知哲學者所研之哲理。非尋常淺近平易之事。必欲令其裨益於今日之俗社會。是愚昧之見也。且哲學者之所研究。豈僅絕無裨益於今日之俗社會哉。幷不可期之將來。或至未來永刼。終不能有所裨益。亦未可知。夫使哲學者而欲占社會重要之位置。受社會之崇敬。必直接任社會之事業。則意向偏於一方。深遠高尚之哲理。將放擲不知幾許。蓋不如此不能奏裨益社會之功也。反是而措社會之裨益。專從事於學理之研究。則尊重者不過學者社會。而一般社會必不尊重之矣。然此究非哲學者之恥辱也。

哲學者之性質。由其人之性質學風及境遇等。時生區別。或專用其心力於哲理之研究。或於研究哲理之外。更謀直接於社會之改良進步。如同一儒術。其始祖孔子。及繼續之孟子。以研究學理。不如改良實際社會為本分。其後宋儒則以研究學理爲最要之務。而王陽明又倡知行合一之說。以戒偏倚。其在希臘瑣克拉底及伊利斯陀斯爾並重實地理論之二者。普蘭脫則主理論。近世霍布斯及斐希帖等用力於實地者不少。康德畢黑格爾又近今之斯賓塞及呵爾脫滿復傾向於理論之一端。若吾邦白石蕃山之主實地。仁齋藤樹之主理論。於彼於此。不無異同。是甲非乙。未免狹隘。蓋哲學者之本分。要不可執一而論也。

第二說蓋駁擊第一說而矯枉過正者。故其語意之範圍甚廣。已包括法律學者。政治學者。經濟學者。醫學者。及其他種種之學者於其中。是等學者。欲使其專研學理。實不可解。夫法律政治等學術。決不可徒盡心力於研究學理之一方。以其所研究者。實地試行。尤爲必要。社會之改良進步。全由此學理之見諸實施而來。然則以學者之奔走於實地爲非。其誤謬亦甚矣。

以上二說。殆表裏相反對。而余均非之者。誠信夫眞理正在其中間也。

第六十六　社會與英傑

凡個人本來有意思之自由。其行爲亦全起於自由。此哲學家所唱道者也。個人有天賦之自由權。其權利決不可少有阻害。此法理學家所主張者也。然由今觀之。殆成空談。自由意思及天賦自由權之二大主義。將全歸消滅。又今日猶以個人之心神力。頗占優勢者。（如英雄。豪傑。教祖。賢哲等）謂其可壓一世而制社會。亦不達之論也。夫個人皆生於社會。養於社會。教於社會。制於社會。不過爲社會組成之一元子。自生初以至死歿。全受社會勢力之攻圍。迄不能脫其束縛。其終身碌碌。尋常一樣之人物。爲境遇所困者無論已。即英雄豪傑。教祖賢哲等之偉人。亦決不能於社會勢力之上。超然獨闢一位置。其所思維所行爲。常於不識不知之間。受社會勢力之激刺壓制。而生感化順應之方。如堯舜禹湯之聖王。秦始皇。漢高祖。細查爾。錞賴滿。豐公。拿破崙等之英主。其一言一行。皆與其社會有密切之關係。堯舜禹湯處三代以上半開未開之社會。故其所奏治績。不脫太古之風。秦始皇。漢高祖。細査爾。以下之諸英主。亦生當半開未開之社會。其所成就。僅爲當時之偉業。即今日開明時代之英主良相等。受今日之教養感化。亦不過治理今日之事。若欲於該社會勢力之外。獨建事業。雖偉大之英傑。究亦無能致力也。

不獨此也。即教祖賢哲。爲萬世所仰望者。亦復如是。縱令有超凡之高德學識。實亦該社會之所教養感化。其品性見解。終不能出該社會之範圍。故其教義學識。當時雖如何卓越。要不足爲萬世之師。釋迦基督之宗教。孔子之教育。足爲當時之師標。畢竟依該社會之時勢人情。巧爲調理而已。故一入開明之今日。其不適於社會之用者正多。夫古來所稱爲賢哲者。其所研之學理。原不能與凡俗社會相同。然決不能不受凡俗社會之感化。如欲全與社會相離。突發見一新主義。則必無之事也。從來學者經數世數十百年始漸有所發見。而後之研究學理者。必因緣於此以發見從來未發之學理。是舊發見常爲新發見之預備。而新發見不過舊發見之結果。新舊之間。未有不連結者也。瓦特及蓋利賴訛之物理天文上之發見。拉瑪爾枯又達爾文之進化學上之發見。皆不外此理。且諸子之所發見。不前不後。適生於茲者。亦社會勢力使之然也。從可知雖如何碩學。當時之學識。不能全與社會相離。其所發見之事項。靡不由於前此之發見。有以植其基也。由此觀之。社會與時勢。左右吾人之力。甚爲强大。雖英雄豪傑。亦不能不受其壓制。彰彰然也。然所貴乎英傑者。謂其能以先達先覺自任。謀社會之改良。若全受壓制而不自生動力。則社會之進化。將成絕望。惟具觀察時勢之眼識。常誘導吾人人類。使羣趨於有益方面。此英傑之所以異於凡庸也。然先達先覺。不過較凡庸之思想行爲。增進一步。而對於社會與時勢之强力。終甚微弱。蓋英雄豪傑。亦同爲個人中之一。無他奇異也。

第六十七　吾人之運命

宇宙間事事物物。有莫知其然而然者。一神或數神之所主持歟。佛力之所呵護歟。抑天地間本來之正理。及天理所制定歟。信如此也。吾人行爲之善惡邪正。必有自然的賞罰。而其賞罰或在本人之生前。或在未來子孫之世。故善人而遭遇不幸。爲前世祖先積惡之結果。惡人而享有幸福。爲前世祖先積善之結果。此星命家所津津樂道者也。然此等毫無證據之說。雖甚圓妙不過用於古代未開之社會。或今日知識未進之徒。而決不能得余之信用。然則吾人之運命。果由何道而致此乎。大惡人得大幸福。大善人受大不幸。人間社會數見不鮮。致令德義節操之人。鬱鬱不平。而自暴自棄者或反有所藉口。亦可慨也。

吾人之運命。決不出於自然的賞罰。稍有知者。類能辨之。然宇宙間萬事萬物。全因緣於善惡以外之因果報應。亦無可疑。即以貧富而論。縱有如何正善之行爲。而無才智即不能致富。有才智矣。而身體不健康。猶不足以致富。假令有才智而且健康。或妻子眷族甚多。或頻罹災厄。則亦無致富之道。加之有種種才智。適於他事。或不適於生財。則富之致亦甚難。然而甚不正善者。則儼然富翁矣。又就功名言之。雖有如何之才識。而遭逢不偶。不得不碌碌以終身。而庸庸者則往往建立功名。若夫有志之士。或以身體虛弱。或以生計維艱。不能遂其勉學之希望。而無才者多占學習上之便利。不難得相應之學識。其他善攝生者不幸罹傳染病及意外之災。則不得其死。而病弱者恆徼倖保其天年。此皆運命之幸不幸。原於因果報應者也。

然余之所謂因果報應。與彼星命家之說。要自有別。蓋社會之同人。常監視吾人行爲之善惡。而其批判之力甚大。以故吾人正善之行爲。必得社會人之賞讚。而邪惡之行爲。則不免於擯斥。由賞讚而信用。由擯斥而不信用。亦自然之結果也。是之謂社會之制裁。且被信用者。因之獲種種之幸福。不信用者。因之來種種之失敗。證據確鑿。無可疑議。是即余之所謂因果報應也。以視夫賞罰之原於祖先及遺於子孫者。其去奚啻天淵哉。

獨是社會之風氣習俗。不必純爲正善。且有甚不正不善者。沈淪於風氣習俗不正不善之社會。其批判吾人之行爲。必難敏活。因之風氣習俗。益見衰頹。而因果報應。遂至終失其眞。亦不可不知也。然欲使社會因果報應之効果。一切得當。必先矯正社會之風氣習俗而後可。吾邦今日之風氣習俗。其甚不正善之處。余不忍言。矯正之任。固在教育家。而紳士與政客。亦不可不相助爲理也。

第六十八　權兵衛與烏

權兵衛官名掌宮内蒔花之事以武人爲之

吾邦今日風俗之頽壞。品行之墮落。舉世所同知也。故政府於智育之外。盛倡德育。謀所以救正之。而有志之士。亦以改良社會自任。然成效殆不能見。誠可慨已。論者恒以德育之無效。專歸其責於教育家。以爲教育之方法。不得其宜。夫今日適任教育之事者甚少。方法之不宜固也。然一以此爲教育家罪。則未足爲定讞。蓋今日德育之所以無效而成此極腐敗之現象者。要有一大原因。苟此一大原因。仍而不變。縱令有新教育家出。優於今日之教育家數等。亦決無換回之策。此一大原因爲何。卽今日分布社會頗負重望之政事家及紳士等之品行是也。今日之政事家及紳士等。其多數不修品行。貪污卑鄙。傲然自足。甚至信義破壞。

廉恥喪亡。苟有利於一身者。雖辱國割地魚肉同種以爲之亦有所不惜。夫上流社會之品行如此。則全社會必相習成風。教育家雖如何勞其心力。欲感化少年子弟。其志亦終不得達。蓋一面受教育之感化力。而一面忽爲政事家紳士等所妨害而破壞。是無異權兵衛蒔種子於前而烏則從而啄之也。蓋古有此事。或傳述成諺。故引以爲喻也。故欲挽今日之風俗品行。必自政事家紳士等之修品行始。

第六十九　醫者與禁厭

支那古世。巫醫並稱。蓋太初之醫術。殆與禁厭無異。而今日之天文學由占星術而變化。化學之由鍊金術而變化。亦同此例。近者洋方醫術之進步實可驚嘆。此後益加精進。則人世之大幸也。比之三四年前之漢方醫術。其相去豈可以道里計。雖然。由他一方觀之。洋方醫雖甚進步。初不能博社會之大信用。故漢方醫猶未全衰。而禁厭祈禱之事。其盛行且無間都鄙。夫以緊要之生命而等閑視之至託於巫蠱在下等貧困之輩。猶或可曰。醫藥值高。不如禁厭祈禱之廉。捨甲取乙。非得已也。若中人以上之富豪。猶不深信洋方醫。甚至信仰禁厭祈禱等。甘受其欺而即以自欺。則愚之至者矣。然洋方醫當幼稚時代。亦有不足招人之信用者。讀次之問答。可知其故。

洋方醫某語余曰。今日俗間禁厭祈禱等事。猶有勢力。漢方醫多而尋常一樣之病。不能治療。若將來漢方醫全滅。僅存洋方醫。治療之功績。自能顯著。而依賴禁厭祈禱者。遂至絶迹於人間。亦必然之勢也。

余曰漢洋二方之巧拙。不待論而自明。若將來漢方醫全滅。僅存洋方醫。從來漢方不能治療之病患。悉得容易治療。則俗人亦必信之。最早依賴禁厭祈禱等事。將漸至絶迹。然觀今日之現狀。洋方醫不能治療之病患甚多。故夫洋方醫之大家。猶自不能免禁厭祈禱也。

洋方醫某曰。貴說雖不無理。唯謂洋方之大家。不能免禁厭祈禱。實爲可驚。此等事余可證其必無。

余曰。洋方醫之大家。仍多不能治療之疾。有時見其藥之無功也。姑與以痛癢無關之劑。或從而慰之曰。數日若數月之後。可次第平愈。以安患者之心。如此豈得謂之醫療乎。實不過一種之禁厭祈禱耳。何則。是畢竟無治療之策。因用醫術中一種禁厭祈禱之方法。以儌倖於萬一。然則今日洋方醫之進步。雖甚可驚。決不足以壓倒俗間之禁厭祈禱。亦固其所。但近年所發明之急普帖利阿血清療法。其効力既甚顯然。而現試驗之結核及其他之血清療法。旦夕必可奏功。至於其時。洋方醫之禁厭祈禱。自歸不用。而世亦不至與巫覡等視矣。

第七十　世界主義與日本主義

世界主義日本主義之言辭。近頗流行。然其定義多屬曖昧。蓋世界主義以爲吾邦乃世界中之一國。決不可自安固有之風俗習慣。孤立於一方。宜廣取世界之長以補吾短。此以革新爲主旨者也。日本主義。以爲吾邦在今日。不可妄模倣他人。務保存古來固有之國粹。國家之美質此以保存爲主旨者也。如此則兩主義之主旨。無大異同。唯於論點。稍異主客。余輩無庸議其可否。然兩主義既相對立。勢不得無所偏倚。取世界之所長者。或至失吾國之特質。保存國粹者。將并舊有之積弊。亦固守而不變。兩主義各走極端。俱深有害於國家。此則不可不辨者也。

然所謂極端者。決無一定之度。人人異其意見。故甲之極端。乙則謂其非極端中正也。丙之中正。丁則謂其非中正。極端也。互主張其意見。遂莫由決其是非。是則最困難者也。在維新前後。吾邦學於西洋者。唯屬於物理之器械。砲銃。船艦等。其文物制度。及屬於心理之學科等。多淡然忘之。他一方則有謀人種之改良。宜與西洋人種雜婚之說。至於今日。此等極端之論。殆歸絕迹。由茲以往。最早之極端論。不虞再現。苟兩主義終形對立。甚至互相排斥。騎虎之勢。競爭益烈。將不識不知。各趨極端。是則主張兩主義者。所最宜戒慎者也。

以余觀之。國家之維持進步。亦與吾人身心之維持進步。其理正同。凡吾人之身心。以遺傳與應化之二大作用。爲維持進步之必要。此二大作用。各適其宜。則身心得好結果。二大作用。若失其宜。必得惡結果。例如禀受祖父優良之身心之遺傳。自己生初以來。接種種之境遇。又應以適當之變化。則吾之身心。必更優於祖父。若祖父之遺傳既惡劣。自己應於種種之境遇。又多不得當。則惡劣必更甚。然假令遺傳優良。不幸生初以來之境遇。因應悉失其宜。遂至害遺傳之優良。又遺傳雖惡劣。而應於生初以來之境遇。實善變化。則遺傳之惡劣。亦可稍改爲優良也。

國家之維持進步。初不異是。古來之民性習俗。即遺傳也。新接於外邦。受其民性習俗上之影響。即應化也。古來之民性。習俗既優。受他邦之影響。復得其宜。則人民必更進於優等。若固有之民性習俗惡劣。又不善應他邦之影響。人民必日趨於劣等。然假令固有之民性習俗優良。而應化失宜。則優者必變爲劣。或固有之民性習俗惡劣。而善應他邦之影響以變化之。則劣亦可進於優。吾邦自古僻在亞東一隅。其民性習俗。本甚優良。且應以支那印度之開化。故日形進步。近今更受歐洲之文明。而善變以應之。人民遂得益躋於優等也。

然則吾邦遺傳之優良。彰彰然已。若一切破壞。專以摸倣歐洲爲心。則應化爲不宜。國家失獨立之性質。反之專恃遺傳之優良。不知取人以爲善。則應化亦爲不宜。國家必退步而趨於劣敗。況乎遺傳之優良實由其善於應化。而對於此事最有責任之教育家。政治家。學者。立法者。及紳士等。宜如何考吾人身心遺傳應化之理。以講究國家之遺傳應化。使兩主義相助相成。而增進國家之光榮乎。余不禁爲吾國馨香而祝禱之矣。

第七十一　體育

今日體育之事。全模倣西洋。而不知古來已有十分之體育。即封建時代之武藝是也。在封建時代。武重於文。凡武藝中之弓馬槍劍。砲術柔術等。無不關於身體之鍜鍊。當時之武士。不問貴賤尊卑。二六時中羣相從事。是不僅習練其技術。兼鍛鍊其身體。故身體之强健。卽由此而成。而心膽且因之剛毅。卽百姓町人之類。亦以尙武爲榮。農功之暇。商販之餘。隨時爲種種勞働。身體遂日臻壯盛。是卽古時之體育也。

封建時代。西洋之開化未入。衣食之物與今日大異。衣服則限於絹木綿之類。又福蘭奈爾或米利壓斯（未詳疑係兩地名）之筒袖。甚至短袴赤踝。寒氣最易侵犯。食物則不惟不用獸肉鳥肉等。幷魚肉亦不常用。日夕所食。多以野菜爲主。由今考之。滋養物殆甚缺乏。夫衣食之不完全如是。則必害身體之健康。所恃以無恐者。卽武藝及勞働之體育。得足以償失耳。距今四十餘年前。余遊佐久間象山之門。其時同門某藩士。年弱冠餘。體格少瘦而甚强。冬夏單衣一襲之外。無他衣焉。如此非常之人物。恐不易得。其他五十六十之老年。雖嚴寒僅着綿服與襦袢者。亦往往有之。如余蒲柳之質。於當時午前之七時頃。卽今午前三四時頃。積雪數尺。常通學於師家。（不住宿校舍或師家第往來就學者謂之通學）不畏風寒。而身體日益强壯。是皆體育之効果也。

維新之後。封建遂廢。解武門之常職。軍人之外。多不事武藝。加之西洋傳來之智育。甚爲流行。少年之徒。旣失鍛鍊身體之道。又重勞腦髓以弱之。且滋養衞生之主義盛起。衣服飲食。十分注意。衣則必用毛織物。食則不可缺牛肉牛乳等。老幼少長。靡不皆然。夫此主義之適於養育。爲衞生之必要。無待言已。況今日勞腦之事。日有增加。自非封建時代之衣食所能應用。獨是滋養衞生之外。體育勞働必不可缺。蓋十分滋養而缺勞働。與不十分滋養而能勞働。其孰利孰害。生理上甚爲明瞭。苟偏於滋養之一方。而勞働付之等閑。或更勞腦過度以階之厲。則於保全身體之方法。全失權衡。其有害於健康也必矣。

輓近文明人民。掠奪未開人民之土地而開殖民。未開人民之身體。俄失强健。漸至人口減少。其原因雖多。而生活上之生一劇變。實重要之影響也。蓋衣服飲食。多用古未曾有之物。必因之有害於健康。吾邦自古爲文明人民。近年俄與西洋人開交際。人口之數雖不減而增。而生活之劇變。殆不能免。然則防此劇變之術。

誠今日之急務也。第既與西洋人交際。此劇變究難豫防。而要不可不求避害之術。其術維何。卽體育是也。體育既盛。兼用心於滋養衞生。縱令以競智之故。多勞腦髓。亦決不虞病弱。而心身可共得健康。心身共得健康。社會國家之事業。始有人出而擔任。少年子弟。能知此理。智體兩育之權衡。烏可不持其平也耶。

第七十二　以外交之道德質於宗教家及哲學者

宗教哲學兩家。皆以博愛爲吾人人類之至德。亟獎勵之。意欲令吾人同胞。宛然成一家之親睦也。基督教徒之布教。恆犧牲一身於蠻鄉。眞可謂殺身成仁矣。在有知識之上流社會。類能自修。殆不受其影響。而中流以下之徒。其獎勵德義。防遏不德義之道。無不惟宗教是視。是宗教實爲無知識社會之必要。而其裨益於吾人者。決非淺鮮也。

所可怪者。教徒既熱心於教化矣。何獨獎勵個人間之德義。而列國交際上之德義。則毫不過問。夫國家者個人之集合而組成者也。乃冷熱逕庭若此。豈基督以個人間之德義爲必要。而列國間之德義非必要乎。個人間以博愛爲至德。而列國間雖弱肉强食。亦無不是之處乎。此其異同之理由眞有索解不得者矣。不特此也。即以探尋人類上眞理自任之哲學家。其所研之倫理。殆亦與宗教同。專論個人間之道德。而置列國間之道德於度外。又何故乎。或者曰各國家爲各個人所集合而組成。獎勵各個人。即所以獎勵國家。個人之外。更無獎勵國家之必要。況哲學家往往說列國之德義。（The international morality）初非付之等閑也。不知個人間之交際。與列國之交際。決不同其性質。恆見極有德義之個人所組成之國家。對於他國家則不德義。又異國家之個人。交際上時遵德義。而一涉於國家之交際。則不德義之行爲頗多。然則獎勵個人之德義。即所以獎勵國家之德義。未爲得當之論也。

至哲學家所謂列國之德義。亦僅見諸理論而已。今日之實際列國間之不德義。不勝枚舉。而論其是非曲直者蓋稀。蓋歐洲列國。對於他洲未開半開國之措施。

顯悖戾基督博愛之旨。貪婪橫暴。無所不爲。比之虎狼之驅犬羊有過之無不及也。夫人掌吾一頰。使更掌他頰。非基督博愛之至要乎。乃基督敎之人民。人未掌吾一頰。已先掌人兩頰。而惱亂之。且乘虛奪人之財。終至絕其生命。嗚呼。是豈基督之博愛乎。

宗敎與哲學兩家。見此貪婪橫暴。不惟不敢怪。且以爲白晳人種。對於異色人種之名譽。竊揚揚有得色。而猶欲口說德義博愛以欺人。豈非自相矛盾之甚者乎。此自相矛盾之由來。蓋宗敎家哲學家未能看破道德之眞理之故。將於次話。聊述愚見。

案歐人嘗謂驅逐蠻民。使世界進於文明。爲白種之天職。故日擴其殖民政略於非澳等洲。近且集矢於我亞。嗚呼。地球雖大。恐未開半開之人。無立足處矣。然揆諸優勝劣敗之公例。歐人之言。非夸也。天道無親。惟佑强者。是非曲直。果孰從而判之哉。知自强之道者。庶足與於斯。

第七十三　道德單以社會生存爲主

直覺學派。以道德爲天授。謂吾人具有直覺之性。不可不用此道德於世界全人類之交際上。是謬見也。道德者吾人組成社會。由於社會生存及自然與人爲之二大作用。漸次發生進步者也。究不外增進社會生存上之利益。如以道德爲天授而吾人可直覺之。必吾人人類。無文野開否之別而後可。抑知野蠻未開人民之道德。與文明開化人民之道德。不僅大有異同。往往全相反對。即同一野蠻未開人民。或同一文明開化人民。因民情風俗之異。道德亦時生區別。故甲國民之所善者。乙國民或惡之。丙國民所直者。丁國民或曲之。此等事例。於拙著『强者之權利之競爭』及『道德法律之進步』幷其他雜誌。旣論述之。玆可不贅。

道德之所以生異同者。雖由社會開化之淺深。民情風俗之差殊。及自然與人爲二作用種種之結果。而凡能於該社會占一重要之位置。必其於該社會之生存上有多少利益。斷斷然也。

野蠻未開社會。人智未開。風俗未進。其道德必適應於未開之人智。未進之風俗。以增其社會之利益。文明開化社會。人智既開。風俗既進。其道德亦必適應於既開之人智。既進之風俗。以增其社會之利益。例如小兒與成人。其體軀之大小強弱。既顯然各別。飲食衣服。自不可不適應其生育之度。此甚易解者也。若成人用小兒之衣食。小兒用成人之衣食。則非徒無益而又害之已。道德之於社會。亦復如是。野蠻未開之人民。欲從文明開化人民之道德。或開明人民。欲從野蠻未開人民之道德。則不啻不能利社會而已。且將導社會於衰亡。此道德所以不得不以進社會生存之利益爲必要也。

由是觀之。道德之決非天授。亦非用於世界全人類之交際明已。第欲進一國社會之利益。則彼我國民之交際上。務宜用最適當之道德。蓋既同處一國之中。謀社會之生存。乃人人應有之責。亦社會生存之所必需。切不可徒知一人或一小社會之私益。而忘社會全體之公益也。然一國孤立於地球。能自維持於不敝者。

殆未之前聞。故或交換有無。或攻守同盟。及其他種種之關係。而國與國交際之道亦由是興。交際既成。即不得不與他以利益。亦如彼我國民之交際上。不可不用適當之道德也。歐洲各國因利益與共之故。次第親密而多少外交道德。（The international moral）并外交法律。（The international Law）遂接踵而起矣。

然列國之互守道德。與一國內各個人之互守道德。迥異其趣。一國內各個人之互守道德。究以國家之公益爲目的。實有絕對的性質。列國之互守道德。其目的全在謀己國之利益。具相對的性質。故和交而有利於己國。則遵守道德而和交之。若和交而不利於己國。不僅不顧道德。絕其和交而已。必更謀所以害他自利之道。獨是列國開化之度若同。國力又同。則彼此之間。均難壓倒他人。自謀得利。故不能不出於和交。謀利益之與共。此利益之與共實即所以自利也。列國平時之交際。罔不由此。若對於未開半開國則不然。開化之度既異。國力之强弱亦殊。則用其侵略主義。以擴張己國之利益。將日進而未有已。甚或橫暴貪婪。無所不至。如近日德法英俄諸列强。對於支那。逞旁若無人之行爲。要亦不外此理也。雖然。開明國對於未開半開國。横暴貪婪。亦理之當然。决無可咎。特受此横暴貪婪者。不可不急充實吾國力。横行世界。盛講自利之策。否則將終爲彼等之好餌矣。豈不甚可寒心乎。

然則一意專心說博愛之理。如基督教徒及哲學家。視歐洲列强之貪婪横暴。不啻默許。且揚揚有得色。豈非矛盾之甚者哉。使彼等自問良心。能無恥乎。無恥則已。若甚恥之。彼等實對於自己之主義之大罪人也。

案以侵略人國爲道德上之事。此吾國人所聞而郤走者也。然揆諸天演之公例。實精確不移。蓋生存競爭。爲生物界之必要。國而欲於地圖上占一顏色。必不可不盛講自利之方。若一切退遜。其不自趨於滅亡者幾希。然而英俄德法之施諸我者。我國人不知也。我國人不知。而日人知之。知我者即羣焉謀我者也。而我將終爲人之好餌矣。惘夫。

第七十四　佛耶之厭世主義

佛陀耶蘇。殆賤現社會輕肉身。修齊治平之事。雖不全置度外。決不重要視之。唯用意於靈魂界以修養靈魂。爲人生一大目的。夫兩教之趣意。固甚不同。或且有全相反對之處。獨至其賤現社會輕肉身。重視靈魂界一事。則無少異。佛陀恐老病死之三大厄。感社會之無常。於是生厭世心。遂反人倫棄父母妻子。求寂滅爲樂之道。耶蘇亦不重視社會之行爲。故不顧肉身。不求配偶。專用心於天國。務求奉事天父而已。世人或以佛教爲厭世。而以耶教爲樂天。以余觀之。苟賤現社會輕肉身。慕靈魂界者。皆可謂之厭世主義也。

然佛教之辯護者曰。佛陀決非賤現社會輕肉身重靈魂界者。佛之所謂四恩。即修齊治平之意。如淨土眞宗。立俗諦於眞諦之外。專說吾人盡於現社會之道。證據顯然。耶教之辯護者曰。耶蘇不云乎。在現社會能敬神愛人者。可受天國之福祉。在現社會不能守神之道。盡現世之爲者。神必不愛護之。烏可謂其專重靈魂界而輕視現社會哉。
二說雖言之成理。然佛耶重視現社會之心。遠不如其重視靈魂界之意。其事實決不可掩。余故以兩教爲厭世主義也。

第七十五　本邦之學者宜以論說示於歐美之學者

缺（自誇其學術之進步器小易盈學者所宜切戒也譯者注）

第七十六　左利

是篇乃明治二十三年。余於某學會之演說。當時未經研究生理學解剖學等。素人（空疎之意）之論固所不免。頃日依賴諸等學理之研究。欲廣聽教育社會之評論。故復載於百話中。

（前略）左利云者。無他解釋。即左手之便利也。通常之人重用右手。左比於右。不著十分勞働。此諸君平日所熟知也。余前讀西洋人之書。有關於左利之一說。其大意謂世界中無論何人種。皆重用右手是出於天然歟。抑由習慣來歟。揭此疑問。并舉種種之說。以爲質證。余多不能記憶。畢竟右手之便利。天然與習慣。要難斷定。蓋對於此事今日生理學家猶無一定之說。然適世界全歸一致。似可謂之天然。又或世界人種。出於一源。其未分散於各地之前。重使右手。由是遺傳。遂徧世界因亦可謂之習慣。兩說並存。應無差謬。若生理學家所謂無論人種如何。右手之筋肉必較左手發育云云。不足決天然與習慣之疑問。蓋使用多則發育多。必然之勢也。

據進化之說。凡事物之進化。必由分業而起。即一個體之各部分。分擔業務。乃能漸促其進步。動植各物之極下等者。其機關甚單簡。分業之說未起。以同一之機關。任種種之事。故缺陷實多。厥後進入上等之階級。機關始次第分化。紛繁之事。爲各部分所分擔。因而應事益形精密。蓋所謂進化者由同進於不同。由粗進於密。而人類身體上之機關。亦即同此作用也。然人類以下之動物。雖最高等手與足不能分業。四肢皆供步行之用。即如猿類。去人最近。前後兩肢。共可攫物。故動物學家。呼之爲四手族。且其中最高等之一種。殆與人同。僅以後肢爲步履。然有時手亦可以代足。決不可謂其全能分業也。獨人類上下四肢。判然各別。手足之用。不相假借。是即由同以進於不同。由粗以進於精之明証也。雖然人類之小兒。手不能十分爲手之用。其步行也。往往四肢并用。與四足獸正同。是手足亦未能全然分業。然據進化學者之說。今日之人類。由極下等動物。歷非常悠久之歲月。與幾多之段階。變遷進化而來。一個人之發達。(其發達之時間甚短小)亦不能踰此範圍。爲小兒者。即四足獸之時代也。漸長則手司攫。足司步。各適其用。即去劣等動物之境界而漸入人類之階級矣。若夫猿類亦宛然人類之小兒。而手足終不能分業。是猿類之所以不及人類也。

由是觀之。身體之各機關。由同進於不同。必由不分業而進於分業。益達上等之地位。有斷然者。然則左右手之宜於分業。亦無可疑。若兩手既善分業。兩足亦善分業。詎非一大幸事。乃吾曠覽當世。而曾不一見也。即手之爲用。食時雖能分業。

而通常則用左手者甚少。惟持大物爲兩手合用。其他大抵以左爲右之補助耳。申言之。如右手任一圓金之事。左則不出乎三十錢（即三角）或五十錢之外。是決不得謂之眞分業也。分業云者。右既一圓矣。左亦別爲一圓。乃爲正當將來兩手果能分業與否。尙不可知。例之於二目。右見赤色。左見白色。若失其一。必不自由。耳鼻亦然。是左右二個體元來不能分業也。以此推之。左右兩手。究亦不能分業。必不可不協同一致。爲同一之用明已。夫手與眼耳鼻等。其數全同。左右亦同。分則俱分。合則俱合。此當然之則也。乃通世界之人。皆重用右手。亦獨何哉。果人類始祖。居於印度邊何處。有何等之理由。重用右手。遂遺傳於子孫。爲世界一般之習慣歟。或人種本來不一。右手之勝左手。出於天然歟。抑左右不可分業。爲眼耳鼻之例歟。此不可不深究者也。

第七十七　左利　（承前）

以統計學言之。右利者占世界人類之最大多數。左利者。不過右利數千百分之一。然左右手既難分業則此最大多數者。不可不謀同一之法。務互相協力。爲平等之勞働。以增社會之大益。余常見左利之人。爲小孩時。其父母必多方矯正之。使用右手。加之日用之器具。自古昔傳來均便於右而不便於左。逐漸馴習。遂得左右共利之觀。夫左右共利。豈非便利之大者。生來之左利。既可由父母之敎導及器用之轉移。終得右利。通常之右利者。奚不可於幼少時。兼導其左利。可爲而不爲。無論個人之失此臂助也。社會之蒙其損害者實多。今通常之人利用右手。使右手稍有不適。則阻碍迭生。若左利之人。其左手既有天然之能力。右手亦得練習之效。或左或右。應用咸宜。即一旦稍有不適。亦可無所困難。蓋僅用一方。他一方必益形鈍滯。而明於進化之理者。要以使兩面共得發育爲最當也。然欲致力於筋骨既固之成人。不如致力於小兒。家庭之間。宜深注意。又幼稚園及小學校。可專選左利之人爲一種敎員。每日以十分二十分時。使習用左手。或作書畫。或爲細工。久之則左右手可同得便利矣。且常聞人云。大學之敎師。美國人莫爾斯。卽左利也。塗板作書。甚爲迅速。則兩手共利之便益。極爲明瞭。且任事旣久。右手忽勞。可以左手代之。使右手休息。如是則事無中輟而成功更易。夫由先祖以來。所以慣用右手者。不過以右手善於應事耳。若兩手交代其疲勞。其爲善也何似。故余欲教育上增練習左手之一科。以增進個人及社會之大利益也。余以此質之生理學解剖學家。果認爲無害於吾人之生理。卽不可不速實施。或先選少數之兒童。隨時試驗。苟毫無庸心而即得良結果。宜益推廣之。則受其利者。豈獨日本人哉。將爲全世界人類之大利益矣。

第七十八　政黨內閣

凡政黨內閣云者。爲絕對的美善之組織。其屬望於將來者。甚不少也。雖然。政黨內閣。實占多數的政黨。即假最强力政黨之後援。占其地位者。遂有壓制少數人民之勢力。其弊之所及。比於一君主及數大臣之壓制。有加甚焉。一君主數大臣等。決無强力之後援。唯以自有之權勢。行其壓制。壓制之力猶覺弱小。獨政黨內闇。有强力之後援。其壓制之力。往往有出人意外者。生少數人民之不利。實可恐之至者也。

若堯舜禹湯文武之大聖主。常在君位。得施專制之政。則專制政治。雖謂爲至善至美可也。然此不過託諸理想而已。實際上必無其事。吾人欲生存於至善至美之政治下。究不可期。必被多少壓制。防害吾人。無待論已。然唯政黨政治之壓制。其後援之力最大。故其壓制亦超越常度。加於一君主及數大臣等之壓制力者數倍。在今日。文明世界。一君主及數大臣等之壓制。雖已屬過去時代。而最强大之壓制。復起而代之。成爲政黨政治時代。然則講預防此種壓制之策。誠今日之急務也。獨是世間不究此理。以爲依據國民多數之意向。卽所謂輿論。施行國政。頗公明正大。可無纖毫之差。而有時少數人民。困於輿論之壓制之大弊害。茫然不知。甚可慨也。

法國大革命之初。中下等人民。假輿論之美稱。壓制貴族僧侶富豪等。其殘酷至不忍言。此僅百年前之歷史也。吾邦今日既開政黨政治之端緒。雖可歡欣。然政黨內閣恃輿論之後援。壓制少數人民。甚爲易易。其弊害決非藩閥政治之所得比。故余雖信今日之內閣甚篤。而不能不爲此杞憂。誠恐世人漫視政黨政治美善之一面。而忘其他面之醜惡也。

第七十九　政治社會之附和雷同

附和雷同。吾人所最厭惡者也。有志之士。必深恥之。不意附和雷同之甚。有足令人驚嘆者。如彼之所謂公議輿論。其名雖甚美。實則多成於數多人衆之附和雷同。蓋才識德望。既優於衆。其議論措置。必受社會之歡迎。初不過得同志多人之稱道而已。繼乃無才識無思想因人俯仰之凡愚。羣焉誦之。如水就下。而一種輿論公議。遂由此成。然是等輿論公議。雖有如何美善正大之觀。亦不過類於蜃氣。決無鞏固之根基。故忽歸消滅。亦可立而待。夫歐美文明世界之所謂輿論公議。雖多眞實。尚不足盡信。況在新進之吾邦。欲得眞實之公議輿論。詎不甚難。近來政黨政治之創始。輿論公議。公議輿論之美稱。頗爲流行。所慮者。徒成於一時之附和雷同。似是而實非耳。若誤認此似是而非者以爲眞輿論眞公議。即依賴之以取施政之方針。則國家之大害。將不忍言。此今日所宜深爲戒愼者也。

第八十　余之道德主義

去七月一日。刊行之日本主義第三卷第十四號。時評之內部。題爲加藤博士之道德論。節錄其文於下。

加藤博士。於倫理上排直覺說。主張經驗說。此吾人所同認也。然博士常言道德爲社會生存之必要。斯言也。謂現在社會之道德。皆爲生存之必要乎。或現在道德爲現在生存之必要。而非過去生存之必要乎。或稱爲正當道德者。唯以生存爲必要乎。此不可不還質之博士。（中略）徵之事實。吾人通常所認爲道德者。亦有單爲達個人之目的。初於社會之生存。毫無關係。例如恐怖鬼神而起迷信。或由種種之習慣而起道德。或由個人對於個人之關係而有道德。

等是。社會生存之一事。不足盡道德之起源。若認一切道德之起源。皆不外此。則未免失於偏狹矣。

夫欲明余所取之意義。可分其說爲二種。即（第一）直接於社會之生存無利害。而結局則生利害。與（第二）社會之利害。有眞實的誤想的之別是也。記者所述鬼神云云。於直接上雖全爲個人的性質。而結局間接之利害。關係於社會之生存者綦大。蓋初起之迷信。不過在一人一事之間。及其久也。漸浸淫於社會。如是蔓衍。遂成習慣。守此迷信與習慣。即爲該社會之道德。否則爲不道德。如印度之俗。夫死其婦必投於火中。吾邦古代臣之於君。亦有殉死之風。其他蓄妾買奴。尊男卑女之行爲。凡不利於今日開明社會之生存者。而在半開未開之社會。未嘗不賞讚爲美行善事也。然社會之風俗道德。隨人智爲轉移。人智既進。風俗道德。即不可不因時變通。是則實踐的道德上務宜矯正者也。

又社會生存上之利害。有眞實誤想的之二種。不可不知。未開半開時代無論已。

即今日開明之時代。一般人智。亦甚淺劣。其觀察利害之眼識。常形顛倒。以故一般人智所認爲社會之利益者。(即道德)實甚不利。其所謂不利者。(即不道德)實有莫大之利益也。是以所謂利益。不可單狃於眞實的。而存於誤想的者。亦正不少。道德之大部分。若由誤想的利益而成立。則社會之舊道德。於生存競爭上。終不能保其不敗也。

案吾國今日之所以日形退步者。實由舊道德衰敗已極。不適社會生存之用。故原有之風俗。其壞既不忍言。而感受新世紀之影響者。徒驚乎博士學士之名。或自忘其爲中國人。英人常曰我英不能造就博士學士等但能造就英國人眞知本之言哉良可慨已。然愛國之士。日日以新學問。新思想。新智識。及新政新法等。奔走相告。獨未聞以新道德之名詞。昌言於衆者。毋以社會一般之智識。甚爲淺劣。觀察利害之眼識。常形顛倒故耶。然則新道德之名詞。一出諸口。必羣然驚愕駭顧。或且歸惡於一身。無可疑也。獨是欲救現在之國家。不可無新道德。欲貽未來之國家。尤不可無新道德。予將別著新道德以明之及今不圖。將何及矣。愛國之士。不可不深長思也。

第八十一　可造政黨內閣交迭之良習慣

吾邦今日。憲政黨員。始組織內閣。一如英法各國。成政黨內閣之時代。憲政黨之得意。無待言已。除去藩閥內閣之積弊。百事一新。國利民福。有加無已。誠最大之幸事也。然余不能已於言者。凡政黨政治。行之殆無遺憾者。厥惟英國。雖美法猶不能及。況其他乎。英國之次第進於政黨政治。遂至於今日者。非一朝一夕之故。即他國之倣效英國。亦無不由歷史的發達進步。而未收十分之效果者。尚比比也。然則新進如吾邦者。烏能外歷史的發達進步乎。維新之後。藩閥政治。次第固其根基。因之其弊次第積重。而促民間政黨之興立。其勢力亦次第膨脹。務破壞藩閥政治。謀國民幸福之議論。日有增加。其極令藩閥內閣。失其維持之術。遂不得不以積年之權力。讓與政黨。是亦政黨政治之歷史的發達也。

藩閥政治。變爲政黨政治。在政治界中。決非一小現象。如欲於數星霜之經過。得良結果。勢必不能。然民間政黨。發反抗藩閥政治之聲。僅二十年內外。今日即得遂其志。組織政黨內閣。其成功亦可謂非常之速矣。雖然。政黨內閣之實。今日尚未一舉。如以是爲政黨政治之既成。其不達實甚。蓋今日始就緒之政黨政治。不得謂爲眞歷史的發達也。

進步自由之二政黨。忽相合同。組織一大政黨。其强力令藩閥政府之僅存。此決非主義之共同。乃全由其感情之共同也。蓋主義共同其成難。感情共同其成易。然成難者破亦難。成易者破亦易。此一大政黨。僅數日間而失强敵。又一無他之敵黨。是不僅可稱爲一大政黨。實唯一大政黨也。此成於感情之唯一大政黨既失其感情的敵手。對於外部。無所庸其審愼。則內部差池之感情。勢將再發。甚易睹也。

此唯一大政黨。畢竟不能維持。不久必有破裂之運。毫無可疑。余之所希望者。無他。卽今後分裂。其舉動務宜公明正大。又快活磊落。絕不可演爭閱之苦。苟政黨政治得全國輿論之多數。則入握政權。失多數則退居草野。以國家之公益爲心。不以黨派之勝負爲事。乃正當之理也。

此唯一大政黨分裂時。如絕不演爭鬩之苦。則政黨內閣之交迭。得好典型。即以造良習慣。爾後之交迭。自益臻圓滑靜穩之域矣。圓滑靜穩之交迭。漸次牢固。政黨政治之實績。始可見也。若此唯一大政黨之分裂。不幸而出於爭鬩。則內閣之交迭。必造成惡習慣。爲良爲惡。均此唯一大政黨是賴。余惟祝他日分裂時。無反余之希望。(明治三十一年八月草)

第八十二　俄帝之減兵說　(口述筆記)

據近者新聞紙之所傳。俄國皇帝倡導減兵之說。其詳雖不可知。大意不外列國互增兵備。國用日繁。則損害實多。不如減兵罷爭鬪之爲愈。然此說起於俄帝。頗爲奇特。要必有深意存乎其間。至能達其意與否。則不可知。減兵之說。百年前德國博士康德常稱道之。其主旨以文明人民。如仍用戰爭。是不脫蠻野之習。甚不可也。列國之間。務宜講平和之交際。後之學者。復推揚其說哲學家法理學家。主張尤盛。國際法學者之萬國平和會議。即講求避戰之法。意謂縱不得已而用兵。務去殘忍之蠻風。全文明國人之體面。加之局外國須取公斷之策。交戰國宜速結和約以處理其事。即今日俄帝所說。列國皆減兵備。但求足以鎮內亂之意。學者亦曾言之。然此不過理論而已。實際上終不可行。不然。何列國各擴張權力。增大兵備。政治家之所行。全與學者之理想背而馳耶。

康德以降。學者多唱萬國平和之說。其主旨欲令宇內織組一大統一國。統一云者。非不認列國之存在也。即立一大政府於列國之上。以一大法律統治列國。而列國仍各自治其內部。爲北美合衆國及普魯士聯邦之例是也。蓋各國戴異政府。立於異法律之下。因襲異風俗習慣。一旦互相衝突。縱有令人焉出而排難解紛。決非易事。若組成一統一國。則列國苟有不和。據大政府大法律以處理之。戰爭慘淡之光景。庶可絕迹。世界將漸進於太平。而人類文明之實。亦至是始舉矣。

然反對此說者。則謂各國願犧牲己國之利益。以聯合此統一國乎。抑惟計自利。務占强國之勢力。不甘統一乎。於彼於此。不言可喩。此理想的統一國。究不能見諸實事也。

夫統一國之能見諸實事乎。抑不然乎。余亦不能無惑。蓋自一面觀之。實事可見也。而自他面觀之。實事又終不可見。何則。現時列國之間。共同之事業。日臻頻繁。推論其實。如宗敎學術商工業等。旣破除國界之觀念。遂駸駸趨於進步。若列國差別實甚。恒造濡滯之因。以近例譬之。如尺度權衡之各異。商工業上。即非常不便。故由此共同事業之必要。漸達於極度。則統一國之理想。不難見諸實事也。然列國國民之利己心。甚爲强健。對於己國之利益。保護增進之念。永久不滅。世界列國日日所籌謀而計畫者。罔不由此。若統一之事成。弱者固利矣。强者則頓失其利。英美德法諸强國。必不若是之愚。

學者之理想。概屬宗敎主義。又天理或正理的主義。蓋以爲人類同胞。不可不相親。不可不相憐也。而余之立論。則單據利害之點。宇內統一國。果可行乎。觀於上記之兩方面。究亦不能斷言也。

若俄國皇帝。倡道此說。表面雖與學者之持論。無所差違。而裏面必獨有政畧。且此說不倡之北美合衆國。而倡之歐洲一大强國。殊甚異事。歐洲各國。陽雖贊成。而陰實非之。亦無可疑。夫以百餘年來學者所倡道之主義。今則出諸俄帝之口。不可謂非宇內統一論之進一步也。（明治三十一年九月草）

第八十三　拜金與賤金　（口述筆記）

拜金之可卑。無待言已。然賤金亦決不可賞。蓋廉潔之極。則人民無進取之精神。國家必至先其獨立。頃日某敎育之當局者。謂敎育家與學者。對於金錢。務以淡泊爲是。若心焉欲之。可別執他業務。安貧自守。乃敎育家與學者之本分也。不知敎育家與學者。惟取賤金主義。與主張敎育學問之衰退無異。今日之修學。旣與疇昔迥別。不可徒繙古典。以自滿足。購求新書。試行實驗。或因此而旅行。即遊歷蒐集材料。皆學者所應有事。教育家亦然。蓋今日之社交上。不可無裕餘之生計。人所習知。決非清貧書生。所能泛應而適當也。夫千萬人中。僅得一二仙人的隱者的教育家與學者。其妻子眷族。猶且苦飢餓。泣祁寒而莫能爲計。奈何竟欲以此勸勉千萬人中之最大多數耶。

修學之時。既需多額之學費。學成之後。求相當之報酬。亦理之正也。且政府及社會。對於教育家與學者。負報酬之義務。故由小學教員至於大學教授。及其他一切之學者。苟其所教所學。足應社會國家之用。即不可不急謀祿養之方。而教育界學問界亦因此愈形進步。否則腐敗將不堪言。國家必深受其害。然則欲獎勵賤金徒以廉潔相期者。其無謀亦甚矣。

第八十四　古今蓄妾之異同

蓄妾之是非。余既屢論之矣。近頃『萬朝報』枚舉其實例。謂日本現今社會之風俗。實鄙陋不堪。即蓄妾之惡風。亦大異於昔云云。夫維新以後萬般事業。均學西洋之良風。獨蓄妾之陋習。沿而不改。亦獨何哉。夫西洋人之有妾者。雖亦不少。然必秘密不敢告人。而吾邦人則公然爲之。毫不知恥。實可鄙之甚矣。且在古代蓄妾之口實。咸謂憂子孫之絕滅。雖其衷心如何。不可悉知。而不如此決不能得社會之許可。則余所深信也。今則幷此口實而悉棄之。不亦大可概乎。西村茂樹先生常有言曰。

縱令吾身無子。我父祖之兄弟之子。及我之兄弟之子。均可以承先人之祀。世人之所謂繼續血統者。惟欲繼續已之血統。意不在祖先也。

然則雖以無子爲口實。猶且不可。況幷此而無之哉。且男子可以置女妾。女子獨不可以置男妾乎。此亦頗可驚駭之問題也。要之。一夫一婦。理本至公。男女之間。允宜平等。欲改良社會之風俗者。不可不深注意於此。

第八十五　大學之所以爲大學　缺

大學非吾國所能驟企且此篇僅述其互相非難之詞無足觀者譯者注

第八十六　國字改良

國字改良論。不始於今日。自羅馬字會假名會消滅後。至近頃而再燃。夫吾人所用之文字。其不便亦極矣。如漢字有音有訓。小學之兒童。最難記憶。且書寫亦最足損傷精神。改良之宜急。殆無異議。惟其所用之方法。則諸說紜紜。莫衷一是。區分其類。約得三種。(一)利用今日之假名。(二)採用羅馬字。(三)別作新字是也。採用羅馬字。於實行上最爲簡易。其用法倣德法之母音。取英語之子音。頗稱合格。但解釋此等字。須用新譯語。似覺困難。此第一非難之點也。第二有來於他方面之非難者。即從來有國家者。必自有其文字。今更棄之取羅馬字。恐於國體有關。第三採用羅馬字。必教之小學生徒。此生徒長成後。不知漢字假名爲何物。與國字改良以前時代之人。不能書翰往還。然經過四五十年。是等困難。可次第消滅。獨舊有之書籍。全不能讀。是最難解之疑問也。

全用假名。較之用羅馬字其難尚尠。然書寫甚形不便。由來人間之視線。横順而縱逆。故羅馬字之旁行斜上。頗爲適當。若欲以假名之文字。易縱而横。不可得也。

又利用假名。有二種方法。其一主張正用假名遺。（使用假名法）其一置假名遺於度外。而用吾人一般之發音。若從前說。雖屬正確。然以異於今日發音之故。不易習得。若取後說。學習雖甚易。復過於鄙俗。各有短長。不易斷定也。若新字則人異其說。有似羅馬字者。有似假名者。有縱書者。有橫書者。種種辯論。未易折衷。非立於局外之地。不能決其是非也。

案文字之繁簡。與世界之進化爲反比例。而國家文野之度。亦即以此爲差。世界愈進。則事物愈繁。時間亦愈貴。苟不執簡以禦之。必應接不暇矣。西洋各國文字最簡。（字母二十六）故進步甚速。日本文字雖簡於我而繁於歐美。（字母四十八）故其進步之疾徐。亦優於我而絀於歐美。獨我之文字。通常所用至少非千餘字不可。（日本學者曾選擇漢字千餘辦一日報頗覺足用）且形聲音義。種種繁難。最不適今社會進化之用。讀書之士。往往從師數年。操筆爲文。多佶屈不能通。而全國不識字之人。占最大多數者。亦未始不由於此。此而欲與各國立於戰智之舞臺。其勝敗無待蔡蓍決矣。故今日創造新字。爲重要不可緩之事。有能肩此義務者乎。不禁跂予望之。

第八十七　宗教家之奮發　缺

此所謂宗教專指佛家而言作者贊美其某寺某僧侶闡心布教故稱爲奮發云云然而宗教之不能存立於今世界作者亦嘗言之奮發何益乎可不贅譯者注

第八十八　道德與法律之別（口述筆記）

道德法律之界說。古今迄無一定。據多數學者之論。謂其性質及根源。全然差別。然以廣義言之。余謂可包括兩者而單稱爲道德。特其間亦自不能無所差別。試略述之。

道德之目的。（廣義）在增進國家社會之安甯及幸福。此安甯幸福中。有絕對的必要。與相對的必要之差別。譬猶食物。僅以保生命爲目的。則可食米麥等之植物而不及其他。若欲得心性身體之健全。必不可不取肉類之滋養物。此滋養物卽相對的必要。而米麥等則絕對的必要也。

道德與法律之別。亦深類是。法律具備。雖可保持國家社會之安甯幸福。欲由此而增進之決非道德不可。蓋法律如米麥。而道德如肉食也。
雖然。道德與法律。亦非全然相異。違背法律。即違背道德。又同時違背法律與道德也。故此兩者。總括之可單稱爲道德。蓋道德之意味原屬廣義。與法律有一體之性質及根源。特於計社會國家之安甯幸福上。有絕對的與相對的之差別耳。可更舉他例以明之。
順親信友。夫婦和合。道德也。反之則爲不道德。是卽所以增進國家社會之安甯及幸福。若子而虐待其親及夫婦有反目等事。法律始制裁之。亦保持國家社會之安甯及幸福之道也。
又親友或非常貧困。假令貸與金錢。不取息金。且歸償之期不迫。道德之事也。法律則不然。取相當之息金。幷督促其歸償之期。乃當然之則。是兩目的。即絕對的必要。與相對的必要之差別也。
總之。法律之範圍狹。而道德之範圍廣。故法律主干涉。而道德主放任。惟干涉也。

故可以權力施其制裁。惟放任也。故以誘掖獎勸。矯正吾人之行爲。戾乎此者。必生社會國家之大害矣。

但絕對的必要。與相對的必要。各由所見而異。往往此國以爲法律上之事。而彼國則純視爲道德。如支那聖賢之制度。雖甚明瞭。而法律與道德則略無區別。蓋自唐虞三代以來。即以天子爲民之父母。而人民則天子之赤子。或謂天子由天命而治民。故在帝王之位者。可制裁社會萬般之事業。其結果遂令人君之良否。無憲法以制裁之。而聽其自爲。人君賢明則國治。人君暗愚則國亂。覆轍相尋。綿綿不絕。半開未開之國。未有不呈此現象者也。

古代之文化。未能普及社會之上部。雖稍形進步。而下部則概無知識。故人君以權力干涉人民之道德。亦時勢使然。無足爲怪。

若今日開明之世。上下兩部。同有組織社會國家之能力。故政府所宜干涉者。不許出絕對的必要之範圍。其他相對的必要。要宜置之政權制裁之外。蓋必如是而後社會國家得眞正之安寗及幸福也。

第八十九　學士會院（口述筆記）

百年以前。西洋意大利之學者。始私立學士會院。其後政府官立之。是爲學士會院之濫觴。於是法蘭西倣之。設置完全之學士會院。邇來各國。亦次第倣行。而組織之得宜者。要以法意兩國爲最。吾邦學士會院。於明治十二年。立於東京。至今日其規模則逐漸縮小。實可嘆也。

夫施最高等之教育。及爲諸般學問之中心。雖有大學。而助其進步。謀學問之統一。又以奬勵學問之爲。忠告於政府。則學士會院之必要也。網羅諸般之學者。組織其中。設置分科。使各任專門之事。又關於一般之事業。立全體協議之制。均不可等閑視之。故學士會院之會員。非碩學鴻儒。不能勝任。而西洋各國之從事於此者。必皆有非常之名譽者也。乃吾邦今日置之度外。不謀改良之策。一若學士會院之無用也者。對於外國。能無恥乎。

第九十　現政府之輕率　缺　政黨內閣之輕率立憲國所切忌吾國今日尚不能語此譯者注

第九十一　何必曰仁義亦有利而已矣　（口述筆記）

孟子之言曰。何必曰利。亦有仁義而已矣。余今顛倒其詞。要於孟子之意全無反對。蓋孟子之言。爲一國內之個人言之。而余之所說。則聞俄帝之主張萬國平和會議。有感而發也。世界數多之國。皆以自謀其利益。爲絕大之目的。若欲結平和之交。使放棄己國之利益。爲他國謀。乃必無之理。蓋道德者可行於一國社會之內。而國與國之交際。未有不惟利是視者也。

列國之交際。與個人大異其理。個人之上有國家。故不可不放棄一己之私利。謀國家之公益。而列國之上無他物。自利之謀。亦理之當然也。

獨可異者。以俄國皇帝。忽主張平和之說。稱道仁義弗衰。列國亦同時贊成之。豈不以仁義爲人道之極軌哉。而不知俄帝與列國。其心則全出於自利。平時之交際。既罔不由此。更欲假平和之美名以自飾操術之巧。殆日甚一日。余故曰何必曰仁義。亦有利而已矣。外交當局者。甚勿爲其所欺而昧於應付也可。

第九十二　日本外交上之好運　（口述筆記）

支那政變以來。日本外交之好運也。支那今日。爲外國干涉時代。亞細亞洲。實歐洲列國之競爭塲。列國爲自利計。均紛紛登此新舞臺。而中原之大鹿。正未知死於誰手。英占南部之商業。已足竭其精華。俄欲排英。亦步武入於支那。德意志以雄飛世界之野心。突如其來。與英俄並峙。法國感於利害相關之故。不能默爾而息。老大之支那。殆日陷困難之境已。

夫德之於膠州灣。俄之於旅順港。英之於威海衛。名雖租借。實則分割。支那之將來。吾人姑置不論。就現勢觀之。已儼然列强之玩弄物。至不能保其獨立。然則與列强共爭此土。其關係於日本之外交者。誠不可失之時期矣。

案甲午以後。西洋各國。均明目張膽以謀我。即日本亦顯有嘗鼎一臠之意。觀於此篇。情見乎詞已。乃論者不曰聯英。即曰聯日。盲亦甚哉。自辛丑和議告成。

吾國之現象。益形困難。而列强勢力範圍。亦愈拓而愈大。嗚呼。果列强之足以分割我乎。抑我國上下自甘分割其土以與列强耶。讀如此江山付與人之句。吾眥欲裂。吾淚欲血。

第九十三　西村茂樹先生　缺

略述西村氏之勉學而不及其精要無影響於吾國無取乎爾譯者注

第九十四　利己心之三種

余於利己利他之二心。亦屢論之矣。茲更簡明述之。以足其意。利己心約有三種。即第一無限純乎的利己心。第二有限純乎的利己心。及第三變形的利己心是也。

第一種之利己心。即下等動物。唯以自己之力自求其所欲而已。第二種之利己心。則入於高等動物。雖謀自利。初不妄害他物。第三種之利己心。通常稱利他心。稍現於高等動物。而至人類界。始漸形進步者也。

此三種利己心。雖有高卑之別。而人類則兼之。然即此以觀察人類。第二種蓋普通者。若第一種及第三種。則人人相異。或傾於此。或倚於彼。而傾於第一種者爲尤多。

第三種之變形的利己心。即所謂利他心。有物的心的之二類。謀他人之利而已心適得快樂者。心的也。謀他人之利而已得物質的利益之報償者。物的也。然此二類。畢竟全歸自利。實與純然的利己心無大差別。

然則利他心。決不離夫利己心。彰彰然已。吾人以此變形的利己心。遺傳於子孫。則利他之心。儼成固有。而不知其實以利己心爲本源也。此第三種變形的利己心。及第二種之利己心。即利己而不害他。甚爲必要。唯第一種之利己心。即害他以利己。極害社會之生存。不可不知也。

第九十五　朕即國家也

缺　此法王路易十四之語歐西碩學所羣然非之者博士以爲用於日本最爲適切然於吾國無當焉譯者注

第九十六　耶蘇之倫理

缺　與第七十六話無大異似覺詞費譯者注

第九十七　政治上之公明正大

政治上一切措置。最宜公明正大。今更無庸喋喋矣。乃近來則大不然。或施陰險之策。或處事於隱微之間。是余輩之所不解也。夫往昔未開之時代。英雄豪傑之施政。往往光明磊落。如白日青天。而既至開明之今日。乃秘密布置。若有不可告人之隱者。亦獨何哉。

當此之時。無論如何之英雄豪傑。出而柄政。究不能不顧輿論。恣行其一二最少數人之私。故一舉一動。必可以質天地對鬼神。而後不愧爲人。若陰險其心志。隱微其行爲。既不適應於時勢。而弊之所極。必至爲支那朝鮮之政界。紛亂顛倒。莫可究詰。甚或不顧國家之危亡。不畏列國之非笑。惟日求其所大欲。則立憲政體之精義云亡。而前途事變之迭興。將出人意外。此則余輩所最爲寒心者也。然而政府諸公。未必即能自利。余願尸其事者。急思之思之。（明治三十一年十月草）

第九十八　宜養高尚之利己心

余於第九十四話。述利己心之三種。茲之所謂高尚之利己心。即屬於第三種者也。蓋今日欲奬勵道德養成高尚之利己心。乃最良好之方法。故畧論之。

第三種之利己心。既付以利他心之名。則愛他利他實爲吾人之必要。然其中亦有最高尚與不然之差別。例如商業上約束上。及凡關係於自己與他人之利者。得他人之信用。則己之利益必增。是利己心仍利用利他心未足稱爲最高尚者也。最高尚之利己心。惟以愛他利他爲己心無上無限之快樂。快樂之外。不望報酬。其可貴爲何如乎。然此利己心。非通常一般之人所能企及。故養成之以增進社會國家之幸福。乃吾人今日所急應有事也。

人人有此利己心。則道德必大進步。第欲以此敎幼稚之兒童。殊爲困難。而對於青年以上。實德育上不可缺之要素也。夫古來忠臣孝子志士仁人。所以與大業成大事。犧牲一己之身命。以利社會國家。而能爲人之所不能爲者。皆其利己心加人一等之故。此利己心文言之曰謀己心之最大快樂。質言之則忠臣孝子志士仁人之縱欲而已。人而如此。其無愧萬物之靈哉。

第九十九　儲蓄家與讀書家

儲蓄家與讀書家。其事雖有雅俗之分。而性質則甚相似。儲蓄家可稱爲守錢虜。讀書家亦食字之蠹魚也。夫儲蓄金錢。不僅爲一身一家之用。或立學校。或興工業。或設病院。凡有益於社會國家之事業。均汲汲爲之。乃儲蓄正當之目的。即前所述最高尚之利己心也。西洋各國。此類正多。而吾國人則適反之。可恥孰甚。又讀書之士。以研究學問爲心。窮萬事萬物之眞理。增益其智識。務適應乎社會國家之用。實讀書之本分也。若徒涉獵古典。或以博聞强記爲能事。則不足副學者之名稱。而讀書或爲世詬病。此亦吾國對於歐美而深自懷慚者也。然則吾國之儲蓄家與讀書家。宜如何奮勵。以雪此言哉。

案美國去年各富戶。捐欵學校及各善堂者。共額一萬萬五千六百萬元。其中單斯他科夫人一人已捐出六千零八十萬元。加匿牙次之。捐出六千零二十六萬六千元。其急公好義爲何如。宜美之文明。卓然爲地球各國之冠也。吾國人民雖貧於美而多於美。統計每年捐欵於各學校及善堂者。其總數殆不及美國一人捐額之半。可勝慨哉。且富豪社會。尤重視夫一身一家之私利。而置全社會之公益於不顧。故縱欲敗度之事。往往窮奢極侈。揮金如土以爲之。或有語以設學堂籌經費者。非充耳不聞。即縮頭不出矣。夫即此一方面之行爲。與各國絜短較長。其智之相去。已不可以道里計。況乎讀書之士之無用。久轟聞於世界。國家之前途。能不深爲寒心哉。

第一百　百話之終結

缺（言此書乃其隨筆揭載於某雜誌者今以某館某主人有刊行之請遂畧述其顛末以足百話之數實可有可無者也譯者注）

天則百話終

人名備考

譯書之弊往往一人數名讀者惑焉恐初學東文紕繆尤多因取書中所有人名排比於茲并綴原文於旁用質大雅

ノア
諸亞

ホッブス
霍布斯

スピノザ
斯譬諾軋

ライプニッツ
拉意普尼志茲

ラマルク
拉瑪爾枯

ダルヰン
達爾文

ショウペンハウエル
灼品偉爾

ニウトン
瓦特

ガリレオ
蓋利頼訛

ルホン
路本

ソクラテス
瑣克拉底

アリストトスル
阿利斯陀斯爾

ヘッケル
赫愷爾
アウダストコント
阿唔打斯託坤託
ケトレイ
愷託賴一
スペンヤル
斯賓塞爾
リインプエルド
黎隱蒲爾朶
ダムプロサッチ
打木普洛尾器

プラント
普蘭脫
フイヒテ
斐希帖
ビヘーゲル
畢黑格爾
ハルトマン
呵爾脫滿
シーザルチヤーレマン
細査爾鏄賴滿
ナポレオン
拏破崙

光緒二十八年十二月初一日印刷
光緒二十八年十二月二十日發行

（定價大洋四角）

述者　日本　文學博士加藤弘之

譯者　中國　吳建常仲旗氏

印刷所　上海英界大馬路同樂里　廣智書局活版部

發行所　上海英界四馬路東首　廣智書局

天則百話